中公文庫

ものぐさ精神分析

増補新版

岸田　秀

中央公論新社

目次

ものぐさ精神分析

増補新版

歴史について

フロイド理論は何よりもまず社会心理学である。一般には、フロイドは神経症者個人の心理の研究から出発して精神分析理論をつくりあげ、その生涯の後半に至ってその理論を宗教現象や文化現象などの集団心理に応用したと考えられているが、わたしの意見によればこれは逆であって、彼はまず集団心理現象を下敷きにして、そのアナロジーにもとづいて神経症者個人の心理を理解しようとしたと言うことができる。

開業医となって実際の神経症者に直面し、その症状を記述して分類し、病名をつけているだけではすまなくなり、何とか患者の心を理解することによって治療を行なわねばならなくなったとき、フロイドにとって、個人を対象としていた当時の心理学、精神病理学はほとんど何の役にも立たなかった。心理学にはまだ心的葛藤の概念が欠けていた。個人は外界の刺激を知覚して、本能的欲求によって反応しており、外界や他人と対立することはあっても、内的葛藤などはもっていないかのようであった。精神病理学はもっぱら患者の脳や神経の異常についてあれこれ推測しているだけであった。

神経症者の心理を理解するためにフロイドがその足がかりとして利用したのは、集団心理の現象であった。彼の抑圧の概念などはまさにその典型的な例であって、彼がこの概念を説明するためにどのようなアナロジーを用いているかを見れば、そのことは明らかであろう。彼は『精神分析入門』の講演中、聴衆に対して、抑圧されて無意識に追いやられた観念が決して消滅せず、絶えずふたたび意識へはいろうとしつづけることを説明するために、騒ぎ立てて講演の邪魔をするので、講堂の外へ追い出された者は消滅するのではなく、外に存在しつづけてふたたび講堂にはいろうとするというたとえ話をしている。また、抑圧されたものが偽装されて回り道をして表現されることを説明するためには、反政府的意見を正直にありのまま発表したのでは検閲にひっかかって発禁になるとき、民衆が間接的表現、あてこすり、皮肉、肝要な点をわざわざ抜かして枝葉的なことをあえて中心においた表現、あたかも現代の問題ではないかのように時代を昔にすり変えた批判、わざとらしいおおげさな賞讃などの偽装を用いることを例にあげている。抑圧のみならず、置き換え、反動形成、投影など、その他の防衛機制も、集団現象として把握した方がはるかに把握しやすいのである。無意識と前意識との境界に小人の検閲官がいて、無意識からけしからぬ観念が越境してこないように見張っているというフロイドの説明は、しばしば擬人的だと非難されるが、これは擬人的であるというよりはむしろ、個人心理を集団心理に擬して説明した結果である。超自我、自我、エスという人格の三分法も、一国民を構成する宗教的または天上的権威（皇帝）、世俗的権力（政府）、民衆という三つの部分との類比が根底にあると思われる。この意味において、フロイドの人格理論は彼の時代の立憲君主制の政体を反映している。強迫神経症と宗教現象との類似は彼の説くところだが、この場合も、彼はまず強迫神経症の機制を把握し、それを宗教現象の理解に拡大適用したのではなくて、その逆である。ナルチシズムの概念もまた同じである。彼が小児期のはじめにナルチシズムの時期を仮定したのは、小児の臨床的観察にもとづいてではなくて、ユダヤ＝キリスト教において人類のはじめに想定された楽園の時代を個人の生活史のはじめにずらしたのである。そのほか、去勢恐怖にせよ、近親相姦のタブーにせよ、個人の心理現象は歴史的あるいは社会的起源をもっている。

わたしが以上のことをわざわざ述べたのは、精神分析は個人の観察にもとづいて得た知見をそのまま集団に適用し、集団の行動をあたかも個人の行動であるかのように説明し、そのような説明、個人から集団へのそのような拡大適用の妥当な根拠を示さないという批判があるからである。わたしの理解しているところの精神分析は、本来、社会心理学であるから、集団現象の説明にそれを用いるのは拡大適用ではなく、当然のことであって、別にその妥当な根拠を示す必要はない。

さて、前置きはこれくらいにして、本題にはいろう。一つの集団の歴史は、一人の個人の歴史として説明できるという立場に立って、わたしは幕末から現代に至る日本国民の歴史を一人の神経症ないし精神病の患者の生活史として考察してみようと思う。歴史を動かす力を経済的条件に求める唯物史観と根本的に対立するであろうが経済的条件はいっさい考慮に入れないことにする。ここ一世紀あまりのあいだに直面したかずかずの歴史的危機に際して日本国民がなぜこの道を選び、あの道を選ばなかったか、なぜこのように振舞い、あのようには振舞わなかったかの心理学的理由の一端を解明するのが、この考察の目的である。

はじめに結論めいたことを言えば、日本国民は精神分裂病的である。しかし、発病の状態にまで至ったのはごく短期間であって、たいていの期間は、発病の手前の状態にとどまっている。だが、つねに分裂病的な内的葛藤の状態にあり、まだそれを決定的に解決しておらず、将来、再度の発病の危険がないとは言えない。現在は一応、寛解期にある。

日本国民の精神分裂病的素質をつくったのは、一八五三年のペリー来航の事件である。鎖国していた徳川時代は、個人で言えば、外的世界を知らないナルチシズムの時期に相当する。日本は、極東の島国という特異な地理的条件のため、他の諸民族、とくにヨーロッパの諸民族とくらべると、はるかに長いあいだこのナルチシズムの自閉的状態に安住しつづけることができた。有史以来、一度として外国の侵略や支配を受けたことのない、言わば甘やかされた子どもであった。もちろん、古くは朝鮮、中国と交渉をもち、近くはポルトガル、オランダとわずかながら関係をもったが、それらはあくまで日本側から言えば気ままな関係であった。つまり気に喰わなければいつ絶交してもたいして日本は困らないのであった。これは、気に入った友だちとだけ遊んでいればすむ幼児期の人間関係であって、気に入らないいやな奴とも何とか妥協点を見出してつき合ってゆかねばならないおとなの人間関係ではない。

そのような甘やかされた気ままな生活に安住しているときに突如やってきたのが、ペリーの率いる東インド艦隊であった。日本は、おとなの人間関係を結べるほど精神的に成熟していなかった。だからと言って、つき合いたくないとペリーを追い返す力はなかった。日本は無理やりに開国を強制された。司馬遼太郎がどこかで日本はアメリカに強姦されたと言っていたが、まさに日本は無理やりに股を（港を）開かせられたのである。別な譬えを用いれば、苦労知らずのぼっちゃんが、いやな他人たちとつき合わなければ生きてゆけない状況に突然投げこまれたのである。それまでの状況とその状況との落差がひど過ぎた。それは日本にとって耐えがたい屈辱であった。このペリー・ショックが日本を精神分裂病質にした病因的精神外傷であった。

R・D・レインが『引き裂かれた自己』のなかで述べているように、分裂病質は外的自己と内的自己との分裂を特徴とする。他者との関係、外界への適応はもっぱら外的自己にまかされ、外的自己は、他者の意志に服従し、一応の適応の役目は果たすが、当人の内的な感情、欲求、判断と切り離され、ますます無意味な、生気のないものになってゆく。内的自己は、そのような外的自己を自分の仮りの姿、偽りの自己と見なし、外的自己の行なうことに感情的に関与しなくなり、あたかも他者の行動をながめるように距離をおいて冷静に突き放してそれを観察しようとする。内的自己のみが真の自己とされるが、内的自己は、外的現実および他者と切り離され、遊離しているため、ますます非現実的となり、純化され、美化され、妄想的となってゆく。外的自己と内的自己との、あるいは、ビンスワンガーの症例エレン・ウエストで言うなら穴窖《けっこう》の世界と空気の精の世界とのこの分裂と断絶が分裂病ないし分裂病質を形づくる。当人の自己同一性《セルフ・アイデンティティ》は失われる。不本意につき合っているだけの外的自己にも、現実から遊離した内的自己にも、自己同一性は見出されない。彼は、外的自己に従っては屈辱を感じて後悔し、内的自己に従っては不安にかられ、両者のあいだを絶えずゆれ動く。

　ペリー・ショックによって惹き起こされた外的自己と内的自己への日本国民の分裂は、まず、開国論と尊王攘夷論との対立となって現われた。開国は日本の軍事的無力の自覚、アメリカをはじめとする強大な諸外国への適応の必要性にもとづいていたが、日本人の内的自己から見れば、それは真の自己、真実の伝統的日本を売り渡す裏切りであり、屈辱であった。この裏切りによって、日本は自己同一性の喪失の危険にさらされることになった。この危険から身を守るためには、日本をそこへ引きずりこもうとする外的自己を残余の内的自己から切り離して非自己化し、いいかえれば真の自己とは無関係なものにし、内的自己を純化して、その周りを堅固な砦でかためる必要があった。この砦は、B・ベッテルハイムの言葉を借りれば「うつろな砦」であり、自己同一性を確保し得るものではないのだが、自己喪失の恐怖にかられた者には、そのようなことにかまっていられる心のゆとりはない。そこで、不安定な内的自己を支える砦としてもってこられたのが天皇であった。細々とつづいてはいたが決して一般的ではなかった尊王思想が幕末に至って急に強く打ち出され、明治以降もひきつづいてある程度広範に国民のあいだに浸透し、受け容れられるに至ったのは、ここに理由がある。尊王思想を古代からの日本の伝統とするのはもちろん誤りであるが、その普及のある程度の成功を近代日本の支配者たちの教育と政治的プロパガンダのみのせいにするのも同じく誤りであると思う。ペリー・ショックにひきつづいて、屈辱的開国を不本意ながら強制されたために人格分裂を起こし、自己喪失の危険にさらされた日本国民は、その恐怖から逃れるためのつっかえ棒を必要としたのであり、天皇制はまさにそのための好都合なつっかえ棒に向いていた。つまり、支配者の側から押しつけられなくても、天皇制を受け容れる心理的基盤は国民の側にもあったと思う。

皇国史観はまさしく誇大妄想体系である。分裂病者が現実の両親を自分に生命を与えた起源として認めず、神の子であるとか、皇帝の落胤であるとか称する（血統妄想）のと同じように、天皇の万世一系が信じられ、日本文化の独自性が強調され、日本文化の起源における朝鮮や中国の文化の役割は不当に過小評価された。日本の古代史は現実の歴史であってはならなかった。神話こそ真実でなければならなかった。はたからはどれほどおかしな、不合理なものに見えようとも、妄想体系は維持される。内的自己の独自性を支えるために必要だからである。いっさいの世俗的欲望とは無縁で、すべてのことに責任があると同時にすべてのことに責任がなく、純粋にして金《きん》甌《おう》無《む》欠《けつ》、神聖にして不可侵、ただ無私無償の献身を捧げることのみ許されるという天皇像は、純化された内的自己の理想像である。

明治維新が成り、開国論（外的自己）と攘夷論（内的自己）との抗争は一応、前者の勝利に終わり、後者は神風連の乱から西南の役に至る一連の事件を通じて散発的にふき出したものの、深く潜行することになった。だがもちろん、消滅したわけではない。抑圧されたものは必ずいつかは回帰する。開国は一時の便法であり、本音は攘夷にあった。政治機構から風俗習慣に至るまで、急激な欧米化が実行される。不平等条約の改定をめざして、一方では富国強兵が叫ばれ、他方ではグロテスクなほど卑屈な鹿鳴館外交が展開される。これらのことは和魂洋才というスローガンによって合理化された。

和魂洋才とは外面と内面とを使いわけるということである。これこそまさに精神分裂病質者が試みることである。あるいはこう言った方がよければ、ある危機的状況にあって、外面と内面との使いわけというこの防衛機制を用いることが、精神の分裂をもたらすのである。当人はこの使いわけによってうまく危機的状況に対処しているつもりでも、そのことが彼の人格にぬぐいがたい亀裂と傷痕をきざみこむ。そして、その結果、彼がうまく対処するつもりであった危機的状況はますます危険で脅威的となり、彼はますますこの防衛機制に訴えざるを得なくなり、ここに悪循環が生じる。洋才は外面だけのことであり、内面では和魂を堅持しているつもりでも、そうはゆかない。外的自己と内的自己とが生き生きとした統一的関係にあってこそ、いいかえれば外的自己が内的自己のありのままの自発的表現であり、かつ内的自己が外的自己の行動を自分の主体的意志に発し、自分が決定でき、自分に責任がある行動であると実感していてこそ、人格の統一性、自己同一性は保たれるのである。外的自己と内的自己とを使いわけ、外的自己を危機的状況、脅威的外敵に対処するための一時の仮面とするならば、内的自己は外的自己に対するコントロールを失い、そのうち、外的自己は内的自己の意志とは無関係に振舞いはじめ、その行動は自分ではなく他者によって決定されるかのように感じられてくる。つまり、内的自己から見れば、外的自己はむしろ敵の同盟者のようにうつる。他人が自分の内奥まで踏みこんでくるという被迫害感の起源はここにある。これがもっと極端になれば、他人が電波を発信して自分の思考の内容を操作し、決定しているとか、スパイが自分の一挙手一投足を監視しているとか、悪魔が自分に取り憑いて自分の意志に関係のないことを自分に言わせたり、やらせたりするという分裂病者の被害妄想となる。

外的自己はますます他者に屈従し、内的自己はますます他者を憎悪するようになる。他者は実際以上に脅威的となる。そうなれば、他者に対しては全面的な服従か全面的な攻撃かの両極端の態度のいずれかしかとれなくなる。しかも、その両極端の一方の態度から他方への転化は突然である。もちろん、当人の主観としてはその転化を起こすに当たっては、然るべきいろいろな理由を積み重ねてもっているつもりだが、とにかく相手はいわれのない、だしぬけの変化と感じてびっくりする。

　このような分裂病質者の行動特徴は、幕末から現代に至るまで、アメリカをはじめとする欧米諸国に対する日本の対外態度をつらぬいている特徴である。和魂洋才は日本の近代化のためのやむを得ない応急策としてある程度の成功を収めたかもしれないが、それが日本人の人格に残した傷跡は大きい。和魂和才を通そうとした神風連のあっけない敗北からもわかるように、和魂和才でやってゆけないところに日本の悲劇があった。

　欧米諸国に屈従する外的自己は、その存在を否認しなければならない。それは、いやが上にも純化された内的自己の自尊心に突き刺さった棘である。外的自己は非自己化され、投影される。その投影の対象に選ばれた不運な国が朝鮮であった。征韓論の心理的基盤はここにある。西欧諸国の植民地政策と、朝鮮における日本のそれとの相違が、日本にとって朝鮮は何であったかということをよく表わしている。ヨーロッパ人は植民地のアジア人を一段下の人間と見なし、そのあいだに、おおげさに言えば人間と家畜とのあいだにおけるような徹底的な差別を設けていた。そして、その差別は当然のことで、疑う余地のないものであった。それに反して、日本は同化政策を取り、朝鮮人を日本人にしようとした。

日本語を強制し、氏姓の改変まで行なわせ、両民族の結婚を奨励した。朝鮮人も同じく天皇の赤子《せきし》であった。建前としては、差別はタブーであった。たとえば給料などの点で事実上の差別待遇をしている場合でも、それは日本人と朝鮮人との違いによるのではないとする別の口実がつけられていた。差別は厳然として行なわれておりながら、公然と差別を口にすることははばかられるのであった。ヨーロッパ人は、当たり前のこととして、言わばおおらかに堂々と差別を行なっていたが、日本人は、うしろめたさを覚えながらコソコソと隠微に朝鮮人を差別していた。つまり、朝鮮人は日本人にとって劣等な自己だったのである。欧米諸国に屈従する自己の劣等な部分を朝鮮人に投影し、本来は自己軽蔑であるところのものをふり向けたのである。それは、本来は自己軽蔑であるがゆえに、公然とは容認できなかった。うしろめたいものであった。そして、その対象である朝鮮人は日本人でなければならなかった。実際、朝鮮を植民地にする経済的、軍事的必要はあったかもしれないが、朝鮮人を日本人にしなければならなかった理由は心理的なもの以外は考えられない。ここには、Ａ・フロイドの言う攻撃者との同一視の機制も働いていた。たとえば、幽霊が恐ろしい子どもがみずから幽霊のまねをすることによってその恐怖から逃れるのがこの防衛機制である。ユダヤ人はナチスにやられたそっくりのことをアラブ人にやっているが、これもその一例である。日本人は、おのれを恐ろしい攻撃者である欧米人と同一視して日本を欧米化し、朝鮮を日本化することによって、欧米と日本との関係を、日本と朝鮮との関係にずらして再現しようとした。欧米との関係で自己同一性を危くされた日本人は、朝鮮人の自己同一性を奪うことによって、おのれの自己同一性を建て直そうとした（たとえば、一八五八年にイギリスが日本に押しつけた日英修好通商条約と、一八七六年に日本が朝鮮に押しつけた日朝修好条規は、当時のイギリス公使パークスも指摘しているように非常によく似ている）。日本語を廃して英語を国語にすることを本気で考えた文部大臣がいたほどだから、朝鮮語を禁止して日本語を強制することも平気だった。おのれの自己同一性を失った者は、他人にとっての彼の自己同一性の重要性に無感覚になるのである。実際、日本人は、祖国の言葉と祖先からの氏姓を奪われた朝鮮人の気持に驚くほど無感覚で、植民地人を奴隷化するヨーロッパ人と違ってむしろ温情的に扱ってやっているつもりであった。しかし、防衛機制というものはすべて一時逃れにしか過ぎず、そのようなことで自己同一性が回復されるはずはなく、また、屈辱感が解消されるはずもなかった。

　日本近代史をペリー・ショックを病因とする精神分裂病質者の行動として見る観点から考察すれば興味深い事件はたくさんあるが、紙数に限りがあるので、途中をすっとばして日米戦争の問題を考えてみよう。

　対米英宣戦布告はまさしく精神分裂病の発病である。突然奇妙な言動をしはじめるとはたの者には見えるが、発狂した者の主観としては真剣なのであって、これまで無理やりにかぶせられていた偽りの自己の仮面をかなぐり捨て、真の自己に従って生きる決意をしたときが、すなわち発狂なのである。外的自己と内的自己との分裂が悪循環的に進行し、外的自己が内的自己にとって耐えがたく重苦しい圧迫となって限界に達したとき、それまで内奥に隠されていた内的自己が、その圧迫を押しのけて外に表われたのである。内奥に押しこめられて現実の世界との接触を絶たれていた内的自己は、当然のことながら、現実感覚を失っており、妄想的になっている。だから、当人が真の自己と見なしている内的自己にもとづく行動は、はた眼には狂った、ずれた行動と映る。逆に内的自己から見れば、現実の世界に適応し、妥協しようとする外的自己の行動は真の自己を敵に売り渡す行為である。

開戦以前の時期の日本では、外的自己と内的自己とがはげしく争っていた。内的自己は外的自己を英米派と呼び、その対米追従をののしった。内的自己は右翼と軍部、とくに陸軍が代表していた。日中戦争の泥沼化、いわゆるＡＢＣＤラインに包囲されているという被迫害感、アメリカの対日禁輸などが外的自己の適応策を破綻させ、内的自己の立場を強め、最後にハル・ノートがだめを押した。追いつめられた日本は、辛うじて保っていた人格のバランスを崩し、抑えられていた内的自己が暴発し、ついに開戦となった。

日本にペリー・ショックという精神外傷を与えて日本を精神分裂病質者にしたのも、日本を発狂に追いつめたのもアメリカであった。そのアメリカへの憎悪にはすさまじいものがあった。この憎悪は、単に鬼畜米英のスローガンによって惹き起こされたのではなく、百年の歴史をもつ憎悪であった。日米戦争によって、百年来はじめてこの憎悪の自由な発現が許された。開戦は内的自己を解放した。

軍部が強制的に国民を戦争に引きずりこんだというのは誤りである。いくら忠君愛国と絶対服従の道徳を教えこまれていたとしても、国民の大半の意志に反することを一部の支配者が強制できるものではない。この戦争は国民の大半が支持した。と言ってわるければ、国民の大半がおのれ自身の内的自己に引きずられて同意した戦争であった。軍部にのみ責任をなすりつけて、国民自身における外的自己と内的自己の分裂の状態への反省を欠くならば、ふたたび同じ失敗を犯す危険があろう。

開戦とそれにつづく緒戦の勝利は日本国民の大半を高揚感と興奮のうずに巻きこんだ。ついに百年来の恥をそそぐ日がきたのだった。それは、抑えに抑えていた真の自己をついに実現した歓びの興奮だった。外的自己は排除され、徹底的に非自己化された。集団のレベルで言えば、非国民化された。実際、戦争に賛成しない者、日本の勝利を疑う者、軍部を批判する者は、まさにその言葉通りに非国民と呼ばれた。そして、非国民はすなわち敵の協力者であり、スパイであった。これは分裂病者がその外的自己を自己の一部とは認めず、自分に敵対する他人の味方であると感じるのと同じ心理機制である。外的自己の排除によって内的葛藤は一応解消され、内的自己を唯一の自己とする人格の統一が一応達成された。(「一応」とわざわざつけ加えたのは、外的自己と内的自己とをともに包括する、健全な意味での人格の統一ではないからである）。ペリー・ショック以来引き裂かれていた日本国民の人格は対米開戦によってはじめて一応の統一を見たのであった。長期にわたる葛藤と自己疑惑の果てにやっと手に入れたこの統一を守り抜くためには、日米戦争に勝たねばならなかった。負ければもとの恐るべき葛藤と自己同一性喪失の状態に逆戻りするという恐れが、日本のような小国の実力からすれば不相応に大きなエネルギーを戦争に結集させた動機の一つであろう。

しかし、アメリカのような巨大な国だけでなく、その他の国々をも相手にしての戦争だから、当然のことながら勝てるはずはなく、緒戦の勝利とその他の散発的な部分的善戦を別にすれば、戦局は徐々にまたは急激に日本に不利な方向に傾いていった。国力の不足もさることながら、日本の敗北に拍車をかけたのは、日本軍の現実感覚の不全であった。現実感覚の不全は、外的自己と切り離されて、真空のなかで純化された内的自己の宿命であるが、日本軍のそれは、補給と情報の軽視、作戦の柔軟性の欠如などによく表われていた。そして、必勝の信念や敵愾心《てきがいしん》や大和魂などの精神主義が強調された。日米の戦いは精神対物質の戦いであると言われた。日本の本当の戦争目的が現実的、合理的打算よりはむしろ、危くされた自己同一性の回復という精神的なものにあったのだから、精神主義は必然のなりゆきであった。現実的、合理的打算が目的ならば、そもそも戦争をはじめなかったであろうし、たとえはじめてしまったとしても、もっと傷の浅いところで手を引くことができたであろう。交渉によって有利な条件で手を打つことができればいつでも戦争をやめるという態度はまるっきり欠けていた。ただひたすらに全面的勝利か玉砕かという小児的なオール・オア・ナッシングの原則に動かされていた。

基本的な戦略と同じように、個々の戦術も現実感覚の不全を物語っている。敵のレーダーによって夜戦はかえって不利となったにもかかわらず、夜戦は伝統的特技だと相変わらず夜戦に固執した日本海軍、補給の見通しのないまま強行してみじめな敗北を喫したインパール作戦の日本陸軍などの例は情勢の変化に対処するための現実感覚が一本抜けていたことを示している。日本軍は馬鹿をわざわざ選んで作戦参謀にしているのではないかと敵の司令官が言ったほどである。日本軍は失敗に懲りずいつも同じ戦法で攻撃してくるので、敵としてはこれほど対処しやすい相手はいなかった。いつもの通りの手筈をととのえて待ちかまえていればよかった。そこへいつもの通りに日本兵がとびこんできてどんどん死んでくれるのだ。まさかいくらなんでもあれほど手痛い損害を出したのだから、今度は別の戦法を考えて攻撃してくるだろうと予期していろいろと対戦法を準備していても、いつもあとでその必要がなかったことがわかるのだった。それを日本軍のほうでは、断じて行なえば鬼神もこれを避くとばかりに、初志を貫徹して勇猛にして悲壮な命惜しまぬ攻撃精神を発揮しているつもりだった。

バンザイ突撃と神風特攻はその典型的な例である。それらは追いつめられたあげくのやけっぱちの自殺行為であって、敵に与える打撃効果はほとんどなかった。剣法の極意は皮を斬らせて肉を斬り、肉を斬らせて骨を斬ることにあると言うが、それらはまさに骨を斬らせて皮を斬る剣法だった。日本刀を抜きはなって敵の機関銃陣地になぐりこんでも、その姿は壮烈だが、まず無駄死にだった。特攻機も四千機あまり出撃したが、三千数百機はむなしく海に落ちた。こうした特攻戦法は、実際的効果よりもむしろ、大和魂の真髄を示すという精神的効果のために遂行された感が強い。しかし、そのような精神的効果は敵には通用せず、日本人がみずから悲壮がっているだけの自己満足でしかない。その種の自己満足こそは、現実の世界との生ける接触を失った分裂病的自閉性（ミンコフスキー）の特徴の一つである。

　アッツ、サイパンをはじめとする太平洋の島々での玉砕の記録、神風、回天、桜花、震洋などの特攻の物語を読み、戦野に累々たる日本兵の死骸の写真あるいは火を吐いて海につっこむ特攻機の記録フィルムを見ると、その愚かしさと悲しさに眼がクラクラとなる思いがするが、こういうことを二度と繰り返さないためには、それを賞讃するのはもちろん、単に嘲笑するだけでもだめである。何よりもまず、日本人をしてそのような行動を思いつき、実行することを可能にした精神構造を理解しなければならない。追いつめられたからという説明は不充分である。いくらせっぱつまっても、思いつかないことは思いつかないし、実行できないことは実行できない。生命を捨てて国のためにつくす自己犠牲的精神は、外国人のあいだにも日本人に対する尊敬と感嘆の念を起こさせたとみずから慰める向きもあるが、そのような行動が外国人の尊敬を得ると信じることができる精神構造と、そのような行動を可能にした精神構造とは同じものである。戦況を冷静に判断し、敵に最大限の打撃を与える巧妙な作戦を展開したのなら、外国人の尊敬も得られるだろうが、特攻的行動は、軽蔑されないのがいいほうで、せいぜい気味わるがられたに過ぎない。

人格の統一性の裏づけを欠いた精神分裂病的なある傾向は、つねにそれと正反対の傾向と背中合わせになっている。泥水すすり、草をはみ、死ぬまで戦う日本兵の向こう見ずの勇敢さと、なかには頼まれもしないのに自分から申し出てアメリカ空軍の爆撃機に乗りこみ、ここが日本軍守備隊の司令部、あそこが砲兵陣地だと教えた者もいた日本兵の捕虜の卑屈さとは、表裏一体のものであって、前者を讃美して後者を非難するのは筋が通らない。この両傾向はガラスの固さと脆さと同じように、同じ一つの性質の二つの側面なのである。この両傾向は、ともに不安定な自己同一性を共通の基盤にしており、たがいに強め合い、支え合っている。一方の傾向が表面に出ているとき、他方の傾向は深く抑圧されて人格的に無理をしているのであって、何かのきっかけで抑圧されていた方の傾向が表面に出てきて、態度はたやすく正反対のものに逆転する。底ぬけのお人好しだと思っていると、突然歯をむき出してかたくなに反抗してき、命知らずに勇ましいと思っていると、突然卑屈な笑いを浮かべて媚びてくる。ペリー・ショック以来、日本人は欧米諸国に対してこの逆転を絶えず繰り返してきた。昔の日本人には、このようにひどい態度の分裂と逆転はあまり見られなかったと思う。戦国時代の武将が命を賭けるときは、敗北したときに予想される事態と勝利の可能性を計算して、客観的に言っても命を賭けるに値すると思われるときであった。そしてとくに、彼らは退くときを知っており、闘争精神を示すだけの無用な戦いはできるかぎり避けた。敗北と決まれば、さっさと戦いをやめた。もちろん、判断を誤ることはあったが、その誤りは人格の分裂にもとづく痼疾《こしつ》的なものではなかった。日本人がこのような現実感覚を喪失して、退却を屈辱と感じ、実際の効果のないことのために命を捨てるのを勇敢と思うようになったのは、日露戦争のときの旅順攻略がはじめで、日米戦争の末期にその極に達した。

日本兵の捕虜の一部に見られた態度の逆転が国民的規模で見られたのが、敗戦のときであった。本土決戦、一億玉砕を叫んでいた日本人は一夜にして従順なお人好しの平和主義者になった。世界の歴史上、アメリカの日本占領軍ほど、被占領国民の抵抗を受けず、進駐がスムースに行なわれた例はない。昨日まで必死の形相で命を捨てて斬りこんできた日本人は、今日は微笑さえ浮かべて占領軍兵士を歓迎しているのだった。やはり頼まれもしないうちから、日本人は占領軍兵士の性欲を処理するための慰安婦を組織的に用意万端ぬかりなく取り揃えた。降るアメリカに袖は濡らさじと、サイパンでは米兵の姿を認めると呼びとめられるのも聞かずに海に身を躍らせた大和撫子が、陸続と慰安婦に応募した。それは米軍当局すら驚いたほどの卑屈さだった。連合国の日本占領が平和裡に成功したのは、マッカーサーの占領政策がうまかったためでも、戦争をはじめるときと同じく戦争をやめるときも日本国民が天皇の命令に忠実であったためでもない。分裂病質者に特有な態度の逆転が起こっただけのことである。

大日本帝国は崩壊した。大東亜共栄圏は幻想に終わった。狂気の発作からさめた分裂病質者と同じように、日本人はついさっきまでの自分の行動をえらく恥じ入り、後悔する態度を示し、もう二度とこのようなことはしないと誓うのだった。それまで表面に出していた内的自己を抑圧し、抑圧していた外的自己を表面に出す決心をしたのである。外的自己と内的自己との分裂は従来のままである。分裂病質者の場合も同じだが、内的自己を表面に出しているときが、発病期、外的自己を表面に出しているときが病前期または寛解期である。日本人は、内的自己をひた隠しにし、外的自己において他人に認められようとした。またしても戦後の日本ほど、国連加入をはじめ、国際社会に認められることを熱心に切望した国はない。それは、かつて国際社会に絶交状をたたきつけ、肩で風を切って国際連盟から脱退した松岡外相の姿の正反対の極にあった。

アメリカに対する態度は一変し、アンビヴァレンスの逆の面が現われて、鬼畜米英は自由と民主主義の国アメリカとなった。戦後の外交は、独立後さえ、対米追従外交に終始した。アメリカの意向と対立する外交方針をもつことができないのである。これはペリー・

ショック以来の日本人のアメリカ・コンプレックスとでも言うべきもので、全面的反抗か全面的服従かのいずれかに走ることはできても、拒否すべきは拒否し、従うべきは従う自主的、合理的態度は取れない。自主外交は叫ばれはじめてから久しいが、いまだにおっかなびっくりであり、さもなければ衝動的であって、板についていない。これは理屈の問題ではない。外的自己と内的自己とが分裂しているかぎり、いくら自主的にならねばならないと頭でわかっていても、行動は両極端のいずれかに分裂し、自主的にはなれないのである。

抑圧された日本人の内的自己は、戦後においては経済成長に表現の道を見出した。武力でだめだったことを経済力で成し遂げようという広範な暗黙の国民的合意が、戦後の虚脱状態から脱したときにできあがっていたと思う。日本人は滅茶苦茶に働いた。戦後、事業を起こし、あるいは建て直して成功した人たちの告白を読んでみると、行き残ったわれわれががんばらねば戦死した者たちにすまないという気持を述べたものが多い。別に企業家でなくても、一介の労働者の感想にも、仕事の苦しいときにはガダルカナルの日本兵はもっと苦しかったであろうと思ってがんばったというのがある。こういう気持は、当人は気づいているかどうかわからないが、今自分のしている仕事は戦争中の日本人の努力を引き継いだものであるという前提がなければ、生じ得ない。それは対米戦争ほど露骨に攻撃的な形を取らないだけのことだった。戦争中とは違って、あくまで外的自己が表に立っており、非自己化（非国民化）されたりはしなかった。経済成長への努力は、外的自己と内的自己との一種の妥協形成であると言える。そこにおいては、内的自己は回り道を通り、平和主義の偽装のもとに表現されている。

この努力はめざましく成功した。造船、鉄鋼、エレクトロニクス、そのほかかずかずの産業分野で、一九六〇年代から七〇年代のはじめにかけて日本がフランスをぬき、イギリスをぬき、ドイツをぬき、ついにＧＮＰが自由世界でアメリカに次いで二位となったとき、株など一株ももっておらず、いくら企業が発展しても一文の得になるわけでもない者まで自分のことのように喜び、鼻を高くした。国内では資本家の搾取をはげしく非難している者でも、外国人に日本経済の奇蹟の成長をほめられると、わるい気はしないのだった。水俣病をあれほどひどくなるまで無神経に捨てておくことができたのも、企業の側に、おのれ一個の利益のためでなく国全体のためにやっているのだというおごりがあったからであり、また、そのおごりを他の者たちもある程度容認していたからである。

しかし、公害を契機にして経済成長政策は破綻をきたし、かつてそれを支持した国民的合意は失われつつある。その上、日本の経済進出は、日本人が平和主義の偽装でもっておのれ自身の眼を欺いているほどには、外国人の眼をあざむくのに成功していない。外国人、とくにかつて日本軍の侵攻を受けた東南アジア諸国は、戦後の経済進出と戦時の軍事的侵略とのあいだに共通の匂いをかぎ取っており、日本人はそれを思い過ごしの神経過敏だと言うが、このような場合は、人間生活のもろもろの場合と同じように、おそらくは他人の嗅覚の方が正しいのである。このまま進出をつづければ、ますます諸外国の反感を買うことは必定である。経済成長政策は、日米戦争ほどあからさまな大失敗は招かなかったものの、日本国民の自己同一性を回復する方策としては、やはり失敗だったと言わざるを得ない。

結局、日本人が日米戦争あるいは経済成長によって解決しようとした問題、すなわち外的自己と内的自己との分裂の問題は依然として解決されずに残っている。日本人の自己同一性は依然として不安定である。外的自己と切り離されて純化された内的自己の一つの重要な形態である尊王攘夷思想は、戦後も一つの底流として流れつづけており、ときどき表面まで吹き出してきて、山口《やまぐち》二矢《おとや》の浅沼委員長暗殺や三島由紀夫の割腹自殺のような事件を惹き起こす。彼らを時代錯誤的と決めつけても問題は解決しない。彼らは時代錯誤的なのではなく、戦後抑圧されている日本人の人格の半面を純粋な形で表現したのである。

日本人が外国人、とくに欧米人の評判を過度に気にするのも、自己同一性の不安定さの症状である。外国人の書いた日本人論は、どんなくだらぬ内容のものであっても、馬鹿みたいによく売れる。はじめて日本を訪れて羽田に着いたばかりの外国人に日本の印象をたずねたという笑い話があるが、自分がどこの誰であるかの確乎とした内的確信がないので、せめて外国人の眼に映るところの自分の姿に、その手がかりを求めようとするのである。

しかし、外国人の眼に映った自分の姿をどれほどどれほどたくさん集めてみても、自己同一性が確立できるわけはない。

日本人がとくに外国人に示す例の無意味な笑いも、これと一連の症状であって、まさしく分裂病者のうつろな笑いと同質のものである。それが無意味なまたはうつろな笑いと見えるのは、内的感情と切り離された無関係なところで、顔の筋肉だけが笑っているからである。このような笑いは、外的自己と内的自己とが分裂している者にしか可能でない。

近頃邪馬台国論議がさかんだが、これは日本人の身元を確かめ、自己同一性を見出そうとする試みであろう。かつて皇国史観にもとづいていた偽りの自己同一性が崩れたから、なおさらその必要性が痛感されるのであろう。

ペリー・ショックが日本人に与えた心の傷はまだ癒えていない。それを癒やすためには外的自己と内的自己との統一が必要である。この統一が成れば、そこに自己同一性の基盤を見出すことができる。従来の統一の試みが失敗したのは、外的自己と内的自己とのどちらか一方を隠蔽あるいは排除して他方のみを自己と認め、無理やりにその半端な自己を自己の統一的全体と見なそうとしたからである。あるいは、この両自己を切り離したまま使いわけようとしたからである。あるいは、この両自己の対立をいい加減な妥協形成によって糊塗しようとしたからである。

吉田松陰と日本近代

奈良本辰也も言っているように、松陰は時代の子であった。その時代とは、日本が欧米諸国の圧迫と威嚇を受けて存亡の危機に立たされ、おのれの安全を保つために歴史上はじめて外国への迎合と屈従を余儀なくされた時代、そしてその迎合と屈従のために傷つけられた民族の誇りを回復しようと必死にあがいた時代であった。その理論的根拠についてはすでに別のところで述べたことがあるので繰り返さないが、わたしは、集団心理は個人心理と同じ方法論で解明できるとの立場に立っている。この立場から、集団としての日本を、個人心理のアナロジーで言えば、日本は、欧米諸国の圧迫を契機として、内的・自発的感情や思考をなおざりにし、ただひたすら外的適応しか念頭にない外的自己と、そのために危くされた自尊心、アイデンティティを建て直すために、外的現実を考慮するゆとりなくただひたすら現実離れした幻想の自己像を維持しようとする内的自己とに分裂したのであった。日本が、インドや中国と違って、植民地化ないし半植民地化を免れ得た理由はいろいろ考えられるであろうが、いずれにせよそれは、この人格分裂ないし精神分裂という高い代価を払ってのことであった。集団というもの、とくに国家という集団は、その文化、思想、道徳、制度、慣習、技術などにおいて相互に関連し一貫した統一体を成しており、本来、内発的な変化ないし発展しか許さないものであって、木に竹をつぐように、他の集団の文化なり、制度なり、技術なりを無理に押しつければ、集団の精神的統一は崩壊せざるを得ない。他から押しつけられているだけなら、まだいい。その押しつけに抵抗することを拠点として、統一性を保持できるからである。しかし、その抵抗を放棄し、他から押しつけられる以上に先回りしてみずから自分に押しつけはじめるとき、押しつける他者（他集団）と抵抗する自己（自集団）との対立が、自己（自集団）の内部に移し変えられ、自己は分裂し、屈従する外的自己と抵抗する内的自己との二重構造をもつに至る。

　圧倒的に強力な他集団の威嚇ないし侵略に直面したときの集団には、選ぶべき二つの道があるわけである。一つは、滅亡ないし植民地化の危険を冒しても、集団の文化的伝統の枠内にとどまり、集団のアイデンティティをあくまで守る道と、もう一つは、人格分裂ないし精神分裂の代価を払って外的適応を達成する道である。ごくおおまかに言えば、アメリカ・インディアン、インド、中国などは前者の道を選び、日本は後者の道を選んだ。アメリカ・インディアンの多くの部族が滅ぼされてしまったのは、敵の植民者の武器（鉄砲）を採り入れるのをいさぎよしとせず（もちろん、全然鉄砲を使用しなかったわけではないが）、あくまで自分たちの武器と戦法で戦おうとしたことにも一因があった。集団の精神的統一性の要である自尊心の観点からは、自分たちの武器と戦法で勝つのでなければ、真の勝利とは言えないからである。同じくあれほど広大な土地と人口を擁する中国がアヘン戦争以来連戦連敗を重ねて半植民地化されてしまったのも、中華思想を固守し、欧米諸国の技術を軽蔑して、あまり熱心に採り入れなかったからである（洋務運動というのもあるにはあったが、大勢とはならなかった）。それに反して日本は、言ってみれば恥も外聞もなく欧米諸国の技術にとびつき、アジアで唯一の、いち早く近代化に成功した国となったが、前述したように、そのために払った代価は大きい。かつて日本は、この近代化の成功を誇り、東亜の盟主とうぬぼれて、中国その他のアジア諸国を蔑視したが、日本の選択が正しかったかどうかは一概に言えないであろう。中国は、愚かにもその頑迷《がんめい》固陋《ころう》な中華思想に固執したために近代化に遅れを取り、半植民地化される憂目を見たが、進取の気風に溢れる日本はすばやく文明開化の道に乗り出し、独立を保った……と言い切れるほど、事態は単純ではない。集団のアイデンティティの側面、精神的側面から言えば、日本の方がはるかにひどく侵害され、独立を失っていたと考えられるからである。わたしが、一八五三年のペリー来航以降の日本近代を、日本の悲劇の時代、精神分裂病の時代と呼んだのはその意味においてであり、この状態は今も本質的に変わっておらず、松陰が生き、そして死んだ時代は現代までつづいている。わたしの見るところによれば、松陰は、日本の精神分裂の結果、外的自己から切り離された内的自己の立場をもっとも純粋な形で代表している思想家であり、日本がこの分裂状態にあるかぎり、松陰のエピゴーネンは、幾たび殺され、生贄にされようとも、この日本の地に絶えることなく輩出しつづけるであろう。われわれはまだ松陰を卒業していない。松陰の問題は、依然、現代の問題である。

欧米諸国の圧迫に対して、幕府は、無策、その場逃れ、あるいは屈従策に終始した。歴史家でないわたしが、その辺の事実経過をくわしく説明することはあるまいが、ただ一つ、指摘しておきたいことがある。それは、日本（幕府）も中国（清）も、欧米諸国から、治外法権、最恵国約款、居留地制、協定関税制などを含む不平等条約を押しつけられた点では同じだが、清の場合は、アヘン戦争、アロー号事件などでいったんは軍事的に抵抗し、敗北したのちにやむを得ず、南京条約、天津条約を結んでいるのに反し、幕府は、いっさい戦うことなく、ずるずると引きずられるかのように欧米諸国と次々に和親条約、通商条約を結んでいったことである。もちろん、日本の軍事的劣勢は明らかだったから、戦争となれば甚大な被害を免れ得なかっただろうし、幕府も、清の先例に学んで慎重な策を取ったのであろうが、前述したように、そのために集団としての日本が外的自己と内的自己とに分裂することになった。内的自己から切り離された外的自己（幕府）は、もはや人格の統一（国民的統合）の中心たり得ず、ますます屈従的（売国的）になってゆく。末期の幕府はほとんどフランス公使ロッシュの代弁者の位置にまで下落し、日本をフランスに売り渡すロッシュの内政干渉的勧告を唯々諾々と聞いていた。

外的自己から切り離された内的自己もそのままではすまない。外的現実への適応は外的自己の役割であるから、その外的自己から切り離された内的自己は、現実との接触を失い、現実感覚を喪失し、退行を惹き起こし、小児的、誇大妄想的になってゆく。古代の王ではあったが、当時、ほとんど名目だけの存在に過ぎなかった天皇が権威を取り戻し、尊王思想が復活したのは、個人で言えば、幼児期への退行である。幕府の屈従策によって危くされた集団としての日本のアイデンティティを、言わば日本民族の原点に帰ることによって建て直そうとしたのである。天皇を中心に据え、小児的、妄想的となったこのような内的自己にとっては、現実への適応なんかは問題ではないから、当然、攘夷へと走る。尊王と攘夷とは、感情的にも論理的にも必然的に結びつく。

松陰の憂国の情、幕府批判は、まさにこのような内的自己の屈従する外的自己に対する批判である。『幽囚録』のなかの、「今は則ち膝を屈し首を低《た》れ、夷の為す所に任す。国の衰へたる、古より未だ曾て有らざるなり」、「幕府専ら変を生ぜんことを懼《おそ》れ、寛縦もて夷を待す、夷肆《ほしいまま》に不法の事を為せども、官兵（幕府の役人）少しも禁訶せず。人皆切歯す」、「癸丑《みづのとうし》（嘉永六年＝一八五三年）六月、夷舶の来りしとき、余江戸に遊寓す。警を聞き馳せて浦賀に至り、親しく陸梁《りくりやう》の状（勝手気儘にふるまっている状態）を察し憤激に堪へず。謂《おも》へらく、大いに懲創を加ふるに非ずんば、則ち以て国威を震耀するに足らずと」などの文章は、松陰のくやしさをよく表わしており、屈従せざるを得ない外的自己（幕府）の事情をほとんど斟酌《しんしゃく》していない。また、当時の日本はそれどころではなかったのだが、欧米諸国への屈辱感の補償としての攻撃的拡張主義がすでに同書に述べられている、「朝鮮と満州とは相連りて神州の西北に在り、亦皆海を隔てて近きものなり。而して朝鮮の如きは古時代我れに臣属せしも、今は則ち寖《や》や倨《おご》る、最も其の風致を詳《つまびら》かにして之れを復さざるべからざるなり」、「朝鮮を責めて質を納れ貢を奉ること古の盛時の如くならしめ、北は満州の地を割き、南は台湾・呂宋《ルソン》の諸島を収め、漸に進取の勢を示すべし」。これは、のちの征韓論、大東亜共栄圏のコースの提唱であり、屈従する幕府と侵略を説く松陰の対立は、まさに、分裂した外的自己と内的自己の葛藤そのままである。

さきに述べたように、現実感覚の不全が、外的自己から切り離された内的自己の宿命であるが、松陰の思想と行動は、現実感覚の不全、それに由来する主観主義、精神主義、非合理主義、自己中心性の典型的な例である。松陰にとっては、自己の主観的誠意だけが問題で、誠意をもって説けば通じると信じているふしがあり、同志を批判して言った「其の分れる所は僕は忠義をする積り、諸友は功業をなす積り」という有名な言葉に示されているように、実際的効果は眼中にない。これは、同じ目標をめざして革命なり改革なりをやろうとしている同志にとっては実に迷惑千万な話で、松陰が多くの同志に見捨てられ、孤立していったのは当然である。これを、松陰の純粋さ、人の好さと見る者もいるが、それは、そう見る者が松陰と同じように小児的、自己中心的であるからそう見えるのであって、たぶん、その人自身、自分のことを純粋で人が好い（あるいは少なくとも、そういう面がある）と思っているのであろうが、わたしに言わせれば、これは自閉的自己満足以外の何ものでもなく、実際的効果を眼中におかないのは、おのれの無能、無力を暗々裡に知っているので、その面で自分を評価してもらいたくないからにほかならない。「功業」が目的ならば、その成否は客観的に明らかなので、きびしい判定にさらされざるを得ないからである。それは一種の無意識的ずるさである。また、自分のある感情なり意志なりを自分で「誠意」と判定するには、相当の得手勝手さが必要である。そしてその上さらに、その得手勝手さを得手勝手さと自覚していないことが必要である。

　これもまた自己中心性の然らしむるところだが、相手のおかれている立場というものにまったく無理解、無感覚なのが松陰の特徴で、アメリカへ密航を企てて失敗した場合にせよ、幕府と重要で困難な交渉を進める任務を課せられているペリーの立場をまったく無視している。相手の立場を無視して相手を説得できるわけはない。ペリーに拒絶されたのは当たり前であった。松陰は、事前に同志からその計画のずさんさを指摘されてとめられたにもかかわらず、ふり切って決行しており、また、のちにこの事件を回顧して書いた『回顧録』のなかで、逮捕されるとき、役人に、本来なら護送のかごには囚人の名札をつけるのだが、特別の配慮をもって名札をつけずにおいてやるからありがたく思えと言われて、「姑息の事捧腹に堪へず。且つ此の行我れ万死自ら栄とす、姓名を以て人に誇示するの意あり、姓名を榜せざる如きは我が意に非ず」と、かえって失望しており、松陰の意図は、計画の実現よりむしろ、自己顕示にあったと思われる。その上、自首して逮捕された際、松陰は、象山が送ってくれた詩を軽率にも携えていて役人に見つかり、そのためいたずらに象山をも獄につながせる結果を招いており、革命の同志としてもつには、実に頼りない人物である。何か事を成そうとする仲間にとって、悪意なく、ただその軽率さによって無自覚的に利敵行為をする味方ほど危険な存在はない。

老中間部《まなべ》詮勝《あきかつ》を暗殺しようとしたときも同様で、松陰は、長州藩の要路にあった周布《すふ》政《まさ》之助《のすけ》にその計画を打ち明け、許可を求めている。周布政之助は、たしかに松陰の尊王攘夷思想に共鳴していたが、その立場上、井伊大老のきびしい弾圧の鉾先が長州に向かうのを防ごうと用心に用心を重ねていた。松陰には、そういう周布の苦しい立場への思いやりが全然ないのである。相手の立場は相手の立場として認識し、自分の立場はそれと違うから、自分は自分の立場に従って行動するというのなら、その行動の是非はさておき、それなりに支持できないこともないが、松陰の場合は、相手の立場を認識した上で、それを誤りであると判断し、考慮に値しないとしてあえて無視するというのではなくて、その自己中心性のゆえに、そもそも、自分と違う相手の立場というものが視野にはいってこないのである。だから、周布が尊王思想に共鳴してくれていれば、当然自分の計画に賛同してくれると思うことができるわけである。さらに、江戸に送られて、幕府の役人の取調べを受けたときも同じで、松陰にかかっていた嫌疑はささいなことだったから、その件についてだけ申し開きをすれば、大したことなくすんだのに、役人の温情と寛大な扱いにほだされて、おれはそんなささいなことをやるような者ではないのだとばかりに、役人がまったく知らなかった間部暗殺計画までしゃべってしまう。天下の大勢を説き、真情を吐露して役人を味方にするつもりなのだ。いやすでに、親切な役人は自分の味方であるような気がしているのだ。役人のおかれている立場、その背後の井伊政権の本質をまったく認識していない。結局、相手の立場に立つことのできない自己中心性が松陰の死を招いたのであった。

そして、処刑を前にして松陰は、「身はたとひ武蔵の野辺に朽ちぬとも、留め置かまし大和魂」と歌った。松陰が望んだ通り、その「大和魂」、わたしに言わせれば、「外的自己から切り離され、現実感覚を喪失して、いたずらに幻想の純粋さを追求する内的自己」は、この日本の風土のなかで連綿と受け継がれて、神風連の乱、西南の役、二・二六事件、太平洋戦争、浅沼委員長の暗殺、三島由紀夫の割腹、連合赤軍事件などのさまざまな事件を惹き起こし、今日もなお「留め置か」れている。

というのも、前述したように、集団としての日本は、外的自己と内的自己との分裂の状態からまだ脱していないからである。幕末に、佐幕勢力と尊王攘夷派との対立となって現われていたこの分裂は、明治と代が変わっても、別の形で存続した。幕府を倒した明治政府も、その政策は幕政の延長線上にあり、明治六年になって南米の小国ペルーと不平等条約を結んでいることからもわかるように、欧米諸国の反対を押し切ってはほとんど何もできず、相変わらず屈従的であった。明治政府そのものが、開国派と尊王攘夷派、外的自己と内的自己とのある種の妥協の産物で、その屈従政策、文明開化政策は、内に抱え込んだ、または野に放たれている攘夷派、旧士族の反発を招かずにはおかなかった。（大久保と西郷、内治派と征韓派の対立は、政府内部における外的自己と内的自己の対立の典型的な例である。このパターンは、昭和になって、政党と軍部の対立という形で繰り返される）。「諸事神武天皇創業の古《いにしえ》に復する」王政復古が理念としては掲げられていたが、実質は官僚制の方向へ進んでいった。「旧幕ノ悪弊暗ニ新政に移リ」、「輔相ノ大臣上ハ朝廷ヲ暗誘シ、下ハ人民ノ飢餓ヲ察セズ、是ソノ一ナリ」にはじまる十ヵ条の政府批判を記して太政官の門前で割腹自殺した横山安武の行動は、旧士族の忿懣《ふんまん》をよく表わしている。西南の役を最後の頂点とする相次ぐ旧士族の反乱は、抑えられた内的自己の爆発であった。

二・二六事件の蹶起《けっき》趣意書、「謹ンデ惟ルニ我神州タル所以ハ、万世一神タル天皇陛下御統帥ノ下ニ、挙国一体生成化育ヲ遂ゲ、終ニ八紘一宇ヲ完フスルノ国体ニ存ス。……然ルニ頃来遂ニ不逞兇悪ノ徒簇出シテ、私心私慾ヲ恣ニシ、至尊絶対ノ尊厳ヲ藐視シ僭上之レ働キ、万民ノ生成化育ヲ阻碍シテ塗炭ノ痛苦ニ呻吟セシメ、従ツテ外侮外患日ヲ遂フテ激化ス。……茲ニ同憂同志機ヲ一ニシテ蹶起シ、奸賊ヲ誅滅シテ大義ヲ正シ、国体ノ擁護開顕ニ肝脳ヲ竭シ、以テ神州赤子ノ微衷ヲ献ゼントス」は、その思想と感情の方向において、前記の横山安武の政府批判とほとんど同じである。また、二・二六事件の蹶起将校が松陰と精神的につながっていたことは、栗原安秀中尉がその裁判を安政の大獄になぞらえて、昭和の大獄と呼んだことや、中島莞爾少尉が松陰の『留魂録』を座右の書とし、松陰まがいの「身はたとひ水底の石となりぬとも、何惜しからん大君のため」という辞世の歌を残したことからも明らかである。また、磯部浅一の遺書のなかの「今の私は怒髪天をつくの怒にもえてゐます。私は今は、陛下を御叱り申上げるところに迄、精神が高まりました。だから毎日朝から晩迄、陛下を御叱り申して居ります。天皇陛下、何と言ふ御失政でありますか、何といふザマです、皇祖皇宗に御あやまりなされませ」という絶叫は、天皇のために身命を捧げたつもりなのに、その天皇に裏切られた驚愕と怒りの叫びであり、磯部が天皇の立場をいかに認識していなかったかを示している。その自己中心性はまさに松陰の自己中心性と同じである。（追記。月刊プレイボーイ誌一九八二年四月号によれば、テルアビブ空港事件の岡本公三は、初の獄中単独会見をしたフランス人ジャーナリストに「尊敬する人物は」と聞かれて「吉田松陰」と答えたとのことである）。

幕末以来、戦後三十年の今日に至るまで、日本の政府においては、太平洋戦争中の四年間を除き、ずっと外的自己の代表者が主流を占めてきた。外的自己は、あるいは内的自己を弾圧、抑圧、放逐し、あるいは内的自己に名目的絶対権を与え（天皇制）、あるいは内的自己と妥協して部分的にその要求を是認、実行し、あるいは外征・対アジア侵略にふり向け、何とか切り抜けてきた。しかし、屈従を主調とする外的自己が日本という集団のアイデンティティの基盤となり得るわけはないから、そこには大きな無理があり、そのバランスはつねに危なっかしく、しばしば崩れ、抑えられていた内的自己が爆発する。太平洋戦争は大爆発だったが、小爆発は絶えず繰り返される。日本近代史において、内的自己の代表者は、吉田松陰、西郷隆盛、二・二六事件の蹶起将校、特攻隊員のように、しばしば、いったん生贄に供されたあと、（一部においてにせよ）聖化され、崇拝されるという経過を辿る。あとからその主張が採択され、実行されることもある。殺されて祭りあげられるのだ。あたかもイエスのように。そして彼らは、松陰をはじめとして例外なく、純粋で無私無欲で、栄達を求めず、その行為は無償性を特徴としている（あるいは少なくとも、そう信じられている）。三島由紀夫が言ったように、無私無欲な者がかくも反乱を起こす国は、日本をおいて他にはない（外国の革命家たちは、革命が成功したあかつきには自分が権力の座につくことを予定し、具体的な計画を立ててから反乱を起こすのだが）。三島は称賛の意味をこめてそう言ったのだが、わたしに言わせれば、それは日本という集団の深い病的症状を表わしている（負けたときのことはもちろん、勝ち進んだときにはどの辺までやるか、どこで鉾をおさめるか、どういう目的が実現すれば戦争をやめるかについて何の考えもなく米英に宣戦したのも、同じ病的症状の表われである）。つまり、内的自己がそれほどまでに現実との接触を失い、自己中心的、自閉的になっているということである

（それに反して、外的自己の代表者は、実質的には政治の責任を負わされながら、金権の垢に汚れ、世俗の塵にまみれた奸物として非難され、いかに国のために貢献しようと、決して崇拝されることはない）。

日米安保条約に象徴されるように、現在の自民党政府も屈従する外的自己の政府である。内的自己は抑圧されている。分裂した外的自己と内的自己とは、いずれも歪み、いびつになっている。抑えられた内的自己がしばしば小爆発を起こしていることは、みなさんのご存知の通りである。そのうちいつか、ふたたび大爆発が起こらないとは保証の限りではない。

国家論——史的唯幻論の試み

1

人類は生物進化の畸型児である。このことは、人類を他の高等哺乳類とくらべてみればはっきりする。牛や馬の赤ちゃんは生まれて間もなく自分の足で立ち、自分で食物を探して自活できるようになるが、人間の赤ちゃんは、ほぼ完全に無力・無能な状態で生まれ、自活できるようになるまでには長年にわたって親またはその代理の世話と保護を受けなければならない。人類がなぜそうなったかについては、本来ならあともう一年間母胎内にいるべきなのに人間は九カ月の未熟児で生まれてくるのだとするA・ポルトマンの生理的早産説と、人類は猿（より正確に言えば、まだ人類ではない人類の祖先）が胎児化したものである、すなわち、猿の胎児がそのままの形でおとなになったのが人類である（いわゆる幼形成熟《ネオトニー》）とするL・ボルクの胎児化説とがあるが、この両説は相互排除的ではなく、生理的早産は胎児化の一つの結果と考えることができるから、わたしとしては胎児化説を中心に論を進めたい。

人類が人類になったころについて、すなわち文化の起源についてどのような理論を立てようとも、実証も反証もできないので、その当否の規律は、現代科学の諸発見に矛盾しないこと、それ自体に論理的一貫性があること、広範なさまざまな種類の現象を体系的に説明できること、説得力があること、わかりやすいことなどのほかには求め得ない。わたしも、これらの規準に叶うよう努めてみよう。

さて、この胎児化の結果、人類は滅亡の危機に直面したであろう。自活できるようになるまでこんなに長い期間保護してやらねばならないのだから、保護する側の負担はべらぼうに重い。単に期間が長いだけでなく、自分では何一つできないのだからその世話は大変である。その保護と世話は、いわゆる本能としての母性愛にもとづく行動によって可能な範囲をはるかに越えていた。子どもを育てるための親の負担の面だけを見ても、人類は、本能だけに頼っていたとすれば、とっくの昔に滅びていたであろう。

しかし、問題は親の過重な負担だけではない。親がこの負担を引き受ければ、それですべてが解決するわけではない。無力・無能の状態で長いあいだ親に保護されて過ごすという条件が、子どもの本能生活を根本的に変質させる。親の保護とは、いいかえれば現実との遮断である。現実のなかに放り出されれば死ぬほかはない子どもに、親は、作為された人工的世界を提供せざるを得ない。子どもの本能は、まずはじめに、現実と遮断された世界のなかで発動され、満足を知る。

生まれたときの子どもは、感覚運動器官がきわめて未発達であるから、もちろん、現実と非現実、自己と他者の区別を知らない。したがって、親が提供してくれた人工的世界は、子ども自身にとっては、現実によっても他者によっても限定されない唯我独尊、全知全能の世界である。このような世界のなかで満足を知った子どもの本能は、現実からずれてしまう。本能とは、本来なら、現実への適応を保証するものである。動物は本能に従って行動し、それがそのまま個体保存、種族保存の目的につながっている。ところが、人間においては、本能に従うことは現実への不適応を意味する。つまり、現実への適応を保証するものとしての本能はこわれてしまった。人間の本能は、唯我独尊の幻想のなかで、自閉と全能の幻想のなかで空回りする。本来なら現実我を保存するはずの個体保存の本能は、全能の幻想我を保存する方向へずれる。種族保存の本能についても同じことが起こる。同じく胎児化の結果であるが、個体保存の本能の場合に、その本能の発現と、それの目的の遂行の手段たるべき感覚運動器官の発達とのあいだに時間的なずれがあるのと同じように、種族保存の本能の場合にも、性欲の発現と、生殖器官の成熟とのあいだに数年の時間的ずれがある。そのため、人間の性欲は、まず不能の性として出発する。そして、そのあいだに、異性の性器と結合し、生殖の目的に奉仕するというその本来の表現形式からずれてしまい、同じく幻想の世界のなかで無目的に空回りする。フロイドが幼児の性欲は多形倒錯的であると言ったのは、この意味においてである。倒錯の性とは、不能の性であり、幻想の世界に遊ぶ性である。

そのうち、遅まきながら、感覚運動器官あるいは生殖器官が成熟したときには、すでに手おくれで、人間の個体保存あるいは種族保存の本能は、前述のように本来の目的から遊離した方向へずれてしまっているから、ここで、何らかの打開策を講じなければ、人類は個体保存も種族保存もできず、不適応になって滅亡せざるを得なかったであろう。実際、人類のかなりの部分は、この難局を乗り越えることができず、滅亡したかもしれない。

個体保存について考えてみよう。今や成熟した感覚運動器官を基盤として成立した自我は、多少とも現実を認識できるから、この現実の世界で個体を保存するためにはどのような行動が必要であるかをある程度は理解する。しかし、その行動のために必要な個体保存本能のエネルギーは、幻想の世界で遊び呆けているのである。指揮官がいくら命令を発しても、兵士がついてこないようなものである。この状態が、現実原則に従う自我と快感原則に従うエスとの対立としてフロイドが記述したものである。現実原則と快感原則とのこの対立と分裂は、人類だけが直面する悲劇であり、動物においては、現実への適応と快感の追求とのあいだに矛盾はない。フロイドの言うところのエスとその快感原則は、人類に特有な本能のずれと歪みを表わしており、決して動物における本能と同一視できるものではない。エスは本能ではない。快感原則は本能の原則ではない。それはむしろ、幻想の原則である。つねに過去の状態の復元を求めるというフロイドの衝動（Trieb、本能と訳すのは適訳でない）の定義は、幻想の世界に釘づけになった本能の定義としてのみ理解できるのであって、動物における本能には当てはまらない。過去の状態の復元を求めるのは、その状態が幻想であるかぎりにおいてである。『快感原則を越えて』のなかでフロイドは、この衝動の定義から、論理的に、あらゆる生体内に存在するかつての無機物の状態を復元しようとする傾向としての衝動を仮定したが、わたしは死の衝動を人類に特有な傾向として理解している。快感原則は、論理的につきとめれば、涅槃《ニルヴァーナ》原則とならざるを得ない。

2

人類は、したがって、幻想の方向にずれてしまった本能を何とかして、現実の方向へ引き戻さなければ生きのびることができない状況に追いこまれた。本能は、エスに変質しており、そのエスは、個体保存に関しては、自閉と全能の幻想我の保存をめざすナルチシズムと、種族保存に関しては、前性器的倒錯のリビドーとから成っていた。エスのおもむくままに従っていたのでは自滅する。ここで人類は、エスを抑圧することをはじめて知った。それと同時に、幻想の世界にまつわりついているナルチシズムと倒錯リビドーを、現実の世界にいささかでも近づき得、何とか現実に個体保存と種族保存を保証する形式に強制的にはめこまねばならなかった。こわれてしまった人類の本能は、もはやこの形式を指示してはくれなかった。

エスの幻想は私的幻想である。エスの幻想の世界に住んでいるかぎり、各人のあいだにいかなるつながりもあり得ない。その状態は、いわば、それぞれ勝手な空想に耽って自慰をしていて、おたがいに相手には無関心な男と女のようなものであり、さっきの譬えをもう一度使えば、それぞれ酔っ払って自分だけの内的世界に閉じこもり、てんでんばらばらな夢を追っている兵士たちのようなものである。このような男と女に、種族保存へとつながる性行為の形式を強制しなければならない。この兵士たちをまとめて、あの高地を奪取する統一作戦に向かわせなければならない。しかし、エスは現実から遊離してしまっており、二度とふたたび、現実との完全な矛盾なき一致に戻ることはない。本能にもとづく男と女の関係、親と子の関係、家族の関係、集団の関係はもはや失われてしまった。だが、これらの関係を何とかして維持しなければ、人類は滅びるのであった。

ここに文化が発生した。文化は、矛盾する二つの要請を同時に満たすものでなければならない。一つは、曲がりなりにも現実の個体保存または種族保存を保証する形式を提供するものでなければならない。もう一つは、できるかぎり各人の私的幻想を吸収し、共同化し、それに満足を与えるものでなければならない。文化は、前者の意味において、本来の現実の代用品、つまり作為された社会的現実、擬似現実であり、後者の意味において共同幻想（集団幻想と言ってもいいが）である。

かつては本能に支えられていた人間のつながり（男と女、親と子など）は、今や共同幻想に支えられることになった。本能に支えられたつながりと、共同幻想に支えられたつながりは、本質的に異なっている。第一に、前者は本能的必要のあるあいだしかつづかない。男（雄）と女（雌）は、生殖活動がおわれば、もはやおたがいに男でもなければ女でもない。親と子は、子が自立するようになれば、親でもなければ子でもない赤の他人である。それに反して、後者は永続化し、固定化する。ここに制度としての家族が成立し、各人は、特定の他者との関係において、男であるとか、親であるとか、妹であるとかの固定的身分を獲得する。第二に、前者は、とにかくそのつながりがつづいているあいだは、安定した関係であるが、後者は、永続化し、固定化した反面、不安定な関係である。不安定だからこそ、固定化する必要があったのだとも言えよう。なぜ不安定かと言えば、まず、本能の裏づけのない強制された関係だからであり、次に、それを支えている共同幻想の不可避的欠陥のゆえである。

　共同幻想は、かけ離れてしまった本来の現実と私的幻想との双方をいくらかずつ裏切った妥協の産物であり、本来の現実を裏切っている点において、決して現実への充分な適応には達し得ず、つねにいくらかの不適応を招かざるを得ず、私的幻想を裏切っている点において、各人の私的幻想をあますところなく吸収し、共同化するには決して至らない。共同幻想は、絶えずその双方からのはさみ撃ちに遭って動揺する。

　この不安定さを減らすためには、共同幻想に支えられている集団を絶えず空間的または時間的にあるいは空間的および時間的に拡大してゆかねばならない。共同幻想は、一面においては私的幻想を吸収して成立したものであるから、私的幻想のナルチシズムを受け継いでおり、全能、無限、永遠につながるかぎりにおいてしか存立し得ない。二人の関係を支える共同幻想は、その関係が二人だけの限られた空間に閉じこめられたとき、崩壊する。これを吉本隆明にならって対《つい》幻想と呼ぶとすれば、対幻想は、より大きな集団にかかわる共同幻想の一環としてしか成り立ち得ない。二人が三人になっても、一〇〇人、一、〇〇〇人になっても同じである。本能にもとづく動物の集団は、種によってだいたい大きさが決っているが、共同幻想にもとづく人間の集団は、自転車操業の会社のように、絶えず膨張をつづけているかぎりにおいてしか安定しない。

人類が共同幻想にもとづいて最初につくった集団は、たぶん家族だったのであろう。いったん共同幻想にもとづく家族が成立すれば、その集団を拡大してゆかねばならない。それを時間的に拡大し、永遠性へとつなぐ試みの一つが、親から子への家系制度であろう。前述したように、本来なら、親と子は、一定の期間を除いて、無関係な赤の他人であって、親または子を他の人びとから区別する現実的根拠は何もない。子が親の分身であるというのは幻想である。兄弟姉妹が同じ血をわけているというのも幻想である。しかし、このような血縁幻想を共同幻想とし、同じ赤の他人たちのなかから特定の者を選んで親とか兄とか妹とか呼んだとき、家族が成り立ったのである。共同幻想としての血縁と、生物学的なつながりとは別のものであって、後者は、前者のいわば参考資料として使われたとしても、後者が前者を一義的に決定することはない。血縁幻想は、分身幻想（たとえば、孫悟空が自分の頭髪を抜いて分身をつくり出すような）から派生したものではないかと思われる。幻想なのだから、血縁の濃淡の観念はまったく恣意的であって、父‐息子の関係をもっとも濃いと考えれば父系制となるし、おじ‐おい（姉妹の息子）の関係をもっとも濃いと考えれば母系制となるであろうが、これは、血縁幻想の内容の違いによるのであり、発達段階の差ではなく、吉本隆明も指摘しているように、子どもの出産における父の役割についての知識の有無によって決定されるものではないであろう。だから、理論的には、（そのような家系制度がかつて存在した、または存在している証拠はいっさいないが）たとえば、ある男ともっとも濃い血縁の者は、その男の母の姉妹の娘の息子であるという共同幻想にもとづく家系制度があってもおかしくない。あるいは、チベット仏教におけるように、生物学的つながりなんか問題にせず、ダライラマが死亡したのと同時刻にどこかで生まれた者をその生まれ替わりとしてもよい。同じ理由で、人類の最初の集団が一人の強力な男が多数の女を従えた一夫多妻家族であったか、あるいは乱婚にもとづく大家族集団であったか、あるいは単婚の小家族であったかを問題にするのは無意味であろう。あらゆる制度は共同幻想にもとづくものであり、幻想の変遷に一般法則はなく、したがって、制度の発端と発達過程に一般法則はない。ただ、かくかくの状況におかれた集団はかくかくの共同幻想をもちやすいということは言えようが、それはあくまで蓋然的法則である。

家族集団を横の方向に、空間的に拡大してゆく場合も、同じく一般法則はない。集団を拡大すれば、拡大したその集団をまとめ得るような共同幻想があればよいのであって、たとえばトーテミズムの場合のように、血縁幻想をさらに広げ、氏族の全成員が同じトーテム動物を共通の祖先とする血のつながった仲間であるという幻想を集団の基盤とすることもできるし、地縁や何らかの共通の活動や経験を材料にして共同幻想をつくってもよいであろう。何らかの条件のため、現実の空間で集団を拡大できないときには、天上の世界へ拡大してもよい。これは、共同幻想を永遠性、無限性へとつなぐ巧妙な方法である。

部族や国家のあいだの征服や戦争を経済的その他の条件のみに帰することはできないであろう。経済的には征服なんかしてもたいして利益にならない場合や、戦争なんかしないで仲良くしている方がはるかに得な場合でも、しばしば征服や戦争が行なわれているのは歴史の示すところである。彼らは必ずしも情勢判断を誤っていたわけではない。共同幻想は、それを信じている集団の観点からは万古不易の普遍的真理であり、一つの普遍的真理は、それと矛盾する他の普遍的真理の存在を許さない。両雄が並び立たない同じナルチシズムの原則によって、ある共同幻想にもとづく集団は、別の共同幻想にもとづく他の集団の存在が耐えがたいのであり、耐えているとすれば、それはつねに不満なあきらめによってでしかない。かくして集団は、その共同幻想の内在的運動法則により、あるいは他の集団を統合し、あるいは他の集団に統合されて拡大してゆくであろう。統合するか統合されるかは、武力の強弱によってのみ決まるのではないであろう。いずれの集団の共同幻想が両集団をまとめるのに適しているかにもよるであろう。また同時に、集団は分裂への傾向もはらんでいる。その共同幻想にそれぞれの私的幻想を共同化し得なかった人たちが別の共同幻想をつくり、集団から離反してゆこうとするであろう。

3

しかし、いずれにせよ、人間集団は不安定である。集団は無限に拡大しつづけることはできないし、それを支える共同幻想は各人の私的幻想を完全に吸収することは決してできない。各人に分有された共同幻想は超自我および自我となり、共同化されずに残った私的幻想はエスを構成する。このエスが、共同幻想にもとづく集団の統一性を内部から危くする重大な要因となる。

精神病者は、その私的幻想のほとんどを共同化し得なかった者である。彼は、自分の住む社会の共同幻想をいったんは外面的に受け容れるかもしれないが、それは彼自身の私的幻想と何の内面的つながりのないものであり、彼はそこに彼自身の私的幻想の共同化を見ることができない。また彼は、彼と同じくその私的幻想を社会の共同幻想に共同化し得なかった人たちと組んで別の共同幻想をつくるということもできない（それができれば、彼は、成功するにせよ失敗するにせよ、革命家となるであろう）。彼の私的幻想は、彼一人の自閉的世界のなかで増殖し、一応適応している偽りの外面をついに突き破って躍り出てくる。はたから見れば、それが発狂である。発狂は、ある意味で、私的幻想の、失敗した共同化の試みであると言える。彼の私的幻想が妄想と呼ばれるのは、他の誰一人としてそこにひとかけらの共同性をも見なかったからである。一般の人びとが精神病者を気味わるがり、閉じこめておこうとするのは、彼が危険だからというより、彼らがあまりにも当然のことと信じている共同幻想をまるっきり無視している者を彼のうちに見、彼らの共同幻想が実は幻想なのではないかとの疑いを起こさせるからである。革命家だって、彼が反逆している共同幻想を部分的には是認しており、犯罪者だって、共同幻想の何らかの側面に違反したというだけであって、それを全面的に否定しているわけではない。その意味において、精神病者は、革命家や犯罪者とは別種の脅威を共同幻想に与えるのである。人びとが、彼の私的幻想を何の意味も根拠もない妄想として無視するのは、その意味について考えるのが恐ろしいからである。彼の妄想は、その社会の共同幻想から排除されている私的幻想の実体をもっとも露骨な、もっとも純粋な形で示しているのである。彼が「狂っている」のは、共同幻想、いいかえれば、擬似現実、社会的現実に関してであって、本来の自然的現実に関してではない。彼が、窓ガラスを金鎚でたたけば割れるとか、マッチをすれば火がつくという物理的現実を誤認することはない（無知な著が精神病者のふりをしようとしてばれるのは、わざわざたとえば馬の絵をかいて足を七本つけたりして、物理的現実の誤認を演じてみせるからである）。精神病が何よりもまず共同幻想との関係における病いであることはこのことからもわかる。

　精神病までに至らなくても、すべての人が多かれ少なかれ神経症的である。神経症のさまざまな症状は、共同化されずに残った私的幻想のさまざまな表現形態であり、そして、すでに繰り返し述べたように、そのすべての私的幻想を共同化し得る者はいないからである。Ａ集団の共同幻想と、Ｂ集団の共同幻想とでは、その成員各自の私的幻想を共同化し得る部分が異なるであろう。だから、Ａ集団の共同幻想に共同化されずに残る私的幻想の部分を、Ｂ集団の共同幻想は共同化しており、そして、その逆でもあるといった場合もあるであろう。この場合、Ａ集団の正常人をＢ集団から見れば、また逆に、Ｂ集団の正常人をＡ集団から見れば、おのおの自分の集団の神経症者と似ているように見えてくるであろう。フロイドは、ヨーロッパ人の神経症者と未開人とのあいだにいくつかの類似を見出して、ともに両者を未発達の幼児性と関連づけたが、これは知らず知らずのうちに（Ｊ・ピアジェの使う意味における）自己中心的観点に陥っていたのであって、相手からも同じように見えるということを忘れている。もしわたしが同じような自己中心的観点に立つとするならば、ヨーロッパのキリスト教徒を見て、日本人では精神病者にしか見られない処女懐胎妄想や復活妄想が「未開の」ヨーロッパでは一般に信じられているという結論を出したかもしれない。

　では、共同幻想は、各人の私的幻想を多く吸収し、共同化していればいるほどすぐれた共同幻想であるかと言えば、一概にそうは言えないのである。ここに共同幻想の致命的ディレンマがある。すでに述べたように、共同幻想は、他方において、今やその本能が本来の現実からずれてしまった人類に、その代用品、擬似現実、つまり社会的現実を提供する役目をもっている。私的幻想とは狂った本能であり、本来の現実からずれているのだから、集団の成員の私的幻想を多く吸収すればするほど、その共同幻想そのものがますます病的、妄想的となり、ますます現実から遊離し、この役目がますます果たせなくなる。このディレンマは、たとえば軍隊の指揮官の直面するディレンマに似ている。敵の側にも五分五分の正当性があるなどと言っていたのでは戦さにならない。兵士たちの団結を固め、その戦意を高揚させるためには、敵は悪虐非道の鬼畜であり、臆病で弱い烏合の衆であって、味方は天に代りて不義を討つ絶対不敗の神兵であるという幻想を与えなければならない。しかし、このような幻想が、情勢判断を狂わせ、作戦の失敗を惹き起こす。そういうわけで、その成員に神経症者や精神病者が少ない集団ほど、集団そのものが神経症的、精神病的である。それは、国家が戦争という大規模な人殺しをやっていると、国内の殺人事件が少なくなるのと同じような関係にある。狂信的な暴力集団のメンバーに個人として会ってみると、意外とものわかりがよくて紳士的な人が多いのも同じ理由からで、彼の狂信的な部分をその集団が吸い取っているのである。フロイドが、宗教の熱心な信者に神経症者が少ないことに気づき、宗教という集団神経症に罹ると、個人として神経症にならなくてすむと言ったのも、このディレンマを指していたのだと解される。

　したがって、集団の統一性に重点をおき、その成員の私的幻想をできるだけ多く共同化しようとする集団は、集団全体として、現実への適応に失敗しやすくなる。そして、そのような集団において往々にして主張される共同幻想の無《む》謬《びゅう》性と絶対性を維持するため、失敗は正当化される。いったん失敗が正当化されると、その失敗をもたらした現実の諸要因の認識が失われるから、同じ失敗が強迫的に反復される。それがまた正当化を呼んで、悪循環を惹き起こし、正当化の毒素が集団内にますますたくさんたまる。革命前の帝政ロシアや敗戦前の大日本帝国がこのような状態であった。集団がこういう状態に至ると、現実からずれてしまって彼を知らず、己を知らないから百戦殆《あや》うく、信じられないほどの愚行が頻発する。たとえば、日露両海軍の戦力を知る者が見れば、日本海海戦の勝敗の帰趨は戦う前から明らかで、日本が勝ったのは連合艦隊の勇敢さのゆえではないが、当時のロシアの支配者にあっては、戦力の対比を事実としては知っていても、その認識から、バルチック艦隊の派遣の中止の判断へと至る当然のすじ道の途中に、硬直化した共同幻想が立ちはだかり、事実が見えていて、かつ見えていないのであった。また、集団内で言えば、共同幻想の正当化から生ずる毒素の皺寄せをいちばん受けるのは、その集団のなかのいち同幻想よりも多く、広く、成員の私的幻想を吸収し、共同化し得たとき、革命は成功するであろう。

逆に、現実への適応と合理性の面ばかりに重点をおく集団は、その成員の私的幻想を共同幻想へと吸収できず、したがって、集団としての統一性をもち得ず、前記の集団とは別の方向から崩壊する。

いずれにせよ、個人と同様、集団にも寿命がある。集団は、結成され、拡大し、分裂し、そしていつかは、たとえ外部からの攻撃がなくても、内部から崩壊する。そしてまた、新たな共同幻想にもとづいて再生したり、別の新たな集団がつくられたりするであろう。外敵の侵略はなかったのに滅亡した文明は多々あるが、それはその文明を支えていた共同幻想の崩壊のゆえであると考えられる。

4

わたしは「日本近代を精神分析する」のなかで、日本全体をあたかも一人の精神分裂病者のごとく扱った。この試みが許されるためには、集団心理と個人心理の問題についてわたしなりの考えを示さねばならない。この問題は、集団現象に関するあらゆる理論にとって、きわめて扱いにくいむずかしい問題である。

この問題に対する一つの解決策は、史的唯物論のように「存在が意識を規定する」という立場に立ち、集団現象を、人間の歴史の流れを経済的条件から説明する方法である。「意識」は「存在」によって規定されるのだから、「存在」を問題にすれば充分であって、「意識」そのものの内在的構造や運動法則は考慮に入れる必要がない。「意識」は、歴史を動かす要因の一つではなく、せいぜい子どもの使いのようなもので、ある経済的原因をある経済的結果へ取り次ぐぐらいのことしかできない。この解決策はきわめてすっきりしており、理論内部での論理的整合性の点で非常にすぐれている。人間心理そのものの重要性を認めないのだから、集団心理と個人心理の関係などはそもそも問題にもなり得ない。しかしわたしは、人間心理は歴史を動かすもっとも重要な要因の一つであるという立場に立っているから、この解決策を取ることはできない。

第二の解決策は、集団のリーダーの個人心理によって集団の行動を説明する方法である。英雄中心の歴史観がこれである。ヒトラーの心理によってナチズムを説明するがごときである。この解決策もすっきりしているが、集団の成員がなぜそのリーダーを選んだか、なぜ彼についていったかという肝心の点の説明が欠けている。

第三の解決策は、個人を越えたところの集団精神といった実体的なものを仮定する方法である。たとえば、日本人はみんな生まれながらにして大和魂を具えているといった考えは、そのもっとも素朴な形である。このように考えれば、日本国民に特徴的な行動はこの大和魂から説明でき、大変便利である。実際、ある集団の歴史を概観してみると、遠い昔の事件に対する反応が、その当時生きていた者たちは全員死に絶えてしまったはるか後代になって起こったとしか思えないようなことがたくさんある。しかも、当の集団の成員自身が、現在の反応と昔の事件とがつながっていることに気づいていないのである。こうした事実は、集団精神というものを仮定しなければ、どうにも説明がつかないのであった。フロイド、とくにユングはこの解決策を取った。しかし、この解決策では、先祖の魂がどこかで浮遊していてあるとき子孫の肉体のなかにはいったというような神秘的な考え方をするのでなければ、どうして精神過程が個人の死によって中断されず、世代から世代へと伝わってゆくのかという困難な問題に直面する。フロイドは、記憶の遺伝を仮定することによってこの困難から逃れた。ご存知のように、フロイドによれば、母親姦の願望とそのタブー、父親殺しの願望とその罪悪感を内容とする現代人のエディプス・コンプレックスは、人類がまだ文化をもたなかった何千年か昔の原始遊牧群《ホルド》における父殺しの事件の無意識的記憶に対する反応なのである。また、ユングは集合無意識なるものを仮定し、そこには太古の昔からの経験によって獲得した人類の知恵がたくわえられていると考えた。このような仮定がもし許されるなら、さまざまな集団現象が実にうまく説明がつくことは確かである。だが、この解決策には致命的な欠陥がある。いうまでもなく、記憶（獲得形質）

の遺伝は現代遺伝学と矛盾する。

第四の解決策は、ライヒやフロムらの解決策で、彼らはマルクスとフロイドとの綜合をめざし、心理学的問題に関するマルクスの無知と、経済的、社会的問題に関するフロイドの無知をともに埋めたと称しているが、わたしに言わせれば、彼らの理論（彼らの理論とひとまとめにして言うのは、集団心理に関する両者の理論にはほとんど差がないからである。ちなみに言っておくと、フロムの『自由からの逃走』はそれより一〇年前に出たライヒの『ファシズムの集団心理』の焼き直しとしか思えないのだが、フロムの著書のなかにはライヒ理論についての一言半句の言及もなく、フロムが同じ精神分析仲間のライヒの同じテーマを扱ったこの有名な著書を知らなかったとは思えないし、もし知らなかったとすれば、二人の人間が無関係にこれほど似た結論に達し得るものだろうかと、わたしはかねがね不思議に思っている）は、マルクスとフロイドをともに薄っぺらにしたごちゃまぜの折衷におわっており、その心理学理論について言えば、フロイドに立脚しているというよりはむしろ、昔の本能論心理学を性善説で裏打ちしたようなものと、人間は生まれたときには白紙《タブラ・ラサ》であるとするイギリス経験論の延長線上にある行動主義心理学とをくっつけ、本来なら正反対の両端にあるこの二つの立場を兼備した立場に立っている。

　要するに、経済的、社会的条件と、その時点における集団の行動とのあいだに、ちぐはぐさや矛盾がないなら、集団心理という厄介な要因をわざわざ介在させる必要はない。このちぐはぐさをどう説明するかが問題なのである。ライヒとフロムは、集団精神の遺伝といったような逃げ道はとらなかった。彼らは、基本的には、個人の精神、性格は後天的にその経済的、社会的環境によって形成されるとする。そして、ライヒの言う「集団心理構造」、フロムの言う「社会的性格」は、集団の大部分の者が共通に経験する経済的、社会的環境条件の結果形成される中核的構造である。ここで困難な問題が起こる。経済的、社会的条件によって形成される「集団心理構造」または「社会的性格」がどうしてその経済的、社会的条件と矛盾するようになるか。彼らは、集団心理が現在の経済的、社会的条件と矛盾するのは、それが以前の時期の経済的、社会的条件によって形成されたものだからであると言う。では、そのあいだに、経済的、社会的条件はどうして変化したのであろうか。あたかも、経済的、社会的条件は、それ自体の内部法則によって独自に変化し、集団心理はそれに一歩遅れてついてゆき、ときどきついてゆくのにくたびれて抵抗するだけであるかのようである。これでは、集団現象の説明に、心理的要因をもちこまないのと同じことである。彼らがもちこむ心理的要因と言えば、たぶん彼らの希望を表明したものであろうが、人間性に本来具わっているとされる愛、自由、独立、誠実さなどへの自発的傾向である。この傾向は、経済的、社会的条件によって形成されるものではなく、ときには沈黙しているが、ときには権力による抑圧に反抗しておのれを主張する。こういう傾向を仮定するのがいけないとは言わないが、一般的には、人間の性格は経済的、社会的条件によって受動的に形成されるものとしておきながら、それではうまく説明できない事実にぶつかると、全然別の理論的立場に立たないかぎりは主張できないはずの「人間性本来の傾向」をもち出し、その傾向があってはかえって都合がわるい場合には、それは「沈黙」していたと言うのでは、彼らの理論は、論理的に破産していると言わざるを得ない。けだし、マルクスとフロイドのような全然別の背景と観点から、それぞれ別の地平で精緻に構成された理論を、両者の「無知と弱点」を補って綜合しようとすれば、あぶはちとらずの結末は避けがたいであろう。

5

さて、これらの解決策をすべてしりぞけるとすれば、どういう解決策があるだろうか。わたしの考えによれば、集団の歴史をあたかも個人の歴史のごとく扱うことができるのは、集団の精神構造とそれを構成する成員の精神構造とが内在的必然によって不可分に結びついているからである。集団と個人とは同時に成立する。集団がまずあって、その精神構造を、白紙《タブラ・ラサ》で生まれてきた個人が、たとえば外国語を学習するときのように、受け容れて内面化するのではない。逆にまた、個人がたくさん寄り集まって、それぞれの精神構造の最大公約数的なものを集団の精神構造として設定するのでもない。集団と個人は共同幻想を介してつながっている。集団を支えているのも、個人を支えているのも共同幻想である。

集団の共同幻想は、個人の私的幻想の共同化としてしか成立し得ず、個人はその私的幻想を共同化することによってしか個人となり得ない。したがって、集団の共同幻想は、個人の私的幻想の共同化された部分（超自我および自我）と一致する。そして、共同化されなかった部分（エス）は、集団を構成する個人のあいだで大体共通している。そこで、各人のエスは、集団のなかで、忌わしいもの、おおっぴらには言えないもの、罪深いもの等々を形づくる。かくして、集団が公認するもの（共同幻想）と公認しないものとは、各人の超自我および自我とエスとに対応する。共同幻想は集団の超自我および自我であり、その裏面は集団のエスであると言えよう。前者を顕在《マニフェスト》的文化と呼ぶならば、後者は潜在《レイテント》的文化と呼ぶことができよう。集団心理を個人心理のごとく扱い、その病理を語ることができるのは、集団の文化が個人の精神と同じ構造をもち、同じ葛藤をはらんでいるからである。また、何度も繰り返すように、自閉と全能の私的幻想を共同化したものに支えられる集団が、多かれ少なかれ「病的」——現実からずれた幻想を抱いているという意味での——でないことはあり得ない。

　支配的イデオロギーとして共同幻想は、世代から世代への縦の方向にも、また横の方向にも、家族のしつけや学校教育を通じて公然と伝えられるであろう。新しく生まれてきた個人はその私的幻想を共同幻想に共同化することによって集団の成員となってゆくであろう。共同化し得ずに残ったエスは、個人と集団とのずれ、齟齬を表わしており、エスが多大であればあるほど、集団のなかでの個人の居心地のわるさ（フロイドが「文化のなかの居心地のわるさ」“Unbehagen in der Kultur”と呼んだもの）がますであろう。個人は残りのエスをも共同化しようとするであろう。その共同化の努力のもっとも過激なもののうち、成功したものが革命であり、もっとも無残な形で失敗したものが発狂であろう。一般には、その努力は中間のさまざまなレベルで行なわれるであろう。芸術もその一形式である。集団のなかで、たとえば新興宗教のような下位《サブ》集団をつくるかもしれない。犯罪や趣味《マニア》なども、成功か失敗かはさておき、その努力を表わしているであろう。これらが集団の潜在的《レイテント》文化を形づくる。そして、この潜在的文化を通じて、集団の「エス」は縦の方向にも横の方向にも伝えられてゆく。神話、伝説、昔話、迷信、過去の犯罪物語、裏面史などに、昔の世代の人たちのエスが結晶しており、現代の人びとはそこにおのれのエスの具体化を見るであろう。横の方向の伝達に関して言えば、権力側がいかに抑圧しようとも、噂、流言飛語となってたちまち千里を走るであろう。

　集団の経験は、それが支配的共同幻想に都合のわるい経験であるために否認され、その経験をした当時の人たちが全部死に絶えてしまったあとも、集団の行動に影響を及ぼす。それは、個人の神経症者が、都合のわるい過去の経験を抑圧し、意識的にはそのことについて何も覚えていないのに、抑圧されたその経験の無意識的記憶が症状を惹き起こすのとまったく同じである。この事実を説明するために、無意識的記憶の遺伝というような神秘的なものを仮定する必要はない。第一に、その集団のなかには、その経験によって被害を受けた人たちが必ずいる。彼らは、権力に弾圧されても、その経験を忘れないであろう。彼らは、その経験を否認する支配的共同幻想にその私的幻想を共同化しなくなり、彼らのあいだで下位《サブ》共同幻想をつくり、その潜在《レイテント》文化を子から孫へと伝えてゆくであろう。そして、彼らは、あたかも病因的コンプレックスのように、子々孫々にわたって、集団内の不穏分子でありつづけるであろう。第二に、現実に起こった経験を抑圧すれば、そのために支配的共同幻想がそれだけさらに現実からずれるようになり、硬直化し、脆さを抱えこむ。そうなると、前記の人たちだけでなく、成員全体に関して、その私的幻想を吸収する機能に障害が生ずる。その結果、その支配的共同幻想に共同化されずに残る、その集団全体の「エス」が変化する。この状態は世代から世代へと受け継がれてゆく。したがって、集団の成員のほとんどが遠い昔のその経験のことなど意識的には露知らなくても、「否認」されたその経験は、いわば背後から集団全体の行動に影響を与えずにはおかないのである。

たとえば、アメリカの独立宣言に表明されている自由、平等、民主の共同幻想の背後には、アメリカ大陸の「発見」当時に北米に一〇〇万はいたと推定される原住民が二〇万を下回るに至った大量虐殺の経験があった。アメリカの共同幻想はこの経験の抑圧と正当化に支えられている。そのため、アメリカの共同幻想は硬直化し、この共同幻想にその私的幻想を共同化しようとする成員（アメリカ国民）に安定感と確実感を与えるものではなくなっている。どこかうしろめたく、うさんくさいのである。またそのため、抑圧し正当化したもとの経験に類似した経験に関して、アメリカ国民の精神構造に盲点が生じ、類似の経験が強迫的に反復されるようになる。したがって、アメリカは、その不確実感、不安定感を補うため、他民族にその共同幻想を押しつけ、またときには他民族を大量虐殺するよう強迫的にかり立てられている。広島、長崎への原爆投下、ベトナムにおける大量虐殺は、インディアンの大量虐殺の経験の強迫的反復である。

　ある苦痛な経験の抑圧と正当化、人格における盲点の発生、類似の経験の強迫的反復という機制は個人の神経症の場合とまったく同じである。たとえば、ここにある女性がいる。彼女は、残忍で薄情で、彼女を搾取することしかないひどい男にひっかかり、さんざん利用されたあげく捨てられる。ところが、あんな目に会わされたのだからいいかげんに懲りただろうと思っていると、彼女はまた同じようなひどい男にひっかかり、また同じような経過を辿って捨てられる。そして同じような経験を何度も何度も反復するのである。彼女は男運がわるいのではない。これは一般に性格神経症と呼ばれている反復強迫の症状である。彼女の幼児期を調べてみると、父親がひどい男で彼女を残酷にこき使いながら育てたことがわかった。父親に虐待されるというのは、彼女にとってきわめて苦痛な経験であった。父親に愛されていないということは耐えがたいことだった。そこで彼女はその経験を抑圧し、正当化した。つまり、父の虐待は実は虐待ではなく、愛情の表現であり、わたしは父親に愛されているのだと無理に思いこんだ。そう思いこむことによって彼女は、その不幸な幼児期、少女期をかろうじて耐えてきたのであった。この正当化によって、彼女の人格（対人知覚の構造と言ってもいいが）に盲点が生じた。第三者の眼には明らかな男の残酷さが、彼女の眼には愛情と映るのである。しかし、それは正当化による自己欺瞞であるから、それが愛情であるということに、彼女は心の底から自信はもてない。自信をもてないがゆえに、それが愛情であることを確証しなければならない。だから彼女は、残酷な男と出会うと、彼の愛情を確認したいという無意識的な強迫的欲望にかり立てられ、無抵抗に引き寄せられるのである。彼の愛情を確認することは、自分が父親に愛されていたということを確認することであった。彼女は何度裏切られても、少なくとも一人の男において、一見残酷さと見えるその態度が実は残酷さではなく愛情であるという証拠を得たいのであった。

しかし、残酷さはあくまで残酷さなのである。このことを認め、残酷な男に繰り返しひっかかるその反復強迫をやめるようになるためには、彼女は、父親に愛されていなかったという、彼女にとっては認めがたい苦痛な事実を認めなければならない。それを認めることは、彼女の存在の基盤が崩れることであり、彼女の世界がひっくり返ることである。

同じように、アメリカが他民族の大量虐殺というその痼疾的反復強迫をやめるようになるためには、原住民の大量虐殺の経験を正当化するのをやめなければならない。これは大変なことである。それは、欺瞞と暴力で奪った土地を原住民に返すことを意味し、さらに、自由、平等、民主のその共同幻想が偽りに過ぎなかったと認めることを意味する。これはアメリカ国家の基盤を崩すことである。しかし、この正当化をやめないかぎり、今後もアメリカは、チャンスと口実さえあれば、どこかの民族を大量虐殺するであろう。

ひるがえって日本に関して言えば、近代日本は、共同幻想というものがはらんでいるディレンマをきわめて尖鋭な形で突きつけられたのである。前述したように、共同幻想は、集団の成員の私的幻想を吸収し、共同化して集団をまとめる機能と、集団を現実に適応させる機能との本来矛盾する二つの機能を果たさねばならないが、近代日本の場合、不本意に国際社会という新しい現実に強制的に引きずり出されたため、この新しい現実に適応するための共同幻想を、成員の私的幻想の吸収という面をなおざりにして大急ぎでつくらざるを得なかった。そのため、この文明開化の共同幻想は、日本人の内的自己をおいてきぼりにした、どこかそらぞらしいものとなり、日本人の国民的同一性《アイデンティティ》と統一性を保つ支えとはなり得なかった。そのため、この支えとなるような別の共同幻想が必要となった。しかし、この尊王攘夷の共同幻想は、現実への適応の面が抜けおちていた。わたしが、近代日本を精神分裂病質者だと言ったのは、決してものの譬えや単なる比喩ではなく、このように共同幻想が外的適応のためのものと内的統一のためのものと二つできあがり、二重底になっている精神構造、すなわち外的自己と内的自己とに分裂した精神構造こそまさに精神分裂病質者の精神構造だからである。

この状態は、黒船来航以来、戦後三〇年の現在に至るまで基本的には変わっていない。天皇崇拝、神国日本、大アジア主義など、内的自己を中心とする戦前の共同幻想は、敗戦によって廃棄され、この共同幻想が吸収し、共同化していた日本人の私的幻想は、公的承認を失って集団の「エス」として底流することになった。戦後の民主主義の共同幻想は、日本人の私的幻想を共同化する点ではなはだ不充分である。日本は、戦前のイデオロギーを思想的に超克した上で戦後のイデオロギーを主体的に築いたのではない。いわば、戦前のイデオロギーを「抑圧」しただけであって、抑圧されたものは必ず回帰するのである。開国後の「文明開化」の共同幻想が、結局は「鬼畜米英」の共同幻想に取って代わられたことを忘れてはならない。しかし、近隣諸国の被害は言うに及ばず、日本人だけでも三〇〇万の死者を出したあの戦争へ導いた戦前の共同幻想がふたたび日本で公民権を得ることはもはやないであろう（これは希望であって、確信ではない）。そこで、戦前、この共同幻想に吸収されていた日本人の私的幻想は、戦後は、回り道を辿ってさまざまな表われ方をすることになった。わたしは、六〇年の反安保闘争、連合赤軍事件、アラブの日本赤軍の行動などはこの観点から理解すべきだと思っている。

強行採決による日米安保条約の批准に憤って一九六〇年に国会に乱入した学生たちは、勅許なしでの日米修好条約の締結に憤って一八六〇年に桜田門外において井伊大老を暗殺した水戸、薩摩の浪士たちのエピゴーネンである。戦前のいわゆる大陸浪人たちは（もちろん全員ではないが）、少なくとも主観的には支那四億の民を救うつもりだったのであって、そのメンタリティは、アラブの日本赤軍にそのまま受け継がれている（これはあとから聞いたことだが、彼ら自身このことを自覚しているらしく、自分たちのことを「アラブ浪人」と呼んでいるそうである）。何をわざわざ遠い外国まで出かけていってと人は不思議がるが、その心情は真剣であって、この種の救世幻想は、虐げられ、迫害されているという感情をもつ集団にしばしば見られるもので、歴史上の先例を求めれば、遠くはユダヤ民族の救世幻想、近くはより合理的な形を取ってはいるが、収奪されているプロレタリアートをもって人類全体の救済者と見たマルクス主義の幻想と同質のものである。そしてこの救世幻想は、戦時の日本にあっては、アジアの虐げられた諸民族を白人の支配の桎梏《しっこく》から解放して大東亜共栄圏を築くという、公認の支配的共同幻想であった。

連合赤軍、アラブの日本赤軍の行動、あるいは最近の一連の大企業ビルの爆破事件などについて一部の評論家は、マンガばかり読んでいるからあんなマンガティックなことをやらかすのだとか、パラノイア的だとか、バセドウ氏病のため情緒不安定だったとか、甘ったれた小児的行動だとか決めつけて、その行動を彼ら個人のレベルで見、彼らを嘲笑しているが、彼らを嘲笑しても、気休めにはなるかもしれないが、何ら問題の解決には役立たない。公認されない形で表わされる集団の「エス」の表現形式は「小児的」とならざるを得ない。彼らの行動は、集団としての日本人の精神構造との関係において理解する必要がある。要するに、戦後の民主主義の共同幻想が彼らの私的幻想を吸いあげていないということであって、彼らが起こした一連の事件は、この共同幻想の重大な欠陥——破綻とまでは言わないが——を物語っている。

6

ここでついでながら、現代において非常にゆき渡っている心理学的人間観の誤りにふれておきたい。人間の行動を何でも本能で説明した昔の本能論心理学に対する反動として、現代では、すべては後天的学習——条件づけ——によって決定されるという考え方が広く無批判に信じられている。行動主義心理学の創唱者、J・B・ワトソンの次のような発言はこの考え方を典型的に表現している。「私に、健康で、いいからだをした一ダースの赤ん坊と、彼らを育てるための私自身の特殊な世界を与えたまえ。そうすれば、私はでたらめにそのうちの一人をとり、その子を訓練して、私が選んだある専門家——医者、法律家、芸術家、大実業家、そうだ乞食、泥棒さえも——に、その子の祖先の才能、嗜好、傾向、能力、職業がどうだろうと、きっとしてみせよう。」(『行動主義の心理学』、安田一郎訳)つまり、人間は生まれたときは白紙《タブラ・ラサ》であって、あとからどんな絵でも書きこめるというわけである。軍国主義教育を施せば軍国主義者が育ち、民主主義教育を施せば民主主義者が育つというわけである。しかし、人間は、後天的な社会的条件づけによってどのような型にでもこねあげることのできる粘土ではない。軍国主義思想にせよ、民主主義思想にせよ、共産主義思想にせよ、どれほど厳格で熱心な思想教育を施されようとも、人間はその思想に彼自身の私的幻想の共同化を見ないかぎりは、決してその思想を受け容れることはない。その点を無視して一定の方向の教育を強行すれば、超自我および自我とエスとの分裂を招くだけである。この意味において、たとえば親孝行を教えることは同時に親不孝を教えることであり、国家への忠誠を教えることは同時に国家への反逆を教えることであり、自由主義道徳を教えることは同時に権威主義道徳を教えることであり、平和主義を教えることは同時に軍国主義を教えることである。

また、昔の本能論心理学的な考え方も克服されずに部分的には残っているようであるが、人間が教育されるがままにならないのは、その教育が「人間性本来の傾向」や「本能」に反することを教えるからではない。「真の人間性にもとづいた教育」という考え方が前提としているような「真の人間性」なるものは存在しない。

人間に一定の行動を惹き起こさせるような生まれつきの本能は存在しないという点では、わたしは行動主義心理学者と意見が一致する。そう言いたいなら、人間は生まれたときには白紙《タブラ・ラサ》であると言ってもいい。どんな絵でも描くことはできよう。ただ、この白紙は、その上に親孝行者というよく見える《マニフェスト》絵を描けば、同時に親不孝者というすかし《レイテント》絵を描いたことにもなるような白紙である。フロイドがエディプス・コンプレックスと呼んだところのものは、家族という共同幻想に個人を組入れたとき、彼の心の裏側に必然的に描き込まれるすかし絵であった。

人間に関する問題ならどのような問題もすべてつながっており、ある問題を説明できて、別の問題を説明できないような理論は理論の名に値しない。理論の名に値する理論ならば、たとえば天皇制と性倒錯を、革命と精神病を、戦争と恋愛を、宗教と貨幣を同じ統一的体系によって説明できるのでなければならない。そして、人間に関するもろもろの問題を説明し得る理論の出発点は、わたしの考えによれば、一つしかない。それは、ほかのところですでに繰り返し述べたように、人間が現実を見失った存在であるということである。現実を見失った人間は、おのおの勝手な私的幻想の世界に住んでおり、ただ、各人の私的幻想を部分的に共同化して共同幻想を築き、この共同幻想をあたかも現実であるかのごとく扱い、この擬似現実を共同世界としてかろうじて各人のつながりを保ち、生きていっているに過ぎない。

したがって、われわれが現実と信じているところのもの、われわれの日常性は、つくりものでしかなく、それを支える確実な根拠は何もない。われわれの日常的現実とは、どういうわけだかよくわからないがそういうことになっているもの、誰かがそのように決めたものであり、われわれは誰でも多かれ少なかれ、自分と日常的現実とのあいだにある種のちぐはぐさ、しっくりしない感じ、ずれを感じている。他の人びとは日常的現実のなかに安住し、どっかりと腰を落ち着けているように見えるが、それはそう見えるだけのことであって、誰でも多かれ少なかれ、どこか居心地がわるく、場違いな感じをもっている点では同じである。自分は一風変わった「常識」外れの人間だと思っている者は実に多く（そのことはある者においては優越感の、ある者においては劣等感の根拠となっているが）、もし本当に彼らが「常識」外れの人間なら、世の中では「常識」人の方が少数派ということになろう。大多数の者に迷いなく支持されている「常識」なるものは、実はどこにも存在していない。「常識」とは、人びとが、自分以外の大多数の者が信じていると思っているところのものである。いずれにせよ、「常識」人をも含めてわれわれは、これで本当にいいのだろうかとの疑いを残しつつ不本意ながら日常的現実なるものにつき合っているに過ぎない。自分が「常識」外れだと思うにせよ、「常識」の内側にいると思うにせよ、そのときにわれわれが「常識」と見なしているものが、場所により、時代により千差万別でときには正反対ですらあることは、今さら説くまでもないことであろう。

　われわれが現実と信じているところのものに確実な根拠は何もないということは、われわれを耐えがたく不安にさせる。それではわれわれは、何の支えもなく空中に放り出されていることになる。われわれは、この現実のよって立つ基盤を見つけ、この現実のなかでの自分の位置を見出さねばならない。われわれは多かれ少なかれ無理をしてこの現実につき合っているのだから、もしそれが根も葉もない幻想でしかないとしたら、多大の犠牲を払ってこの無理をしなければならない理由がなくなる。しかし、実際には、われわれの日常的現実は、共同化された幻想であるにせよ、幻想でしかなく、そこに確実な基盤のあろうはずはなく、それにつき合うために無理をしなければならない納得できる理由のあろうはずもない。確実な基盤と理由がないがゆえに、絶対的な基盤と理由が必要となってくる。

そもそもわれわれが集団を、社会を形成し得たのは、各人がそのナルチシズムの幻想を自己において実現することをある程度断念し、自己の外にある特定の対象にそれを集中的に投影し、その対象を自己の上位に立つ権威として認めたからである。それぞれおのれの絶対性、唯我独尊を主張するナルチシストとナルチシストとのあいだには、何のつながりもあり得ない。個体発生的ならびに系統発生的にかつてはこのナルチシズムが自己の存在の基盤であった。というより、自己の存在そのものであった。しかし、両雄は並び立たず、一者のナルチシズムは他者のナルチシズムと絶えず衝突し、どちらかが滅びるまでは決着がつかない。両者が生き残り、そのあいだにつながりが成り立つためには、両者のナルチシズムをそれぞれ部分的にせよ吸いあげ、共同化した第三者が出現しなければならない。この第三者は、それ自体として架空の存在であろうが現実の存在であろうがかまわないが、かりに現実の存在であるとしても、そこに仮託された権威は各人のナルチシズムに由来しており、あくまで幻想に過ぎない。各人がそのナルチシズムを（部分的に）自己以外の対象に投影したとき、各人の存在の基盤は自己の外に移った。投影されずに内側に残った部分が外側にある権威に支えられることになった。くどいようだが、外側にあるこの権威も幻想であれば、その幻想に支えられるかぎりでの内側に残った部分も幻想である。この内側に残った部分が、つまりわれわれの日常的自己であり、各人の日常的自己の共同化として、その存在する場所としてここに日常的現実が成立する。そして、外側にある権威は、各人のナルチシズムの相続人であるかぎりにおいて、いわば聖なるもの、尊いもの、最高のもの、絶対的なものとして現われる。さらに、この聖なる権威に支えられず、是認されなかった部分は、個人的に言えば日常的自己から、集団的に言えば日常的現実から排除されて、フロイドの言うところのエス、「抑圧されたもの」、いわば穢れたものを形成する。聖なるもの、日常的なもの、穢れたもの、この三者が織りなすドラマは、個人の内部において、個人と個人のあいだ、集団と集団のあいだのあらゆるレベルにおいて展開され、対立、逆転、移行、統合を繰り返す。つまり、あるレベルでの聖なるものは別のレベルでの穢れたものに逆転し、あるレベルでの聖なるものは別のレベルでの日常的なものに移行する、など。いずれにせよ、この三者は、その素材が各人の私的幻想であるという点では同じであるから、そのあいだに絶対的な区別はない。ただ、共同化されているかいないか、どのレベルで共同化されているかの違いがあるだけである。同じレベルの二種類の聖なるものは両立し得ないから、より高いレベルで一つの聖なるものへと統合されるか、同じレベルにとどまるならどちらか一方が日常的なものまたは穢れたものへ移行または逆転するか（キリスト教の神とぶつかって、異教の神々が悪魔となったように）、あるいは、どちらか一方がより低いレベルの聖なるものへ転落するか（大国主神が天照大御神に臣従したように）しなければならない。そのようにして、ある一つの集団においては、一つの最高の絶対的な聖なるものが成立する（もちろん、これは理想的な状態であって、必ずしも理想通りにはゆかないが）。あるいはこう言った方がよければ、一つの最高の聖なるものが成立したとき、すなわち、一つの同じ対象に各人がそのナルチシズムを多かれ少なかれ投影したとき、集団が集団としてある程度のまとまりをもつ。集団において最高の権威、最高の指導者が一人しか必要でないのは、事務上の便宜のためではない。集団のまとまりが必要であればあるほど、一人の最高権威をいやが上にも聖なるものとし、彼への崇拝を喚起または強制しなければならない（ヒトラー、スターリン、天皇、毛沢東などの個人崇拝）。

　さて、聖なる一人の（または一つの）絶対者を頂点とし、日常性を下辺の広がりとしてここにピラミッド型の集団のヒエラルキーが形成される（完全なピラミッド型とはなかなかゆかないが）。最下辺のどの部分も、聖なる絶対者に支えられ、是認され、正当化されていなければならない。中位の者の、より下位の者に対する権威は、彼が分有している聖なる絶対者の権威に由来する（たとえば、旧日本軍で言われたように、「上官の命令は陛下の命令」）。人間が道徳的存在であるのは、おのれの行動の道徳的裏づけを欠くことができないのは、人びとのために役立ちたいやさしい人間性を具えているからではなく、自己の上にある権威によって自己の存在を支え、正当化する必要があるからである（人間がおのれの道徳的正当性を確証するために、どれほど残酷なことをするか考えてみられたい。たとえばキリスト教徒の異教徒虐殺）。

しかし、聖なる絶対者に支えられても、日常的自己、日常的現実は決して終局的に安定するわけではない。この聖なる絶対者は、要するに虚構であり、虚構を維持するためには多くのものを排除し、抑圧しなければならない。聖なるものと、そこから排除された穢れたものとは、陽画と陰画のようなシンメトリックな関係にあり、聖なる程度が高ければ高いほど、そこから排除される穢れたものの程度もひどくなる。神が存在するためには悪魔が必要であり、悪魔は神の、正反対にひっくり返した似姿である。そして、この聖なるものに支えられ、正当化されている日常的なものも、そのレベルに対応するところの穢れたものを裏に抱え込んでいる。したがって、聖なるものは、つねに穢れたものに汚染され、浸蝕され、あるいは穢れたものに逆転する危険にさらされている。この危険を防ぐため、ときどき、聖なるものに取り憑いた穢れたものを洗い流し、聖なるものを純化しなければならない。また、聖なるものに支えられた日常的なものも、つくりものの虚構であるかぎりにおいて、そして、外側にある聖なるものにその最良の部分を奪われているかぎりにおいて、つねに固定化し、生気を失い、耐えがたく退屈なものになる危険があるから、ときどき、穢れたものを聖なるものまたは日常的なものに逆転または移行させて、変化を与え、この危険を防ぐ必要もある。このような試みは、あらゆるレベルにおいて、一時的にまたは恒常的に、過去の物語としてまたは現在の事件として、狭く限られた場所でまたは広範に行なわれる。

一見、合理的根拠を欠いているように見えるさまざまな現象はこのような観点から理解しなければならない。たとえば犯罪とその処罰もそうである。犯罪は、犯罪者個人の条件によってすべて説明できるものではない。もちろん、ある人が犯罪者となり、ある人が犯罪者とならないその違いには、個人的条件がからんでいようが、広く社会的レベルで見れば、ある社会における犯罪の発生率は、その社会で正義とされているものが、正義として成立するためにどれほどのものを穢れたものとして排除しなければならなかったかということと関係がある。この社会的条件が変わらないかぎり、もし犯罪者となる素質が遺伝であるとして（そうではないとわたしは考えているが）、そういう遺伝的素質をもった者を全員断種したとしても、もしまた精神科学が猛烈に発達して未来の犯罪者を予測できるようになったとして（そうはなり得ないとわたしは考えているが）、彼らを全員幽閉または追放したとしても、犯罪の発生率は変わらないであろう。犯罪とその処罰の物語は、むしろ、その社会の日常的現実に適応している普通人が必要とするのである。家族というミクロ社会に問題を限ってみれば、その間の事情がよりわかりやすくなるであろう。たとえば、子どもが六人いる家族がある。両親もまじめな人たちだが、子どものうち五人は揃ってまじめ過ぎるほどまじめで、みんな一流大学を出、一流会社につとめ、酒も煙草もやらず、冗談を言っても通じないほどの堅物である。ところが、一人だけ不良息子がいて、同じ一流大学へはいったことはいったのだが、おもしろくないと言ってやめてしまい、定職をもたず、怪しげな女たちばかりと関係を結び、あちこち借金をつくっては踏み倒し、刑事事件になりかけて、家族の者たちはしょっちゅうその尻ぬぐいに四苦八苦している。浅く表面的に見れば、この家族は、たまたま不運にも一人の不良息子をもったばっかりに、大変な苦労をしているわけで、この息子さえいなければ、世間からとやかく言われる心配もなく、金に困ることもなく、みんな平和で心安らかな市民生活が送れるはずのように思われるかもしれない。しかし、わたしはそうは思わない。この不良息子は、他の者たちの「抑圧されたもの」を引き受けているのだ。並外れてきまじめな他の者たちのそのきまじめさには明らかに無理があり、彼らは、そのきまじめな規準に合わない多くの傾向を排除し、抑圧しなければならず、そのような抑圧の上に成り立っている彼らのきまじめな日常生活は必然的にひからびていて、耐えがたく退屈であり、彼らとしても、その日常生活にそぐわない、しっくりしないものを自分のうちに感じないわけではない。そこを救っているのがこの不良息子である。彼は好き勝手なことをやらかして世間に迷惑をかける。これこそ彼らのやりたいことなのだ。彼らが彼の仕出かした不始末の尻ぬぐいを、文句を言いながらもやり、彼を切り捨てないのは、家族の一員を見捨てられない血のつながりの重さあるいは道徳的配慮もあろうが、本質的には、彼らが彼を介して彼らの「抑圧されたもの」の代理満足を得ており、彼の仕出かしたことを、気分的には一部分彼ら自身がやったかのような気がして、どことなく責任とうしろめたさを感ずるからである。彼だって、そのふしだらな生活のゆえに幸福であろうはずはなく、それ相当の社会的制裁は受けている。彼らは、一方では彼を介して得られる代理満足を安全弁とし、他方では彼が受けている社会的制裁を戒めとして、そのきまじめな日常生活をかろうじて維持しているのである。家族にとって「たまたま不運にも」彼のような息子が生まれたわけではない。もし彼がいなかったとすれば、残りの者のうちの誰かが彼と同じような不良息子となったか、あるいは彼らの日常生活が崩壊したであろう。

「抑圧されたもの」はいろいろな形を取って表われる。出物腫物ところ嫌わずである。生体の内部に毒素が蓄積して生体を崩壊させるのを防ぐために出物や腫物が必要なように、「抑圧されたもの」は何らかの形で表われざるを得ないのであって、個人のレベルで表われれば神経症的症状であり、家族のレベルで表われれば、たとえば前述のような不良息子である。犯罪もその一つだが、社会のレベルでもさまざまな表現形式がある。今や昔の面影は薄れてきているが、神話や祭りや戦争もその種の表現形式である。神話の神々は、近親相姦、親殺し、子捨て、裏切り、詐欺、密通、そのほかあらゆることをやる。人びとは、自分たちの日常性を脅かさない別世界の物語としてなら、限りなくこの種の悪事を愛するのである。昔の犯罪者や反逆者がしばしば理想化されて敬慕されるのも同じ理由からで、たとえば最近、新撰組の沖田総司が人気の的になっているが、ありていに言えば彼は肺病やみの人殺しであり、このような人物が近所に住んでいれば、人びとの嫌悪と恐怖の対象でしかないであろう。昔の神話の神々が果たしていた役割を今は芸能人が果たしているように思われる。芸能界は、ほかでは許されないことが許される一種の別世界であり、そこでくりひろげられる結婚と離婚、栄光と落魄の物語、つまり男と女がくっついたり離れたり、金や名声を得たり失ったりする物語は毎週大々的に報道され、貪り読まれる。演劇、文学などの社会的機能も同じところにあると考えられる。また、かつての遊廓や赤線区域も、ほかで許されないことが許される別世界として設けられていた点では同じである。

しかし、別世界の物語、過去の物語あるいは架空の物語として「抑圧されたもの」が表現されるだけでは、われわれは満足しない。また、はじめから犯罪者として疎外されている連中の犯罪の物語だけではおもしろくない。ユダヤ人、黒人、朝鮮人、未解放部落、不可触民など、集団内の特定の民族または階層、あるいは集団外の敵に穢れたものを投影し、スケープゴートに仕立てあげて差別し、虐待し、攻撃するだけでは充分ではない。聖なるものと、それに支えられている日常的なものとの陰画、その裏に抑圧されている穢れたものは、われわれにとってははるかに身近なものだからである。職業的ストリッパーの明らかに仕組まれたヌードの誇示よりも、ふとした機会にちらと見えた、上流家庭の美しい若い娘、すなわちわれわれの世界の上位の一員のヌードの方がはるかにエロティックであるのと同じ理由から、われわれは、別世界の人ではなくわれわれの世界の一員で、かつ自分より上の社会的地位と名誉をもつ者が隠しもっている穢れたものを暴き出すことに異常な興奮を覚える（自分より下の階層の者は多かれ少なかれ穢れたものの範疇にはいっており、彼が隠している穢れたものを暴いても対比効果が小さい）。女子学生に手を出した大学教授のスキャンダルがときどき紙面を賑わせるのも、そのためである。実際には、大学教授と女子学生もありふれた男と女であって、他の男女関係と実情はさして変わりなく、そのあいだの恋愛事件も性関係も決してめずらしくはない。ほとんどの者は、そのためにスキャンダルの対象にならずにすんでいる。しかし、社会はスキャンダルを必要とする。大学教授は、知識を授けるというその職業柄、昔の僧侶や聖職者がもっていた伝統的役割をいくらか引き継いでおり、そのためいくらか一般の人びとより聖なるものの近くにいる。もちろん、これは幻想であって、自動車教習所の指導員と実質的にはたいして変わりはないのだが、聖なる幻想を纏わせられているがゆえに、大学教授の情事はスキャンダルとして刺激的である。彼の聖性の程度に応じて、情事という日常的なものが穢れたものとなる。

すなわち、より多く穢れたものを隠しもつことになる。われわれはこの隠された穢れたものを嗅ぎ取る。大学教授の聖なる幻想は汚染され、危険にさらされる。もしこの聖なる幻想を維持するつもりなら（言うまでもないが、これは大学教授にだけかかわる問題ではない。大学教授が自分は聖なるところなど一つもないただの人だと宣言したところで問題は解決しない。例としてはかけ離れ過ぎているが、それを気にしないで言えば、天皇が人間宣言をしても天皇制の問題が解決しなかったのと同じである。なかには、自分が普通の人より何か偉いかのように錯覚している馬鹿な教授もいないではないが、問題は大学教授自身がどう思っているかということではなく、教師、裁判官、医師などの職業ないし地位に多かれ少なかれ付与されている聖性が聖なる絶対者を頂点とする聖性のヒエラルキーの一環であり、これによってわれわれの日常性が支えられているということである。大学教授の個人的自惚れの満足のためにこの幻想が存在しているのではないし、それは大学教授が実際にどのような人間であるかということとはかかわりがない）、ときどきこの穢れたものを暴き出し、大学教授のなかから誰かスケープゴートを選んで、この穢れたものをすべて彼になすりつけて彼を放逐し、そうすることによって、全体としての大学教授の聖なる幻想を洗い清めなければならない。昨年の東京女子大事件の佐藤、金井両教授は、奉職していた大学がキリスト教の聖なる理想を建学の精神とする女子大だったことと言い、ともに東京大学を出たまじめな学者であったことと言い、まさにスケープゴートたるにぴったりの人物であったというほかはない。キリスト教式に、心に欲望をもっただけで姦淫したことになるなら、男性の教授はほとんどが姦淫者となるであろうし、実際行動に表現した者を全員スキャンダルの血祭りにあげるとすれば、毎日でもスキャンダルの種《たね》に事欠かないであろう。しかし、スキャンダルはそうしょっちゅうは必要でない。ときどき起これればいいのだ。それが必要なときに、大勢の有資格者のなかから、ときには無資格者のなかからさえ、たまたま不運にも誰かが犠牲者に選ばれるのだ。教授と女子学生のスキャンダルの起こった立教大学、青山学院大学、東京女子大学が三つとも揃ってミッション系の大学であったということは、決して偶然ではなく、いわば「見えない手」によって、ある種の社会的知恵によって選ばれたのであろう。教授たちが、その穢れた行為を暴かれ、そして罰せられ、あるいは葬り去られるのを見ているとき、われわれが体験しているのは、聖なるものと、それに支えられるわれわれのひからびた退屈な仮構の日常性が一時的に崩れ、いくらか生気を取り戻して復元する過程である。一時的にせよ、日常性のこの崩れがわれわれを興奮させるのであり、スキャンダルがそうしょっちゅう必要でないのは、あまり崩れ過ぎて崩れっ放しになっても困るからである。

　しかし、もっと大々的に日常性を崩すこともある。祭りや戦争の場合がそうである。とくに戦争においては、日常性は全面的にひっくり返され、殺人、暴行、略奪など、日常生活では禁止されていることが称賛すべき聖なる行為となる。日常的現実のなかでコツコツと貯えられてきた財力が一瞬にして浪費され、築かれてきた資産が一瞬にして灰燼に帰する。長年の苦しい修業をして腕を磨いた職人が、頼まれな貴重な才能の持主が、両親が苦労して手塩にかけてやっと育てあげた息子がただ一発の銃弾で死体となり、すべては水泡に帰する。歴史の示す通り、人類は戦争が大好きで、ときにはこのような日常的価値の逆転を必要としたのである（祭りと同様、計器と押しボタンの現代の戦争は、「抑圧されたもの」のカタルシスとしての機能を失ってきているが）。これほどの犠牲を払っても、ときにはこのような逆転を必要としたということは、われわれが日常性をどれほど憎んでいるか、その息苦しさをどれほど耐えがたく感じているかを示している。一定の日常的価値をつねにそしていつまでも固守しつづけることは不可能なのである。しかしまた、日常性がどれほど無味乾燥な重苦しい仮構であろうと、本能による現実適応を失った人間は、この仮構に頼らざるを得ない。祭りはすぐ過ぎ、戦争もいつかはおわり、われわれは日常性へ帰ってゆく。そしてまた、日常的価値を着実に建設すると同時に、穢れた「抑圧されたもの」を蓄積する。そして、もう二度と口にしないと誓ってまたすぐ酒に手を出すアル中患者のように、そのうち何か仕出かすか、他人が仕出かすのを見たがるか、あるいは他人を追いつめて何かを仕出かさせるかするのである。

　このおわりのない循環からの出口はあるだろうか。可能かどうかはわからないが、解決の方向を示すことができる。以上述べてきたようなさまざまな不合理な破壊的現象は、要するに、抑圧された穢れたものの発現であり、そして、穢れたものは聖なるものの陰画であり、厳密に聖なるものと対応していて、つまり聖なるものが穢れたものをつくり出すのだから、聖なるものをわれわれが必要としなくなれば、問題はたちどころに解決する。それは可能か。われわれは聖なるものに頼らずに生きてゆけるか、日常生活を構築できるか、集団を形成できるか。スターリンの聖化があの夥《おびただ》しい強制収容所の、天皇の聖化が朝鮮人差別と対外侵略の、ヒトラーの聖化がユダヤ人虐殺の元兇であり、要《かなめ》であった。この問題を歴史のレベルにいいかえれば、次のようになる。当時のロシア、日本またはドイツは、スターリン、天皇またはヒトラーの聖化に頼らずに集団として存続できたか。個人崇拝の問題ではないと言うのなら、次のように言ってもよい。共産主義体制、日本民族またはドイツ民族の聖化、理想化、絶対化に頼らずにすんだか。また、個人のレベルに言い直せば次のようになる。個人は、その日常性を自分の外の、自分より上の聖なる権威に根拠を求めることなく構築できるか。自分の存在が聖なる権威に正当化されていないということ、その意味で道徳的、合法的ではないということに耐えられるか。また、社会的レベルで言えば次のようになる。聖なる絶対者からの距離で測られる聖性のヒエラルキーにもとづかずに、一言にして言えばあらゆる権威ぬきに（権威は、いかなる権威も、多かれ少なかれ聖性を付与されており、聖ならざる権威は存在しない）集団を形成することは可能か。

　天皇制日本やヒトラー・ドイツなどの全体主義国は、聖なる最高の絶対者を頂点とするヒエラルキーにもとづいていたが、民主主義国ではそうではないではないかと言われるかもしれない。しかし、問題は、われわれがあらゆる形の聖化と縁を切ることができるかどうかということにあるのであって、天皇とか民族とか人種とかを聖化するのはよくないが、自由や平等や人民や人道主義を聖化するのはいいというものではない。たとえばしばらく前、日本のある大臣が「自分は選挙民を尊敬していない」というようなことを言って失言取消しを求められたが、正直なこの発言が非難されるというのは、きわめて危険な徴候である。すなわち、選挙民、人民が聖化され、無謬の存在、聖なる絶対者にされているということであって、聖化の対象が天皇から人民に置き換えられたに過ぎない。人民の聖化も、それ相当の穢れたものを生み出し、その穢れたものは必ず何らかの、ともすれば破壊的な形で発現する。たとえば、人民の聖なるイメージに合わない人民の一部が人民の敵として、穢れたものとして血祭りにあげられる。その聖なるイメージが人民の実状からかけ離れていればいるほど、血祭りにあげられる人民は多くなるであろう。最後にもう一度問いたい。人類はあらゆる形の聖化と縁を切ることができるであろうか。もしできないとすれば、人類には、これまでの過去よりましな未来が待っているとは言えないであろう。

性について

いやに初歩的なことからはじめて恐縮だが、生物学では、個体保存本能と種族保存本能の二大本能を区別しており、性欲は種族保存本能に由来するとされている。しかし、この生物学的仮説は、動物の場合はともかく、人間には当てはまらないことは言うまでもないであろう。人間の性欲が生殖欲から分離していることは明らかである。だが、この分離過程はこの点にとどまっていない。人間の性欲は、生殖欲とのみならず、性器そのものから分離している。もっと遠慮して言えば、分離しかかっている。この、性器からも分離しかかった性欲が、性倒錯をはじめ、さまざまな現象を生んでいる。この分離過程の出発点はどこにあったかを考えてみよう。

L・ボルクの説であるが、人間の進化を説明する仮説として「胎児化説」というものがある。この説は、簡単に説明すると、要するに、人間は猿の胎児であるという説である。おとなの猿とおとなの人間は非常に違っているが、ある段階では、胎児の猿と胎児の人間はだいたい同じような形態をしている。猿は、その段階からぐんぐん発達し、おとなの猿の形態に近づいてゆくのだが、人間の場合は、その発達が奇妙に遅滞し、いつまでも胎児の形態を保持したまま生まれてくる。つまり、猿が極端な未熟児の状態で生まれたのが人間である。

人間は、おとなになってからも、猿で言えば胎児的とされる特徴を多分に保持している。第一に、体毛がほとんどないことである。猿の胎児もある段階までは体毛がないが、そのあと徐々に生えてくる。人間は、体毛が生える段階以前に停滞したままである。また、身長に対する頭部の比率が大きいことも胎児的特徴である。

人間が男女たがいに向かい合って性交できるのも、この胎児化現象の一つの結果である。膣は、まず、前向きについており、発達がすすむにつれてだんだんと後にさがってゆく。猿やその他の哺乳類ではこの過程が完了するのだが、人間では、中途半端なところでとまってしまうのである。多少横道にそれるが、この胎児化過程には人種差がある。むしろ、人種差が胎児化過程における差異の結果である。この例で言えば、日本女性の場合の方が、白人女性の場合よりも、膣が後退する過程がより早く停滞するらしい。したがって、最終的にはより前側に膣がある。日本人と白人の頭髪をくらべてみても、この差異が出ている。日本人でも、生まれたての赤ちゃんには、細くて柔らかい栗色の髪をしているのが多い。おとなになれば、普通、それが固い黒髪になってゆく。白人の柔らかい栗色の髪は、いわば日本人の赤ちゃんの髪である。身長に対する頭部の比率は日本人のほうが大きく、白人で言えば幼少期の比率である。また、一般に日本女性の肌は白人女性の肌よりきめがこまかくすべすべしていて艶があるが、これは白人で言えば幼い女の子の肌であり、白人の場合は若い女性が、日本女性で言えば老いはじめて艶を失いかけた頃の肌をしているのである。つまり、ある面では日本人のほうが、ある面では白人のほうが胎児化の過程がより進んでいる。

そのほか、顎の形態、処女膜の存在など、胎児化の結果だと考えられる特徴はまだあるが、このくらいにしておく。

胎児化とは、いいかえれば、発達の遅滞である。発達の速度が非常に遅くなった結果、胎児の状態にとどまることになったわけである。おとなの身長に達するのは、猿は六年半くらい、人間は一八―一九年、生殖能力をもつには、猿は四―五年、人間は一二年以上かかる。猿以外の哺乳動物では、その年月はさらに短い。

この胎児化説を前提として思弁を進めると、胎児化現象が起こる以前の人類――人類とは言えないかも知れないが、とにかく人類の先祖――の姿が心に浮かんでくる。その頃の人類は、四―五歳で思春期に達し、二〇歳になるかならぬかで老衰して死んだのではないかと想像される。この想像はあながち的外れではないのであって、それを裏づける傍証の一つに、先祖返りという現象がある。ご存知のように、先祖返りとは、たとえば、人間の女性の場合、普通の二つの乳房のほかに、副乳と言って、さらに二つの小さな乳房がついているといった現象を指す。これは、かつて先祖がもっていて、進化の過程で失われてしまったものがふたたび現われたわけである。これと同様に、もちろん非常にめずらしいことであるが、児童相談の記録にたまに出てくるように、母親に性交させてくれとせがんで困る男の子がいる。また、二〇歳前に髪が白くなり、肌は皺だらけとなって死ぬ奇病がある。医者が死体を解剖しても、どこと言って悪いところが見当たらず、ただ全体的に諸器官が衰弱していて、どうしても老衰死という診断しか下せない。これなどは、胎児化以前の人類への先祖返りと考えられるのである。

ところで、胎児化すなわち発達の遅滞は、人間のあらゆる面に等しく起こったわけではない。性器に関する面には、この現象がわりあい起こらなかった(もし起こっていたとすれば、人類は子どもをつくれず、滅亡しているはずである)。たとえば、人間の卵巣は、ほぼ満四歳でおとなと同じ大きさに達している。すなわち、性的な面に関しては、人間は、かつての人類と同じように、四―五歳で、いわばおとなになる。いわばと但し書をつけたのは、性的な面のすべてにわたってそうなるわけではなく、また、それ以外の身体器官はまだきわめて未成熟なので、性交は可能ではないからである。この時期を、わたしは第一次思春期と呼ぶ。そして、一二―三歳ごろからはじまる普通の思春期を第二次思春期と呼ぶ。

フロイドの幼児性欲説によれば、人間には生まれたときから性欲があって、母親の乳房から乳を飲んで満足した幼児の表情は、性的満足を得たあとのおとなの表情と同じであるとされているが、わたしは、この第一次思春期から子どもの性欲がはじまると思う。フロイドにならって、性欲のエネルギーをリビドーと呼ぶことにして、この第一次思春期のリビドーは、実に哀れな運命を背負わされている。性交が不可能だから、欲望があっても、それを本来の手段で満足させることはできないのである。つまり、人間の性生活は、まず不能者としてはじまる。これが重要な点である。ここから、人間の性に特有なさまざまな現象が生ずるからである。

まず、人間に特有な性のタブーの問題を考えてみよう。人間には、なぜ性のタブーが存在しているかは、これまでいろいろに説明されてきた。それらの説をいちいち挙げているひまはないが、性一般のタブーの根底に、近親相姦のタブーがあることに関しては、まず、異論はないであろう。フロイドによれば、エディプス期の男の子が母親に性欲をもち、そのことに関して恋敵の父親に去勢をもっておどかされ、去勢されるとの恐怖から、母親への性欲を押えつけるに至ったことが、このタブーの個人的起源である。これだけでは、このタブーの強さを充分説明し切れないので、フロイドは、さらにその人類的起源を考え、ダーウィンにならって、一人の強力な父親的人物に支配される原始遊牧民というものを仮定した。この遊牧民では、彼がすべての女を独占していた。あるとき、息子たちが、女たちを父親から奪うために、一致団結して父親を殺した。だが、そのあと、息子たちは、罪の意識にとりつかれ、また、おたがいのあいだの争いを避けるため、反乱の当の目的であった女たちに手をつけないことを誓いあった。これが、フロイドの説明するところの近親相姦のタブーの人類的起源である。フロイドによれば、性のタブーは社会の秩序の維持のために必要なものだけれども、そこに起因するリビドーの抑圧が、ヒステリーなどのさまざまな神経症的現象を生むのである。リビドーの抑圧が神経症の原因であるというフロイドの理論は、現代の性解放の強力な論拠の一つとなった。

　しかし、性のタブーが社会秩序の維持のために必要であるとしている点で、フロイドの主張は、ある意味で中途半端であった。この点を極端に押し進めたのが、近頃日本にもさかんに紹介され、その復権が叫ばれているW・ライヒである。ライヒによれば、その秩序の維持のために性のタブーを必要としている社会とは、家父長制的、権威主義的社会であって、そういう社会の支配者が支配の手段として押しつけた性のタブーを打破することこそ、文化革命、社会革命の第一歩である。このライヒの理論は、例のパリ五月騒動の学生たちのもてはやすところとなり、日本でも、性のタブーを無視して、性的放縦にふけることが新しい革命的行動だと考える者を一部に生んでいるようだが、この考え方には疑問がある。

　性のタブーの起源を、フロイドのように去勢恐怖に置くにせよ、ライヒのように家父長制社会の支配者の強制によるとするにせよ、両者はともに、性のタブーを個人にとって外在的なもの、つまり、外から個人にやってきて個人がいやいやながら受け容れたものと見なす点で一致している。しかし、性のタブーがこれほど普遍的であることから考えて、この説は納得しがたい。

わたしは、B・グランベルジェにならって、性のタブーの起源は、人間の性生活がまず不能者としてはじまるという事実にあると思う。つまり、人間は、はじめて性欲をもったとき、おのれの不能に直面し、無力感と劣等感にうちひしがれた。これがいかに苦痛なものであったかは、充分推測できる。この苦痛から逃れ、自信と自尊心を回復するため、人間はみずから性のタブーを設定した。つまり、おのれの能力のなさのためにできないことを、外的禁止があるからできないのだと考えた。あるいは、われわれが欲しくてたまらないのに手に入らないものを、つまらないものだとか、そんなものは存在しないと考えたがる（すっぱいぶどうの論理）のと同じように、性を軽視ないし無視した。要するに、性のタブーは、第一次思春期の幼児の自信と自尊心、ひいては人格の統一を守ったのである。当時の幼児の性欲の対象は、当然、近親者（男の子の場合なら、母親）であったから、性のタブーが、まず近親相姦のタブーであるのは当然である。とにかくそれは、外在的なものではなく、人間の内在的必要に根ざしている。

性のタブーは不自然で不合理で、有害無益なものだから、そんなものは子どもに植えつけるべきではないと考える親や教育者を見かけることがあるが、以上の考え方からすれば、このような態度は危険きわまりない。それでは、幼児が自分で築きあげようとしている人格防衛の堤防に、まわりの者が穴をあけることになる。臨床例によく見られるように、幼児期の性体験（おとなのいたずら、など）が、のちの神経症や性倒錯の病因となる精神外傷を惹き起こすのは、こうした事情に理由がある。もし、はじめから完全な性的自由を与えた方が自然で健康的なのであれば、幼児期の性体験は精神外傷になるはずがないことになろう。

動物には性のタブーは存在しないという事実から、性のタブーは不自然であり、ない方が自然で健康的だと単純に結論するのは、動物にはない、人間特有の生物学的条件を見誤っていると言わざるを得ないであろう。わたしは、性の無制限な解放は不能症患者と性倒錯者を増すことになるのではないかと恐れている。誤解のないように言っておくが、わたしは何も性のタブーの強化を主張しているわけではない。人間が性交の能力をもつに至った第二次思春期以後は、性のタブーはそれほど必要ではなくなる。必要度が減じているのに、あまりにも強過ぎるタブーがまだ存続していれば、それはまた別の問題を起こす。わたしはただ、性のタブーは、外から押しつけられたものではなく、はじめは個人が必要としたものだと言っているだけである。

次に性倒錯の問題に移ろう。性倒錯を、同種族の成熟した異性との性器結合以外の方法によって性的満足を求めることだと厳密に定義すれば、動物にも性倒錯のある種のものは見られないわけではないが、それは、人間（とくに男性）にもっとも多く、また、もっとも多様な形で存在している。この原因も、第一次思春期に人間が不能であったという事実にあると考えられる。

第一次思春期のリビドーは、正常な性交による満足を得ることができないので、必然的に、それ以外に可能なあらゆる方法で満足を得ようとする。この時期のリビドーは、いわば性器から分離したリビドーである。それは、本来の目標を失って浮遊しており、近くにあるどんなものにでもとりつく。また、そのときの個人の精神構造が、リビドーの満足の方法の選択において重要な役割を演ずる。フロイドの言うところの幼児の多形倒錯は、ここに由来する。いわば、人間は、まず正常であって、何らかの異常な原因があって、あとから性倒錯者になるのではなく、逆に、まず性倒錯者であって、教育やその他の努力の結果、正常者になるのである。人間の場合のいわゆる正常な性行為は、動物の場合のように本能に規定されたものではなくて、後天的に獲得された習慣である。つまり、日本人の大部分が箸で御飯を食べるように、人間の大部分は正常な性行為で性欲を満足させるのである。

このように、第一次思春期の個人は必然的に性倒錯者であるが、第二次思春期に波瀾が起こる。性器が完全に成熟し、正常な性交が可能となるから、生理学的条件は正常な性行為に有利に働く。また、それを正常だとする社会通念が厳として存在している。正常な性行為の味方をするこれらの勢力と、それまでの倒錯的傾向とのあいだにはげしい闘争が展開される。そして、大部分の者においては、前者の陣営が勝利を博する。しかし、この闘争は、一回だけの決戦で結末がつくとはかぎらないし、一進一退を繰り返してなかなか勝負が決まらぬこともある。今や、一応正常者となっているおとなでも、（第二次）思春期のころに、同性愛行為その他の倒錯行為の思い出を、二つや三つもっていない者は少ない。それは、敗北に瀕した倒錯側の陣営の最後の反撃だったかも知れない。また、いったんは正常側の陣営が勝利を収めたあとでも、男たちから手荒な暴行をされたとか、意地悪な女と関係をもってあざけられたとかの不幸な体験がきっかけとなって、異性との正常な性行為に恐怖や嫌悪をもつようになり、倒錯側の陣営が勢力を盛り返すこともある。とにかく、正常側が勝ったと言っても、その勝利は決して完全なものではなく、どれほど正常な人においても、多少とも倒錯傾向は残存している。

さて、倒錯側が勝った場合に、狭い意味での性倒錯、病的性倒錯が生ずる。倒錯側の勢力の強弱は、第一次思春期以後、第二次思春期以前の性満足の形式にリビドーがどの程度固着しているかによる。だから、この期間中の外部からの性的刺激はできるだけ少ない方が望ましい。とくに、はじめてリビドーを非常に興奮させられたときの体験形式は重大な影響を及ぼす。フロイドが言ったように、リビドーは一度満足を味わえば、なかなかあきらめることができないので、その体験形式に固執するようになるからである。子どものとき、いきなりある人にポルノ写真を見せられ、その写真の女が足袋をはいていたので、おとなになった今、足袋をはいた女にしか欲望を感じないといった場合もあり得る（実際には性倒錯の形式の決定はこれほど単純ではないが）。

倒錯側の陣営が勝ったと言っても、それにはいろいろな程度があり得る。圧倒的勝利の場合もあれば、正常側の陣営と何らかの点で妥協して辛うじて勝った場合もある。今挙げた例は足袋フェティシズムであるが、この例で言えば、圧倒的勝利の結果は、足袋そのものにしか興味がなく、現実の肉体を具えた女には全然性欲を感じないという形で現われるだろう。その種の倒錯者は、足袋を盗んだり、集めたりし、あるいは、足袋を使って自慰をしたりするだろうが、現実の女には見向きもしない。それより軽い程度の倒錯者に、足袋をはいた女にしか性欲をもたず、足袋をはいてない女には不能である者がいる。こういう条件は実にはっきりしていて、たとえば、性交の途中、何かの拍子で相手の女の足袋がぬげたりすると、その者はとたんに不能になる。それよりさらに軽い程度になれば、相手の女が足袋をはいているほうが好ましいけれども、別にはいていなくとも不能にはならないということになる。この程度の者は、病的倒錯者に入れるべきか、それとも正常者のうちかは、議論の余地があるが、わたしは、むしろ、この程度なら正常者のうちだと考えている。あまり厳密なことを言えば、みんな倒錯者ということになってしまう。

性倒錯者の形式は実に多種多様であって、同性愛、サディズム、マゾヒズム、フェティシズム、窃視症、露出症、放火狂（放火して火の燃えあがるのを見た瞬間、射精する者など、それ以外の性満足の方法を知らず、現実の女には興味がない）、窃盗狂（ものを盗んだ瞬間、オルガスムスに達する者など、放火狂と同じく窃盗狂も必ずしも性倒錯者とはかぎらない）、気味の悪いものになれば獣姦症や屍姦症、どこからを老女と言うべきかわからないが、とにかく若い女ではだめで老女にしか欲望を感じない老姦症、その逆で、幼い女の子にいたずらをして変質者としてよく新聞紙上に登場する童姦症、そのほか、フェティシストで同性愛者といったように、一つ以上の形式を兼ねている者もいる。また、たとえば同性愛にしたところで、そのなかにいろいろな形式がある。要するに、あらゆる対象、あらゆる行動形式が性欲の目標または手段となり得る。これは、性器から分離したリビドーがどんなものにでもとりつき得ることを示しており、裏返せば、人間のリビドーがいかに性器から分離し、いかに自由であるかを示している。

　では、性倒錯の形式はどのようにして決定されるのだろうか。さきに述べたように、最初にリビドーが興奮させられたときの体験形式が重要な要因であることはたしかだが、それは、その体験形式が個人の人格構造全体の一環をなしているかぎりにおいてであって、要するに、第一次思春期における個人の人格構造が問題である。性倒錯は、たとえば結核菌のように外からはいってきて個人にとりつくものではなくて、個人の人格の一つの表現形式である。

したがって、性倒錯の形成過程を解明するためには、個人の人格の発達過程を知らなければならない。これはなかなか面倒なことになるが、さきにフェティシズムを例に挙げたので、ふたたびフェティシズムを例にとって、それがどのようにして形成されるかを見てゆこう。

個人の人格発達の過程は弁証法的経過を辿るとわたしは考えている。さきに述べた胎児化の結果、人間の新生児は、他の高等哺乳類の新生児とくらべて非常に不利な条件を背負わされている。牛や馬の赤ちゃんは、生まれて間もなく歩けるが、人間の赤ちゃんは、筋肉運動器官も感覚器官も未発達で、まったく無能である。自我と対象、現実と非現実（空想）の区別はもちろんない。これが、個人の置かれた最初の状況である。個人の欲求はすべて、何らかの遅延なく、また何らかの努力を要せずたちどころに満足される。したがって、個人は、客観的には無能であるが、主観的には全能である。わたしはこの時期を口唇魔法期と名づけた。この時期には全能の自己、いいかえればナルチシズムしか存在しない。

そのうち、感覚器官や運動器官が発達し、フラストレーションの経験が重なるにつれて、個人は、世界のなかに、自分の意のままにならない部分があることに気づく。その結果、無能の自己が形成される。そして、この無能の自己と前述の全能の自己とが葛藤するに至る。この時期が口唇抑鬱期である。個人は、全能の自己の立場に立ち、無能の自己を否定しようとするのだが、否定することはできず、抑鬱状態に陥るからである。そこで、葛藤を解決し、かつ、抑鬱状態から逃れるため、個人は、全能の自己を母親に投影する。今度は、（個人の眼から見て）母親が全能となる。個人は、全能なる母親を崇拝し、母親と自分を同一視することによって、無能の自己に起因する無力感と劣等感を解消しようとする。この時期が口唇崇拝期である。そのうち、個人は、母親も全能ではないことに気づき、その幻滅から反抗に走る。これが口唇反抗期であり、一般に、心理学では第一次反抗期と呼ばれている時期である。次に個人は、自己と対象、現実と空想との区別を明確に確立しはじめ、全能の自己はその誇大妄想的要素を失って理想の自己となり、無能の自己はその無能性をある程度脱して現実の自己となる。そのとき個人は肛門期にはいる。肛門期でもさまざまな発達過程を辿るのであるが、ここは人格発達の理論を説く場所ではないので、あとは省略することにする。とにかく、個人の人格は、個人が直面した状況に内在する矛盾（葛藤）を解決するためにある人格体制をつくりあげ、またその人格体制そのものが矛盾をはらみ、さらにその矛盾を解決するためにまた別の人格体制を築く、という風に弁証法的に発達してゆく。

以上、簡単に過ぎて説明不充分であるが、それは勘弁してもらうことにして、フェティシズムの問題にはいろう。

フェティシズムは、個人が口唇反抗期から肛門期に進むのに失敗した場合に形成されるとわたしは考えている。その失敗の結果、個人は、それ以前の段階、すなわち口唇崇拝期に退行する。そして、全能の自己、つまりナルチシズムをふたたび母親に投影しようとする。だが、母親はすでに落ちた偶像であり、その全能性は否定されているので、この試みは成功しない。ナルチシズムは、自分のうちにも対象のうちにも落ち着き場所がなく、宙ぶらりんとなる。そこから生ずる抑鬱が耐えがたいので、個人は何とかナルチシズムを投影できる対象を必死になって求める。そして、ついに個人が人間ではなく何らかの事物にナルチシズムを投影したとき、この事物がフェティッシである。つまり、フェティッシは、個人にとって、全能の自己の象徴となる。個人がこの状態にあるとき、第一次思春期がはじまり、何らかの形でリビドーが刺激され、ある種の性的満足を得ると、この状態がのちの性的満足の原型となる。これが性倒錯としてのフェティシズムの起源である。

フェティシズムは必ず性倒錯になるとはかぎらない。性倒錯でないサディズムやマゾヒズムが存在しているのと同じように、性倒錯でないフェティシズムも存在している。個人がその人格発達の過程で、ナルチシズムを事物に投影し、いわばフェティシズム的人格構造をもったとき、リビドー興奮の体験をもつかどうかが、そのわかれ目となる。しかし、性倒錯としてのフェティシズムも、そうでないものも、また、子どものフェティシズムも、おとなのそれも、フェティッシがナルチシズムの投影の対象であり、全能の自己の象徴であり、抑鬱に対する防衛の役割をもっているという点では共通している。

誰でも身近に一人や二人は見かけたことがあると思うが、人形とかハンカチとかを四六時中離さない子どもがいる。食事中も横においておき、寝るときにもしっかり抱いている。ときには、噛んだり、なめたり、頬ずりしたりしている。汚なくてくさいので、母親が取りあげようとするのだが、握って離さない。無理に取りあげると、子どもは泣き叫び、イライラし、夜は眠らない。そこで母親の方が折れて、返してやらざるを得なくなる。あまり汚ないので洗濯してやると、子どもは不満を示し、すぐもとのように汚なくしてしまう。この人形やハンカチが子どものフェティッシであることは明らかである。フェティッシは全能の自己の象徴であるから、子どもは片時もそれを手離すことができないのだ。手にしていないと、不安でたまらない。それが見当たらないと、抑鬱状態に陥る。そういう子どもに、そのフェティッシのことについてたずねたりすると、実に恥ずかしそうな、かつ嬉しそうな表情をする。あたかも、恋人のことをたずねられた清純な乙女が示すような表情である。フェティッシと恋人は、心理的には同じものだからである。両者とも、ナルチシズムの投影の対象である。フェティッシを取りあげられた子どもの嘆きは、恋人を失った乙女の嘆きと心理的には同じである。

　ナルチシズムを異性に投影すれば、そこから恋愛関係がめばえてくるのだが、性倒錯者としてのおとなのフェティシストは、前述の子どものような人格構造から脱却できず、その発達段階に停滞し、事物にナルチシズムを投影する傾向をもちつづけ、かつ、そういう方法によってしかリビドーの満足を得ることができない者である。

フェティシストは、たとえば、西部の無法の町に住む、ピストルでは並ぶ者のない名手だが、腕力ではからきし弱い男に似ている。彼は片時もピストルを手離すことはできないだろう。女と寝るときでもピストルを枕もとに置いておくだろう。ピストルが手元にないと、彼は、不安のため、不能になるかも知れない。ピストルは、彼の全能の自己の象徴であり、彼のすべての力と権威はピストルに由来している。同様に、フェティシストは、フェティッシがないと、不能になるのである。彼とピストルの名手との違いは、彼がフェティッシ（ピストル）に付与している全能の力が空想的なものに過ぎないという点である。

フェティシズム以外の性倒錯も同じ理論で説明できる。F・パッシュが挙げている例であるが、新しく埋葬された女の死体を掘り出していたずらをした男がつかまった。彼の生活史を調べてみると、生まれて間もなく母親が死病にとりつかれ、長いあいだわずらったあげく死んだ。彼は母の病室で幼時の大半を過ごした。母の死後、叔母も重病になり、同じく長わずらいの末、彼にみとられながら死んだ、という事実がわかった。思うに、この屍姦症者は、母および叔母との関係で何らかのリビドー満足を体験したのであろう。彼女らの側からの性的働きかけがあったかもしれない。彼のリビドーは彼女らに固着した。そして、死んだ彼女らと死者一般とが同一視され、死体に性欲を感ずるようになったのであろう。

以上のような過去の成立原因のほかに、性倒錯を現在持続させている原因として、異性に対する恐怖がある。成熟した一人前の異性と、対等な人格対人格の関係をもつのが恐いのである。だから、窃視症者は、遠くからひそかに女の裸体あるいは性器をながめ、露出症者は相手と距離を置いて自分の性器を見せびらかし、フェティシストは生命のない品物を愛撫する。幼児にいたずらして殺した変質者というと、悪魔か鬼のように世間では思うが、一人前の女にはびくついて近寄れない気の弱い男なのである。異性に対するこのような自信のなさは人格の未成熟を物語っている。

　とにかく相手と直接の人間的なかかわりをもつ同性愛、サディズム、マゾヒズム以外の性倒錯は、圧倒的に男性に多い。露出症にしても、性倒錯となると（すなわち、単に自分の肉体を見せびらかして喜ぶといったものではなく、自分の性器を異性の前で露出する以外の方法では性的満足を得ることができない者、正常な方法では不能の者）、女性は例外的にしかない。これは、正常な性行為では男性の方がより大きな困難を背負っているから、異性恐怖もそれだけ強くなるためであるとも考えられるし、また、男性の方が想像力が豊かで、観念的だからとも考えられる。一足の足袋、一足の靴、一枚のパンティから異性の全体像を現出させる想像力は女性には欠けているというわけである。いずれにせよ、男性のリビドーの方が、女性のリビドーより、性器から分離しているらしい。

　性器から分離したリビドーの一つの運命が性倒錯である。それはまた、別の運命をも辿り得る。芸術の源泉もそこにあるのかもしれない。身体は胎児化しているくせに、性器だけは全霊長類中いちばん大きな一人前のものをつけ、本来の対象からはずれて宙に浮いたリビドーという厄介なものを背負いこんだ、この生物進化の畸型児は、地球の上でいろいろと変なことをやっているらしい。

人間のエロスと動物の性本能

人間においてはエロスは、まず口唇期から肛門期、男根期を経て性器期へと発達する。エロスが最初にめばえたとき、はじめからすんなり性器期にあるのではないということ、このような諸段階を経て発達しなければならないということ、発達があるということは発達の障害もあるということ、これが人間におけるエロスの特異な点である。

人間以外の動物の性にはこのような発達段階はないと考えられる。動物の性本能は、いわば、はじめから性器期にある。動物の性本能は、このような発達の苦労も知らなければ、口唇リビドーと肛門リビドーを性器の優位のもとに統合しなければならない苦労も知らない。

なぜそういうことになったか、なぜ人間だけが動物の場合には不必要なそんな苦労をしなければならないかについては、畸型的な進化を遂げた生物種としての人間の特殊性にその原因が求められるが、この問題については別のところで論じたことがあるので、ここでは簡単に、人間においては、性欲の出現と、性器の成熟とのあいだに、進化のいたずらによって、数年のずれがあるということだけを述べておこう。

つまり、人間は性欲をもってから相当長いあいだ、性器による正常な性行為ができないのである。それができるようになるのは、思春期からで、思春期とは、性行為が可能になる時期であって、性欲が出現する時期ではない。フロイドの言う幼児性欲とは、いいかえれば、不能者の性欲である。

おとなの病的不能者と幼い不能者とではいろいろと条件が異なっているが、とにかく不能者というものを考えていただきたい。勃々《ぼつぼつ》たる性欲を抱きながら、おのれの能力のなさのゆえに性行為ができないのである。幼児のあせりと苦しみは想像に余りある。幼児は何とかしてリビドーを満足させる方法を見出そうとあがく。

性のタブー

性のタブーはこういう状態に対する一つの解決策であると考えられる。なぜ性のタブーが動物にはなく、人間だけにあるかの理由は人間のエロスが、まず不能のエロスとして出発しなければならないという事情のうちにある。つまり、性のタブーは、不能者である幼児がその内的条件から必要とするものである。幼児はおのれの能力のなさのゆえにできないことを、外的禁止があるから、できるのだけれど許されないのだと考える。そう考えることによって、不能であることの劣等感からやっと逃れる。外的事情のために許されないのなら、まだしも欲求不満は耐えやすくなる。これは、合理化という防衛機制であるが、幼児の自我はまだ未発達で、耐えがたい事態をありのまま認め、背負ってゆくだけの力がないから、この合理化は、もがいている幼児に救いをもたらす必要不可欠なものである。

　おとなでも、自我の発達がまだ充分でない者はしばしばこの防衛機制を用いるであろう。たとえば、バーに好きなホステスがいて、何とか彼女をものにしたいと思っている男を考えてみよう。彼女は金で寝る女であることがわかっており、ほかの男たちがしばしばそうしているのを彼は知っている。ところが、彼は安サラリーマンで、とてもそんな金を使える余裕はなく、せいぜい、ときたまそのバーへ行って、彼女の顔をながめながら、水割りのいっぱいか二はいを長い時間をかけながら飲むぐらいのところである。彼は、おれがこんなに純粋な気持であこがれているのだから、彼女だって、そのうちおれの気持に応えて金銭ぬきの好意を抱き、おれと寝てくれるかもしれないという淡い期待をもっているのだが、金にしか眼のない彼女は、みみっちい金の使い方しかしない彼なんか相手にしてくれない。彼の欲求不満はつのる。この場合、自我が充分発達していて、強ければ、金がないのだから金で動く女をものにできないのは当たり前だという事態を認識して、あきらめるのだが、自我が弱くてこの事態を背負い切れないと、彼は、金で身を売るのはよくないという道徳的非難を彼女に向け、また、自分が彼女をものにしないのは、金で女を自由にするのはよくないという道徳律に従っているのだと考えるであろう。そう考えることによって、彼は金のなさについての劣等感から逃れる。さらに彼は、売春禁止法をもっときびしくして、単純売春をも罰すべきだと主張するかもしれない。もし、単純売春をも罰する法律ができ、警察がその法律を厳密に適用し、バーのホステスの売春をもどんどん摘発するようになれば、彼の精神はどんなにか安定することであろう。

自我の弱いこの男が単純売春処罰法の制定を望むのと同じような事情から、幼児は性のタブーの設定を必要とする。おとなの場合なら合理化は卑怯な自己欺瞞であるが、幼児の場合は、自我の弱さと性的不能は本質的に解決不能な条件なのだから、親をはじめ、周囲の人たちは、むしろ、幼児の合理化の努力を助けてやる必要がある。いいかえれば、彼らの方から幼児に対して性を禁止してやる必要がある。

性のタブーは不自然なものであり、子どもを自由にのびのびと育てる妨げになるから、押しつけるべきではない、子どもが性的なことにふけっていても、それを認めて勝手にやらせておいたほうがよいと主張する人がおり、近頃、この意見はだんだんと優位になってきているようであるが、子どもにとってこんな残酷なことはない。

それがいかに残酷かは、次のようなたとえ話をすればはっきりするであろう。春のうららかな日に、足のわるい子どもを花の咲き乱れる野原につれてゆき、みんなが走り回って遊んでいるところを見せて、さあ！　気持がいいですよ、みんなのように遊んできなさいと言えば、子どもはどう感じるであろうか。子どもは、なえた足をバタバタさせてもがくだろう。そして、おのれの無力に気づいて、劣等感の地獄に突き落とされるだろう。それよりは、子どもが野原にゆきたがっても、あの野原は禁断の園であり、誰もはいることは許されないとたしなめてやるのが、真に思いやりのある態度である。

性のタブーはあらゆる文化に存在しており、人類に普遍的な現象である。これほど普遍的な現象が単なる外からの押しつけによって生じたとは考えがたい。とくに近親相姦のタブーは強力で、このタブーの起源についてはこれまでいろいろな説明がなされてきたが、どれも説得力を欠いている。近親相姦のタブーが普遍的で強力なのは、近親者が幼児の性欲の最初の対象であり、最初に幼児をしてその耐えがたい性的不能の事態に直面させる危険があった人物だからである。もし、性のタブー、とくに近親相姦のタブーがなかったなら、人間の精神発達は、幼児期にあまりのショックのために押しつぶされ、挫折してしまうであろう。

わたしは別に性のタブーを無制限に弁護しているわけではない。幼児の劣等感防衛のための合理化の努力を外から支えてやる程度のものが必要であると言っているのに過ぎないのであって、過ぎたるは及ばざるがごとしのことわざの通り、あまり強く押しつけ過ぎれば、逆にまた有害な結果をもたらすであろう。思春期に至り、性能力を獲得すれば、性のタブーは、あまり必要でなくなる。今や、性のタブーは、過去の防衛策の残骸であり、無用の長物である。足の骨折が治って、走れるようになったのに、あそこは禁断の園だと言いつづける必要はない。

口唇リビドー

しかし、不能者であるとは言っても、幼児の性欲は厳として存在する。正常な性行為に発散されないリビドーは、その場で可能な捌け口を求めてさまよう。正常な性行為以外の手段で満足を求めるわけだから、幼児は必然的に性倒錯者にならざるを得ない。口唇期には口唇期に特有の発散の仕方があり、肛門期には肛門期のそれがある。

口唇期のリビドーは、口唇帯域を中心としており、口唇の栄養摂取活動によりかかる。幼児はそのときに可能な活動によって、リビドーの満足を求めようとする。なめる、しゃぶる、吸う、噛む、くわえるなどの活動は、もともと、食物を摂取するための活動なのだが、二次的にリビドーを発散させる手段になる。口唇の活動だけでなく、匂いを嗅ぐといった鼻腔の活動、眺めるという眼の活動もこれに含まれる。

そのほか、口唇期の人格構造もリビドーの形態の決定に重要な役割を演じる。人間は、ほかの哺乳動物と違って、きわめて未熟な状態で生まれてき、感覚運動器官が未発達であるから、生まれたばかりの幼児は、自己と対象、現実と空想の区別を知らない。この状態は、だんだんと改善されてゆくけれども、基本的には、口唇期のあいだ中つづく。いいかえれば、口唇期の幼児は、自己と区別されたところの一つの全体としての他者の存在を知らない。幼児は母親の身体、とくに乳房を知覚するが、それは幼児の世界のなかでは、幼児自身の身体と多かれ少なかれ融合しており、もし離れていたとしても、それは取り戻して自己の身体の一部とすべきものである。したがって、当然のことながら、口唇リビドーは全体としての対象の認識を欠いている。対象の認識を欠いたリビドーは、必然的に自己色情的であり、自己と別個の存在としての対象とのかかわり方を知らない。

また、この時期の幼児は現実と空想の区別を知らず、あとになって多少その区別がつくようになっても、依然、それは曖昧な区別に過ぎないから、そのスキをついて、いろいろな妄想が咲き乱れる。それらの妄想は、形式論理以前のいわゆる魔術的論理にもとづいて形成される。魔術的論理においては、同一律、矛盾律、排中律は欠けており、部分は全体であり、全体は部分であり、部分が同じであれば全体も同じであり（彼は速く走る。カモシカは速く走る。ゆえに彼はカモシカである）、象徴はそれが表わしている実物そのものであり（のろい釘でわら人形の心臓を突けば、本人が死ぬ）、時空間の範疇はなく、偶然と必然の区別はなく、あらゆる物体は生命をもっており（アニミズム）、要するに、いっさいの限界、いっさいの矛盾が存在しない。ここで、なめる、吸うなどの表現形式をもった自己色情的口唇リビドーが、こうした論理にもとづいて形成されたさまざまな妄想と結びつき、さまざまな形態の性倒錯が発生する。

肛門リビドー

口唇期のはじめには全能の世界のなかに住んでおり、全能我しか知らない。しかし、フラストレーションの体験が重なるにつれて、そのうち、無能我が発見される。この無能我と全能我とは絶対的に矛盾しており、はげしい葛藤を惹き起こす。この葛藤のため、幼児の口唇的人格体制は破綻する。幼児は屈辱にうちひしがれる。全能我は疑惑にさらされ、それまで全能我に付着していたナルチシズムは、そのよりどころを失って宙に浮く。幼児は、ナルチシズムの新しいよりどころを見出し、この屈辱を何としてでもそそがねばならない。

生まれたばかりのころとは違って、そのころには感覚運動器官は充分に発達しており、幼児は意志による筋肉支配の能力を獲得している。幼児は、筋肉、とくに肛門括約筋の支配能力に活路を見出す。そして、この能力を軸にして、今や葛藤と屈辱の源泉となった口唇期の受動性を能動性に逆転させる。この逆転が行なわれたとき、幼児は口唇期より肛門期に移行する。宙に浮いていたナルチシズムは筋肉支配の能力に集中され、幼児は、自尊心を回復する。自己と対象の区別が明確に打ち出され、対象を攻撃することによって自己の境界が維持される。この攻撃が肛門サディズムと呼ばれるところのものである。そして、この時期の自己とは、何よりもまず、肛門的自己である。幼児は、主として肛門括約筋の能動性を通じて自己を主張するからである。幼児は、母親の命令に反抗して糞便を排泄することを拒むことによって我を通す。あるいは、母親を喜ばせるため、その願いを聞き入れて糞便の贈り物を母親に与える。糞便は幼児がつくった最初の生産物であり、幼児にとってこの上なく貴重なものであって、それを贈り物として与えるのは大変な好意である。あるいはまた、母親を困らせるため、所定の場所以外のところで、所定の時間以外のときに、排泄する。

　肛門期のリビドーは、肛門帯域を中心としており、肛門括約筋の排泄活動によりかかる。肛門括約筋の活動は、支配欲と攻撃を表現する手段であるとともに、リビドーの満足を追求する手段でもある。筋肉、とくに肛門括約筋の活動形式が、肛門リビドーの表現形式となる。ためる、しめる、押し出す、じらす、わざと与えない、排除する、まきちらす、出ししぶる、そのほか、手足の筋肉の活動を原型とした、ひっぱたく、にぎる、ける、など。

　口唇期と違って、肛門期には対象の認識が成立しているが、この時期の対象は、まだそれ独自の存在としては認められていなくて、対象というよりはむしろ、自己にあらざるもの、つまり非自己であって、成立したばかりの自己を維持するために攻撃すべきもの、自己の支配力を証明するために屈服させるべきものである。対象とは、つまり、自己から分離していったものであり、幼児の最初の対象は、その肉体から分離していった糞便であるが、この時期の対象は、まだ糞便と同じレベルでとらえられている（B・グランベルジェ)。すなわち、物的存在であり、手段であり、どれもこれも一緒くたであって、無限に取り替えが利き、単に量的なものにすぎなくて、それ独自の存在をもたない。いいかえれば、肛門期の対象は、他者として、一個の人格としての価値を有していない。

したがって、肛門リビドーは、口唇リビドーと同じ意味では自己色情的でないのだが、まだ完全に対象リビドーにもなっていなくて、いわば、半自己色情的であり、半対象的であり、対象そのものにではなく、対象に対する自己の支配関係に備給されている。肛門期の幼児にとって重要なのは、対象そのものではなく、自己が対象を支配していることなのである。

そして、肛門期にも、この時期に特有なさまざまな妄想が形成される。ためる、しめるなどの表現形式をもった、半自己色情的・半対象的肛門リビドーがそれらの妄想と結びついて、ここにさまざまな形態の性倒錯が発生する。

男根リビドー

対象を糞便の延長線上にしか見ず、対象に対する攻撃と支配に重きをおく肛門的人格体制は、独自の存在をもつ対象にぶつかって破綻する。幼児は、この独自の存在をもつ対象との新しいかかわり方を見出さねばならない。ここで、自己と対象とをつなぐものとして登場してくるのが男根である。男根は、自己の肉体から突き出ていて、対象の肉体のなかにはいり、自己と対象とを一体とする。リビドーは男根に集中される。

フロイドによれば、この男根期までは、男の子と女の子とは同じエロスの発達過程をたどるが、ここで両者はわかれる。女の子においては、クリトリスがはじめ男根の役割をもたせられるが、それはあまりにも小さ過ぎ、やがて膣が発見されるに及んで、リビドーはクリトリスから膣に移行する。そして、膣リビドーは、対象の男根を受け容れることによって、自己と対象とをつなぐことをめざす。しかし、男の子のリビドーと女の子のリビドーは、はじめから違った発達過程を辿ると主張する人もいる（B・グランベルジェ）。

ここで幼児は、エディプス・コンプレックスの場面を迎える。男の子は、母親との性交を望み、父親に敵対する。女の子は、はじめは男の子と同じく母親をリビドーの対象にするが、間もなく対象を父親に切り換え、父親との性交を望み、母親に敵対する。フロイドによれば、男の子の場合、このエディプス願望は父親からの去勢のおどしによって挫折するのだが、別に父親が去勢をもっておどさなくても、もともとこの時期の男の子の性器は性交が可能なまでに発達していないので、いずれにせよ、エディプス願望は挫折せざるを得ない。女の子の場合も同様である。挫折した男根リビドーまたは膣リビドーは、あるいは抑圧され、あるいは残存していた口唇リビドーや肛門リビドーとまざり合い、潜伏期のあいだ中、めだった活動をしない。

性倒錯

やがて思春期が訪れ、肉体は成熟して性交能力が獲得され、大量のリビドーが溢れ出て、捌け口を求めて殺到する。リビドーの正常な捌け口は性交であり、すでに性交能力はあるのだから、性交にリビドーを発散させれば、それで万事うまくゆくはずなのだが、そうはゆかない。

まず、性のタブーがある。今や性のタブーは、幼児を劣等感から救うというかつての役割を失ったが、必要が少なくなったからと言って、簡単に消え失せるものではない。それは、主体の内面に存在しているだけでなく、社会的禁止としても厳として存在している。あまりに強過ぎる場合は別だが、しかし、性のタブーそのものはたいした問題とはならない。問題なのは、リビドーが、すでに正常な性交以外の満足の形式を知り、その形式に固執していることである。

ここで性器リビドーと、正常な性交以外の満足の形式に固執している前性器リビドー（口唇リビドーと肛門リビドー）とのあいだに覇権をめぐって争いが起こる。性器リビドーが勝利を得れば、当人は一応正常者ということになるわけであるが、前性器リビドーが勝てば、性倒錯者になる。性器リビドーが勝利を得たあとでも、正常な性交の方面での何らかの挫折体験をきっかけとして前性器リビドーが勢力を盛り返し、反撃に出て逆転することもある。とにかく、いずれの側においても、最終的な決定的勝利というものはない。この争いを調停し、両勢力のあいだの妥協をはかるのは、自我である。

　ここで強調しておきたいが、人間においては、成熟した異性同士の男根と膣の結合というリビドーの正常な表現形式は、けっして本能的なものではない。ほかの動物たちもそのような形式を取っており、人間の肉体的構造もこの形式に適合しているので、人間の場合も、正常な性交は本能に規定されていると思われがちであるが、けっしてそうではない。それは、エロスの発達の成果なのであって、この成果は自動的に達成されるのではない。個人を正常な性交に向かわせるのは性器リビドーであるが、リビドーが性器に備給されるのは、個人が、自己とは別個の独自の存在としての対象を発見し、この対象と自己とをつなぐものとしての男根の役割を、あるいはその男根を受け容れる膣の役割を認識したときにはじまるのであって、本能的、生理的に条件づけられているのではない。この認識がなければ性器リビドーは生じない。

　認識は自我の幾能であり、したがって、性器リビドーを成り立たせているのは自我なのである。自我は現実原則に従っている。自我は、現実を検証し、現実的に価値ある目的のために、ただひたすら快感原則のみに従って動くエスの衝動を統制し、有効に利用しようとする。正常な性交は、自我が、対象関係の確立と種族の保存という二つの現実的に価値ある目的のために、快感だけを求める前性器リビドーを統制することに成功したときにはじめて欲求されるのである。人間は、本能だけに従っていたのでは、個体保存はおろか、種族保存すら可能でない。

正常な性交が自然な姿であり、性倒錯は異常で不自然であるというのが一般の常識であるが、動物の場合ならいざ知らず、人間の場合は、正常な性交はけっして自然な姿ではなく、多分に無理をして獲得された形式なのである。フロイドは、性器の優位のもとに前性器リビドーを統合するということを言ったが、もともと性器以外の口唇や肛門を基点としているリビドーが性器の優位に完全に服することはあり得ず、それらの前性器リビドーは、正常な性交が、前戯とか、いろいろな性交体位とか、そのときに誘発される空想とか、そのほか、本来性交そのものとは関係のない諸条件を付加することによって前性器リビドーにある程度の満足を与えるかぎりにおいてしか、正常な性交に協力しない。性器の優位のもとに前性器リビドーを統合した体制とは、いわば、いろいろと譲歩をして敵対勢力を一応納得させて味方の陣営内に抱えこんでいる状態であって、性器リビドーと前性器リビドーは、正常な性交という同じ舟のなかの呉と越であり、同じ床にあって異なる夢を見ているのである。それでも、性器リビドーが主流を占めているかぎりは、当人は正常者ということになる。しかしそのときでも、前性器リビドーという反主流派がつねに存在するのであって、発生的には反主流派の方が先なのだから、主流派の主導権はけっして安定したものではない。ライヒが主張するように、性器性交のみを是とし、前戯など、それ以外のいっさいの条件を余計なものとしてしりぞけるのは、理念としてはすっきりしているが、田中派以外の派閥をすべて追い出せば確実に自民党はつぶれるのと同じように、それでは、正常な性交そのものが危くなるであろう。

さきにわたしは、人間の場合は正常な性交はけっして自然な姿ではないと言った。誤解を避けるために言っておきたいが、もちろん、性倒錯も人間の自然な姿ではない。人間のエロスに関して、自然な姿など、そもそもどこにも存在しない。

快感原則と現実原則

フロイドは精神生活を支配する二つの原則として、快感原則と現実原則を提唱した。エスの本能的衝動は快感だけを追求しているのだが、エスのおもむくままに従っていたのでは、当座の快感は得られても、あとで大きな苦痛を味わわなければならなくなるので、自我が現実原則に従ってエスをコントロールし、その満足を先にのばす。しかし、現実原則も、長期的に見た場合の最大の快感を求めているのであって、結局は快感原則に奉仕しているわけである。

快感原則と現実原則の対立、そして、それぞれを代表しているエスと自我の対立は、われわれ自身をふり返ってみれば至極当然のことのように思われるが、動物の場合にくらべてみれば、これは人間特有の現象であることがわかる。

本能とは、そもそも生体の適応に役立つものである。ファーブルが挙げているようなもろもろの昆虫の本能的行動は言うに及ばず、想像を絶する遠いところから帰ってくる鳥類の帰巣本能、獲物を見ればしばらく潜んでいてとびかかる猫科の動物の攻撃本能など、人間以外の動物は本能に従って現実に適応している。つまり、動物の本能は現実原則に従っている。本能のおもむくままに行動することが快感であるとすれば、動物においては快感原則と現実原則とのあいだに対立はないと言った方がいいかもしれない。

ところが人間においては、エスの本能的衝動のおもむくままに従うと不適応になる。人間の本能は現実との接触を失っており、適応の機能を果たさない。本能の代わりに自我がその機能を果たさなければならない。自我は、それに引きずられれば不適応になってしまうエスの衝動を抑圧しなければならない。これが快感原則と現実原則の対立であり、人間の永遠の悩みの源泉である。この対立の解消は人間の長年の夢であったし、今でもそうである。この対立、ひいては抑圧の必要性の原因を社会ないし文化のなかに求め、抑圧的文化の廃棄によって解消できると考えたのが、いわゆるユートピア思想である。しかし、抑圧的文化の結果として快感原則と現実原則の対立が生じたのではなく、この対立があるために人間は文化というものをつくりあげたと考えられるのである。もしそうだとすれば、抑圧的文化というものは足のわるい人の松葉杖であり、ユートピア思想は、松葉杖を捨てさえすれば足のわるいのは治るという誤った判断の上に立っており、われわれはせいぜい、松葉杖の改良しかできない。

人間のエロスについてこの問題を考えてみると、快感原則と現実原則の対立は、性欲の出現と性器の成熟とのあいだに年月のずれがあるという、人間に特有な生物学的条件に由来しており、文化的条件の変革によってはどうにもならないと思われる。前性器リビドーは、ひとえに快感原則のみにもとづいており、あらゆる現実的有用性とは無縁で、純粋に無償のものである。それは完全に遊びのエロスである。それを現実的有用性をもつ正常な性交の枠のなかに押しこめるためには自我の強引な介入が必要である。

わたしはライヒのように正常な性交を絶対視する考え方には組しない。性倒錯は不自然であるから否定すべきだという考え方は取らない。前述したように、正常な性交も不自然だからである。性器リビドーも前性器リビドーも、不自然であるという点では同じであり、個人がどの形式によってそのリビドーを満足させようが、それは個人の自由であり、自然に反するという根拠にもとづく性倒錯者への非難や軽蔑は正当ではない。性倒錯者は、神経症者と同じ意味で病人であるとは言えない。性倒錯者はその倒錯形式によって満足を見出しており、ほとんど精神分析者のもとへはやってこない。その満足は、正常者から見れば貧困なものと見えるかもしれないが、それは正常者のおごりかもしれない。実際、たとえば同性愛者を説いて異性愛に転向させるのは、正常な異性愛者を説いて同性愛に転向させるのと同じくらいむずかしい。

その上、正常な性交の有用性の根拠の一つである種族保存の目的は、むしろ、まれな場合にしか追求されない。この点では、正常な性交のほとんどが、性倒錯と同じく、純粋に無償の遊びである。一方では経口避妊薬など、避妊技術の革命的な発達があり、他方では、人工授精技術の開発があって、正常な性交と妊娠とはほとんど切り離された。人間のエロスの、この点に関する快感原則と現実原則との対立はほとんど解消された。現実原則の方が快感原則に歩み寄ったのである。

性倒錯と対象関係

しかし、どうにもならない点が残っている。対象関係である。前述したように、口唇リビドーは本質的に自己色情的であり、対象関係を欠いている。口唇リビドーが主流を占める倒錯の形式には、窃視症、その受動態としての露出症、フェティシズムなどがあるが、そのいずれも、性対象との直接のかかわりをもたない。窃視症者は、むしろ自分の存在を対象に気づかれないように、こそこそと遠くから対象をながめるだけである。露出症者は、形は受動的だがむしろ積極的に自分の性器を見せつけたりするけれども、重要なのは、見られている自分であり、性対象の視線はそれを浮かびあがらせ、色情化するものにすぎない。フェティシストは、髪や尻など、対象の分断された一部分、あるいは、下着や靴など、本来の性対象とかすかな関係しかない物体にしかリビドーを向けない。要するに、口唇リビドーは、つねに対象そのものをおいてきぼりにする。一般には性倒錯のうちにかぞえ入れられていないけれども、ベアトリーチェに対するダンテ、あるいはロッテに対するウェルテルの慕情に見られるような、相手を理想化してあがめ、純粋な無償の愛を捧げる恋愛も、口唇リビドーの一つの表現形式である。口唇リビドーは、もともと純粋で無償のものなのだ。当人は、その口唇リビドーゆえに、相手と距離を置いて、遠くからあがめる形式を必要としているのであって、もし相手が一人の身体的な女として彼の愛を受け容れ、近づいてきたら、彼は、のぞき見しているところを相手に見つかり、相手が近づいてきたときの窃視症者と同じように、困って逃げ出すであろう。

　肛門リビドーも、対象関係の不全の点では五十歩百歩である。肛門リビドーを主流とする性倒錯の形式では、サディズムとマゾヒズムが代表的なものであるが、この場合、対象は単なる道具の位置におとしめられている。サディストにとって、対象は支配と優越のための道具である。サディストは、単に性対象に苦痛を与えることを目的としているのではなく、苦しめられ、いじめられても逃げられない（物理的に経済的に、あるいは心理的に）という屈辱の状態に性対象を追いこむことが目的である。独自の存在としての対象の主体性は剝奪される。

　マゾヒストは、一見、性対象の主体性を尊重しているように見えるが、対象が道具に過ぎない点ではサディストと変わらない。マゾヒストが求める被虐と屈辱の場面のすじがきは彼自身の書いたものでなければならない。彼がどのようにいじめられるか、どのように侮辱されるかは彼自身が決めるのである。性対象は、マゾヒストの書いたすじがきどおりに、加虐者、侮辱者の役割を演じさせられる。性対象がそのすじがきにない侮辱を彼に加えたりすると、彼は本気になって怒り出すであろう。したがって、サディストとマゾヒストなら、いじめるのが好きな者といじめられるのが好きな者なのだから、うまくゆくように思われるかもしれないが、実際には、いじめ、いじめられる場面のすじがきの決定権をめぐって凄烈な争いが演じられるのがつねである。どちらも相手を道具の位置に、つまりは糞便の状態におとしめようとしているのだから、この争いには妥協の余地がない。

そして、これらの自己色情的あるいは半自己色情的リビドーには、前述したように、いろいろな妄想がくっついている。全能の力をもった物体、突入する視線、男根をもった母親、無限の破壊力をもった男根、すべての精気を吸いつくす膣、子どもを生む肛門、血を吸い肉をかじる口、去勢される男根、男根となった乳房、など。

快感原則に支配されているこれら倒錯的リビドーのおもむくままに従っていたのでは、対象関係の確立はおぼつかず、それに伴う妄想に引きずられて、現実から遊離せざるを得ない。この点においては、快感原則と現実原則との対立は根本的に解決する方法が見当たらない。

そこで自我は、性器リビドーを足場にして正常な性交を確立し、妥協策として、正常な性交に、あくまで従属的なものとしていろいろと付帯条件をつけ、前性器リビドーをだましだまし正常な性交の枠のなかに押しこまねばならない。それに成功すれば、当人は一応正常者ということになろう。吸うとかくわえるとかの形を取る口唇リビドーや、しめるという形を取る肛門リビドーは、そのまま、男根に対する膣の活動形式として性器リビドーのなかに組入れることができるであろう（ヘレーネ・ドイッチュ）。対象を攻撃し、支配する肛門リビドーも、ある限度内なら、女を獲得し、支配する男の正常な性行動の一要素となり得るであろう。

しかし、前性器リビドーが強過ぎると、それを抱えこむための妥協策が、正常な性交をくずすことになる。いいかえれば、正常な性交の枠内では、それを抱えこめなくなる。あるいは、従属的なものにとどめておこうとした付帯条件が、必要不可欠な条件にまでのしあがる。性交のとき、性対象が黒い靴下をはいていることが絶対必要で、それをはいていない女に対しては不能になる男はこの例である。これが極端になれば、女の肉体には全然関心がなく、ただ黒い靴下を集めてながめたり、なめたりして興奮するフェティシストになるであろう。

正常者のように女の膣ではなく、ある種の同性愛者のように男の肛門ではなく、女の肛門でなくてはだめだという男の倒錯者の例があるが（M・ボス）、これは、正常な性交の範囲を逸脱した、肛門リビドーと性器リビドーとの妥協であろう。また、一口に同性愛と言っても、肛門性交、相互の自慰やフェラティオなど、いろいろの形式があるが、そこには、口唇リビドー、肛門リビドー、性器リビドーがいろいろな割合で妥協しているのが見られる。とにかく、あちこちの面で妥協があるにせよ、性器リビドーが主流を占めているかぎりは、正常者だと言うことができる。

前性器リビドーの強弱は、幼児期におけるリビドー興奮の体験の多少によって決まるであろう。性的ないたずらをされたといった体験は、その時期に多量のリビドーを釘づけにするであろう。性倒錯は圧倒的に女より男に多く、とくに、口唇リビドーが主流を占める性倒錯はもっぱら男にしか見られないが、これは、男の子は異性である母親に世話されるので、女の子より多くのリビドー興奮を味わうことに一因があると考えられる（B・グランベルジェ）。

子どもはみんな必然的に性倒錯者であるが、おとなになって最終的に倒錯者になるかどうかについては、前性器リビドーの強さ、すなわち前性器段階に固着しているリビドーの多さもさることながら、当人の自我の演じている役割が大きい。諸種のリビドーを糾合し、それらのあいだの妥協点を見つけ、リビドー満足の最終的形式を決定するのは自我だからである。当人の自我がある倒錯形式に固執し、それをリビドーの満足を得る最善の形式であると信じているかぎり、はたの者はどうしようもない。自我は、同時に、性格をも決定するので、当然のことながら、性格と倒錯形式とは密接な関係がある。つねに対象をおいてきぼりにする自己色情的なリビドーを主流とする倒錯形式をもつ者は、対人関係においても相手のことはどうでもよく、自分にしか関心のない手前勝手な者である。しかし、この逆は必ずしも真ではなく、正常な性交が可能な者が、相手への理解と思いやりにもとづく対象関係を確立した者であるとは必ずしも言えない。前述したように、正常な性交にはいろんなリビドーが参加し得るからである。膣を使った自慰ということもある。これは、自分一人でする自慰よりはたしかに進んでおり、一応、性器によって相手の女とつながっているが、相手を無視し、おいてきぼりにする点では対して変わりがない。

最後にもう一度強調しておきたいが、人間におけるエロスの発達は、格別の邪魔さえはいらなければ自動的に自然に進んでゆく過程ではなくて、われわれの自我がいわば人為的に達成しなければならないものである。そこには自然によってあらかじめ定められている予定のコースはない。各人のリビドー満足の最終的形式は、正常なものであれ、異常なものであれ、すべて各人の自我の人工的構築物である。

本稿はエロスの発達についてのものだったので、エロスの対立物であるタナトスについては触れなかったが、タナトスもエロスと同じく発達するのであり、その発達はエロスの発達と微妙にからんでいることは言うまでもない。ごく簡単に述べると、自己と対象との区別のない口唇期のタナトスは、自他を無差別に破壊しようとし、何ら現実的有用性をめざさず、無償で純粋である。肛門期にはタナトスは、対象への攻撃と支配のために使われる。これらの時期に形成される妄想には、加虐的あるいは被虐的要素をもつものが多いが、そこにタナトスのエネルギーが働いていることは明らかである。しかし、性倒錯のもろもろの形式におけるタナトスの役割については、また別のところでくわしく論じたい。

性欲論

ひとくちに精神分析と言っても、さまざまな理論があるが、それらさまざまな理論の違いは、要するに、性についての考え方の違いを起点としている。

ご存知のように、フロイドは性の抑圧が神経症の原因であると主張し、芸術、学問をはじめ、一般には性とかかわりがないと思われている多くの現象の背後に性的動機を見出し、当時の世間の常識を逆なでし、何でもかんでも性で説明する「汎性欲説」であると非難された。とくに、神聖視されていた親子間の愛情にまで性をもち込み、たとえば母親孝行な息子の行動を近親相姦的などと呼んだことは大いに顰蹙を買った。もちろん、「汎性欲論」という非難は正確ではなく、フロイドは性衝動に対立するものとして、初期の理論では自我衝動を、後期の理論では死の衝動を仮定しており、すべてを性で説明したわけではないが、性をとくに重視したことは事実であり、フロイドの夢判断では、刀やピストルなど、棒状のものや出っ張っているものはすべて男性器で、箱のように凹みのあるものはすべて女性器だというような通俗的見方も、浅薄皮相とは言え、そういう見方をされる余地がフロイド理論のうちにないではなかった。

フロイド理論を批判し、フロイドから離れていった人たちはすべて、性についての彼の考え方を受け容れなかった人たちである。ユングは、神経症の原因が性の抑圧にあるというフロイドの主張はヴィクトリア時代の偽善的な性道徳に囚われたウィーンの上流階級の婦人患者には確かに妥当するかもしれないが、決して普遍的真理ではないと批判し、神経症の原因はいわゆる一生の仕事を達成していないこと、個性実現の挫折にあるとした。アドラー、つづいてフロムも、フロイドが幼児性欲から説明したエディプス・コンプレックスを、父と息子との権力闘争という面からとらえ、性的要因を軽視ないし無視した。神経症の原因は、アドラーによれば、おとなとくらべたときの自分の劣等感を補償しようとして子どものときに設定した虚構の目標にいつまでも執着していることにあり、フロムによれば、孤立の不安から逃避しようとして自己を失うことにあった。用語やニュアンスに多少の違いはあるが、ホルネイもほぼ同じようなことを言っており、彼女によれば、神経症とは人間関係の障害であり、自己実現の失敗であった。

前記の者たちに反し、ライヒは、あくまで性を重視する点で、フロイドに忠実であったように見える。事実、彼はフロイド以上のフロイド主義者であると称した。彼によれば、神経症の原因はひとえに性能力の障害にあり、いわゆるオルガスム体験能力さえ回復すればすべてはよくなるのであった。しかし、ライヒの言うオルガスムは、いわゆる正常な性行為、つまり性器的形式によってのみ得られるもので、その他の形式（口唇的、肛門的など）の性は彼の眼中になかった。彼は、子どものときから性を抑圧すべきでないと説くが、あたかも人間は子どものときから、性器的形式の性をもっているかのようである。この意味において、ライヒも、フロイド以前の常識的な性の概念に逆戻りしており、この点では前記の者たちと変わらないのである。

　フロイド以前においては、人間の性欲も動物の性欲と同じであって、思春期ないし発情期に生じ、はじめから異性の性器との結合を求め、種族保存の目的に奉仕するものであった。種族保存に役立たない性倒錯の諸形式は、要するに「病的」現象であった。フロイドがこの常識をぶちこわした。幼児は多形倒錯的であり、思春期に至ってはじめてさまざまな（倒錯的）部分衝動が性器の優位のもとに統合されるというフロイドの主張を敷衍《ふえん》して言えば、動物と同じ意味での性本能は人間においてはこわれてしまっており、おとなのいわゆる正常な性行為が動物と同じ形式をとるとしても、人間の場合は、本能に規定されたものではなく、もともとは正常な性行為をめざしていなかったさまざまな部分衝動を素材として、あとからつくりあげた人為的な形式であるということである。フロイドは、この形式を性器的形式と呼び、性器的ということと性的ということとを厳密に区別した。フロイドが使う性的という用語は、動物の性本能とは異なった、はるかに広い意味をもっている。

前記のフロイド批判者たちは、彼の性的病因論、幼児性欲論、エディプス・コンプレックスなどを批判するとき、そ知らぬ顔でフロイドの性概念をフロイド以前の性概念にすり変えている。エディプス期において、男の子は母親を性的に求め、その邪魔になる父親を憎むとフロイドは説くが、これはむしろ、父親の地位に取って代わりたい男の子の優越欲の表われである（アドラー）とか、両親に真に愛されていない子どもが、敵意の潜む世界における孤独と無力の感じから逃れるため、両親のうちのより強いと思われる方に依存し、そして同時にそれに反発する葛藤の結果である（ホルネイ）とか聞かされると、男の子が母親を性的に求めるということの深い意味を忘れ、それを単に母親との性器的結合を求めることと解していれば、つい、なるほどと思わされてしまう。動物の雄が雌を求めるのと同じように母親を性対象として求め、その邪魔になるからと言って父親を憎んだなんて、どう考えてもありそうになく、馬鹿げているとしか思えないからである。性器性欲だけを性欲だとすれば、確かに幼児には性欲は存在していないし、また、この前提に立つなら、性の抑圧をなくしさえすればすべてはうまくゆくかのごとく説くライヒの単純な理論も、一応の妥当性はあることになろう。

要するに、フロイド批判者たちは、動物の性本能と人間の性的欲望との本質的相違を無視しているように思われる。

フロイドは、死の衝動を提唱する際、衝動（Trieb）を定義して、過去の状態の再現をめざす傾向であると言ったが、この定義がすでに、衝動と本能（Instinkt）との相違を明確に語っている。本能とは、個体保存または種族保存に役立つところの遺伝的に規定された行動形式であって、決して過去の状態の再現をめざすものではない。そもそも、もし動物がその本能によって過去の状態に執着ばかりしているとすれば、成長も発達もなく、現実への適応もあり得ないではないか！　フロイドのこの衝動の定義は、死の衝動についてだけでなく、衝動一般について語ったものである。わたしに言わせれば、それは、動物の本能とは異なったところの人間の衝動についての定義であり、いわば、人間における動物的本能の歪みを表わしている。わたしは、動物においても人間においても、本能として死へと向かう傾向が存在しているとは思わない。ただ、人間においては、本能の歪みとして死の衝動は存在し得る。ちなみに言えば、フロイドの性理論を批判するときと同じく、死の衝動の理論を批判するときも、ホルネイたちは、人間の衝動の特殊性を消し去って、それを本能にすり変えている。ホルネイは、死の本能（death instinct）という用語を使い、本能とはつねに一定の満足を求めるものだから、もし人間に死の本能が存在しているのなら、人間は自分を破壊するか、他を破壊するかしかないことになるではないか、それではあまりに絶望的ではないか、また、本来、攻撃行動は危険な外敵に対して自分を守るためのものであり、つまり、個体保存本能に由来しているのであって、その源泉が死の本能にあるとは考えられないと、フロイドを批判する。実際、鳥の帰巣本能や蜘蛛の造巣本能と同じ意味で、個体を死へとかり立てる死の本能が存在しているとフロイドが主張しているのだとすれば、いかにも馬鹿げた仮説であり、ホルネイたちの批判は正しいことになろう。その批判を聞いていると、どうしてフロイドはこんなありそうにない突飛なことを言い出したのだろうと不思議に思えてくる。しかし、フロイドの仮説は、本能についての仮説ではないのである。過去の状態の再現を求める衝動についての仮説なのだ。この性質は動物の本能には存在していない。

ここでわたしは、フロイドが本能とは区別して衝動と呼んだものを、欲望と言いかえたい。衝動という用語は、本能と混同されるニュアンスをいささか残しており（わたしはこの点でフロイドと意見をともにし得ないのだが、彼は生物一般に死の衝動を仮定しており、彼自身多少すっきりしていないところがあった）、とくに人間的なものを表わすには欲望と呼ぶ方が適当のように思われるからである。

では、なぜ人間の欲望は、過去の状態の再現を求めるという性質をもつようになったのか。それは、その欲望がかつて挫折した欲望であるかぎりにおいてである。これは人類における抑圧の発生と関係があり、人類が、個体保存のためにせよ種族保存のためにせよ、その目的に役立つ本能的行動形式を失ってしまったことに起因するが、この問題については別のところで論じたことがあるので、ここではこれ以上ふれないことにする。本能的行動形式を失ってしまったとき、人間の本能は欲望に変質したのである。個体保存本能はナルチシズムに変質し、性本能はエロティシズムに変質した。欲望は、本能的形式と切り離されているため、自然の現実的諸条件と対応しておらず（たとえば、幼児性欲が幼児の生理学的条件と対応していないように）、したがって、挫折することが欲望の運命となった。もちろん、動物の本能にも挫折はある。しかし、動物の本能は、その本能的形式を介して満足されるか挫折するかのいずれかであり、満足された場合は、それは完全な意味における満足であり、挫折した場合は、にべもなく個体あるいは種族の滅亡である。人間の欲望に関しては、動物の本能におけるような完全な満足はもはやあり得ず、満足された場合も、つねにそれは部分的・代理的満足に過ぎず、厳密な意味では挫折にほかならない。しかも、その部分的・代理的満足を提供した外的条件は、自然の現実的条件ではなく、他者（親、社会、文化など）によってつくりあげられた、または、のちには一部分自分がつくりあげる人為的条件、すなわち擬似現実である。そして、不完全にしか満足されなかった欲望、挫折した欲望は、擬似現実のなかで、完全な満足の幻想を生じさせ、この幻想と結びつき、この幻想に支えられるようになる。ここでくわしく説明するゆとりはないが、擬似現実は、ある面から言えば（共同）幻想であり、いわば幻想に汚染されていて、自然的現実を支配しているような法則に必ずしも支配されておらず（たとえば、一般に自然的現実ほどきびしくなく、また、そのきびしくない程度にしても、場合によってまちまちである、など）、個人がそこに（私的）幻想を抱く余地を残しているのである。

　かくして、完全な満足の幻想と結びついた欲望は、ますます現在の現実的条件からずれ、過去に顔を向けるようになる。過去の状態の再現を求めるという欲望の特質を、より正確に言い直せば、過去の幻想の満足の状態の再現を求めるということである。しかし、この状態は、かつて一度も実在しなかった状態であり、未来においても決して実在しないであろう。この意味において、欲望とは、かつて挫折し、今後も挫折を宿命づけられている過去の欲望である。これを平たく言えば、人間は昔の見果てぬ夢をいつまでも追いつづける存在であるということだが、これは単なる感傷的な嘆きではなく、人間のあらゆる欲望のすみずみまで浸みわたっている特質なのである。そして、人間の欲望がこのようなものであるかぎりにおいて、それはつねに現実的条件、フロイドの用語を借りれば現実原則と対立する。快感原則とは、満足の快感を求める性本能の原則ではなく、いわば幻想の原則であり、人間の欲望、すなわち現在の現実に背を向け、過去の幻想に顔を向けている欲望の原則である。したがって、快感原則をつきつめれば、涅槃《ニルヴァーナ》原則に帰着するのである。そして、ついでながら言っておけば、われわれにとって現実がともすれば重苦しくわずらわしいのも、われわれの欲望がこのような原則に支配されているかぎり、避けがたいであろう。

　フロイドが部分衝動または前性器性欲と呼んだものも、性器性欲と呼んだものも、このような欲望として理解しなければならない。たとえば口唇性欲とは、単に口唇帯域またはその活動を介して性的快感を求めようとする傾向ではなく、口唇帯域またはその活動に関連した何らかの幻想に支えられた欲望であり、その幻想は、決して一定したものではなく、個々の場合によってさまざまなものがあり得るであろう。また、前性器性欲には、フロイドによれば、口唇性欲、肛門性欲などしかないが、これは主要なものだけをあげたと考えてよく、そのほかに、いかなる形式のものを考えてもおかしくなく、要するに、何らかの幻想に支えられるかぎり、肉体のあらゆる部分、そのあらゆる活動形式が性的意味をもち得るであろう。性器的形式から切り離されたリビドーは、幻想を介して、どのような形式とも結びつき得るのである。

このことを理解するなら、フロイドのエディプス・コンプレックスの概念に対する前出の連中の批判がいかにこのコンプレックスを浅くしかとらえていないかがわかるであろう。それは、何よりもまず、母および父との関係において男の子が抱くさまざまな幻想の複合体（コンプレックス）なのだ。その中心的テーマが母胎復帰の幻想であることもあろうし、父を食べる幻想（カニバリズム）が伴っていることもあろうが、場合によって幻想の内容は異なるであろう。アドラーやホルネイが言い立てるエディプス・コンプレックスの内容にしても、このコンプレックスを支えている幻想が、意識の浅い層でそのようなものとして合理化されて表現されることは充分あり得ることであって、彼らは何もフロイド理論には包摂し得ない新しい真実を述べたわけではない。

また、アドラー、ユング、ホルネイ、フロム、ライヒなどのどの理論によっても、性倒錯の現象は説明し得ないのである。たとえばホルネイによれば、まず、人間関係の障害によってマゾヒズム性格が形成され、いったんこの性格が形成されると、性欲の表現もマゾヒズム的形式を取るようになり、その結果、性倒錯としてのマゾヒズムが成立すると説明される。しかし、ホルネイの理論には、なぜ性欲がマゾヒズム的形式でしか表現され得なくなるのか、なぜたとえばある倒錯者は手足を縛られて鞭でひっぱたかれるという形式を取らなければオルガスムに達し得ないようになったのか、要するに本来は性と関係のないはずの形式がなぜ性的表現形式になり得るのかという肝心の点の説明が抜け落ちている。これまで述べてきたような、幻想に支えられているという人間の性欲の特殊性を無視する理論では、この点は説明のしようがないのである。人間関係の障害によってマゾヒズム性格が形成されるという点は、あながち間違いではない。しかし、その形成の過程に幻想が介在していることを忘れてはならない。性格というものは、水路づけ（canalization）の理論で考えられているように、機械的に反復されたために習慣として固定した反応形式ではない。それは、幼児性欲をもつ幼児が、父母との人間関係において幻想の満足を求めた諸形式が構造化されたものであり、のちに、多大の不適応を招いても性格がなかなか変わらないのは、満足の幻想と結びついているからである。マゾヒズム性格を構成している諸形式も、そもそもは（幼児の）性欲の（幻想の）満足の形式だったのであり、だからこそ、のちの性倒錯において、たやすく性的表現形式になり得るのである。つまり、性倒錯としてのマゾヒズムは、本来は性と関係のないマゾヒズム性格なるものが新たに性化（sexualize）されたものではない。それは、性化ではなく再性化（re-sexualize）なのだ。

　ある形式がいったん性的意味を失い、のちに再性化される場合、それまでどうなっていたかと言うと、フロイドの用語を借りれば昇華または非性化（de-sexualize）されていたわけである。この非性化というのは、性的エネルギーであるリビドーが性的ではないエネルギーに変化するということではない。ユングは故意にか軽率にかこの点を誤解して、卑金属を貴金属に変える錬金術のようなものだと皮肉っているが、確かにユングの言う通り、鉛が金に変わらないように、性的エネルギーがまるで魔法のように非性的エネルギーに変わるわけはない。しかし、そういうことではないのだ。非性化とは、ある形式の性的意味づけをやめるということであって、意識（および前意識）の面での抑圧の問題であり、その形式を（無意識的に）支えているのは、依然として性的エネルギーたるリビドーである。たとえば、排泄のときに感ずる肛門の快感を性的快感と考えるか考えないかは当人の意識の問題であって、いずれにせよ、それを支えているのは肛門リビドーであり、これまでそれを性的なものと考えていなかった者が、週刊誌で近頃はアナル・セックスが常識だという記事を読んだり、恋人に肛門を愛撫されたりして、それを性的快感と考えるようになったとすれば、それはつまり、非性化されていた肛門が再性化されたということである。この非性化と再性化の過程は、いろいろな場面でよく行なわれていることであって、性関係のあった男女がいったん別れ、そのうち焼けぼっくいに火がついてまたよりを戻したとすれば、二人の関係はいったん非性化され、のちに再性化されたと言い得るわけである。性倒錯者とは、一般には再性化されない、または再性化が禁じられている対象または行動形式を再性化し、かつその再性化が固定した者である。

要するに、人間においては、性倒錯はもちろん、いわゆる正常な性器性欲も、幻想に支えられているということであって、人間のエロティシズムの豊かさ、美しさも、またそのいやらしさ、醜悪さも、ここに由来するのである。また、エロティシズムがどこまでいっても満足に達し得ず、必然的に挫折する宿命にあるのも、そのためである。

個体保存本能が変質して成立したナルチシズムについても、同じようなことが言い得る。ナルチシズムも、幻想に支えられ、幻想の自己の保存、全知全能であったかつての幻想の自己の再現をめざし、たとえばその一形式である名誉欲を見ればわかるように、どこまでいっても満足を知らず、場合によっては現実的な意味での個体保存の目的を裏切るところまでゆく（名誉を得るために生命を捨てる場合など）。また、本来は個体保存のための行動形式ではないさまざまな形式にもナルチシズムが浸透しており、人間のあらゆる行動（性行動をも含めて）に、（幻想の）自己の主張あるいは確認という面が見られる。本論は性欲論をテーマとしており、また、ナルチシズムについては別のところでくわしく述べたことがあるので、このくらいにしておくが、最後にひとこと言っておくと、ナルチシズムも、そしてエロティシズムも、極端につきつめてゆけば、フロイドが死の衝動と呼んだものにますます近づくのである。愛の極限は死であるというのは、性愛についても自己愛についても言えることである。

性的唯幻論

フロイドがはじめて気づいたことで、わたしもたびたび主張していることであるが、人間の性本能は無茶苦茶にこわれてしまっているのである。人類は、本能に頼っていたのでは、生殖行為を行なうことはできず、滅亡してしまうだろう。人類が滅亡せずにすんでいるのは、子どもの出産につながるいわゆる正常な性行為なるものを一つの文化としてつくりあげ、それを各人に強制することにだいたいにおいて成功したからである。これは、鉄器の発明など足元にも及ばない人類の偉大な文化的業績であった。人間のいわゆる正常な性行為と、他の哺乳類の性行為とは、男性器を女性器のなかに入れて射精するという点において、一見いかにも似ているが、似て非なるものとはこのことであり、そこには、いわば造花と自然の花との違いがある。いくら本物の花に似ていたところで、造花は造花である。

人間の性欲に発情期がなく、年中いつでも性行為が可能なのは、それが造花だからであると思う。造花だから、四季いつでも任意のときに咲かせることができるのである。また、人間がさまざまな性倒錯の形式をもち得るのも、同じ理由からであろう。たとえばバラの木にはバラの花しか咲かないが、造花なのだから、どんな花でもつくれるわけである。もちろん、正常な性行為だけでなく、同性愛も、フェティシズムも、窃視症も、露出症もそのほかすべて造花である。幼児はみんな多形倒錯的であるとフロイドは言ったが、それはつまり、幼児は気ままにいろいろな造花をためしていて、まだどういう花を造るかを最終的に決めていないということである。

自然の花は存在しないのだ。いいかえれば、人間の性欲は、自然のまま放っておいたのでは、異性の性器へと、正常な性行為へとは向かわない。一つがいの猫の子は、放っておいても、そのうち子どもをつくるだろうが、人間の男女の赤ちゃんを無人島に放っておいたとすれば、たとえおとなになるまで生きのびたとしても、子どものつくり方を知らないであろう。人間にあっては、いわゆる正常な性行為は、本能的動因、現実的基盤を欠いている。そこを何とかごまかして人間の性欲を正常な性行為に向かわせるため、人類はさまざまな文化的観念や規律をあみ出した。そこには現実的基盤が欠けている以上、幻想に頼るほかはない。人間の性は、正常異常を問わず、本能にではなくすべて幻想に支えられている。

人類が男女の性差というものをつくった、と言って言い過ぎであれば、いやが上にも人為的に誇張し拡大させたのも、ここに理由があるのではないかと思われる。性差は、女性差別、女性蔑視のはじまりとして評判がわるいが、男女の社会的役割や性格が一般の社会と逆転していることで有名なM・ミードのチャンブリ族においても、男女の性差そのものは厳として存在している。男女いずれがどちら側に回るにせよ、それぞれの社会的役割や性格は相互補完的な形になっている。言うまでもなく、男らしさとか女らしさとかは人工的構築物であって、そもそも人間にあっては、男とか女とかは、生物学的属性ではなく、社会的身分である。この性差を、生存の有利さのための分業としてのみ把えるのは一面的である。それは、男にとって女を、女にとって男をあえてわざわざ必要不可欠な存在たらしめ、本能によっては異性を求めない人間に異性を求めさせるために文化が考案した作為である。人間は、自分に欠けているものをもっている者にあこがれる。このあこがれは本来、性欲とは何の関係もない。本能に頼ることができないので、無関係なものでも頼れるものなら何でも引っぱり出して使おうというわけである。そのために、男または女という社会的身分は、中途半端な存在につくられている。男または女になるということは、一つの統一的全体であった自己の半分を失うことであり、自己疎外の一形式である。世のはじめに両性具有の存在があり、それが二つにわかれ、一方が男に他方が女になり、それ以後、男と女は失われた自分の半分を求め合うようになったという両性具有の神話（プラトンの『饗宴』に出てくるのが有名だが、世界のいたるところにこの種の神話が見出される）は、この文化の作為の合理化であると考えられる。異性（もちろん、幻想としての）とは、遮断されて実現しなかった自己の可能性を実現している者である。われわれは無理矢理に男または女という窮屈な枠のなかにはめこまれる。男女の社会的身分は生物学的雌雄と何のかかわりもないのだから、なかには、生物学的雄（または雌）に生まれて、社会的身分としては女（または男）になりたがる者がいても何の不思議もない。それは、平均から外れているという意味で異常であるが、病的ではない。その種の者が社会的非難を受けるのは、男と女をたがいに慕い、あこがれさせるための文化の策略の裏をかくからである。デカンショ節ではないが、われわれは、半年を男として暮し、あとの半年を女として暮すことができれば、一生を通じて男か女かのどっちかであるよりははるかに幸福であろう。しかし、そのときには、男と女を性的に結びつける重要な幻想の一つが失われることになろう。

　身体構造上、性行為は、男が求めれば、女が強く拒否しないかぎりは可能である。そのためか、文化は、男性器に対する女の欲望よりも、女性器に対する男の欲望を構築する方に重点をおいているようである。前述のように、女性器そのものへの男の性本能は崩壊しているため、女性器をさまざまな魅惑的幻想で飾り立てて男を惹き寄せる必要がある。S・フィレンツィは、男の性欲は母胎復帰願望に由来するとし、性交の際、男は自分の分身であるペニスを母胎への通路へ入れることによって象徴的に母胎へ戻ろうとしているのだと言っているが、女性器を母胎すなわち至福の世界への入口と見なす幻想も、その種の幻想の一つであろう。そのほか、処女地を開くとか、禁断の聖所に侵入するとか、秘密の宝をひとり占めにするとか、生命の泉を吸い取るとかのさまざまな幻想が男を女性器へとかり立てる。性交の際の体位や前戯に関するさまざまな個人的好みは、性本能そのものに由来するのではなく、当人が性についてどのような幻想をもっているかということから理解しなければならない。女性器は、ありていに言えばシッコとウンコのあいだにあるわけで、衛生的にも、また形態的にも決してきれいなものではない。それを魅力的に感じさせなければならないのだから大変である。東西古今のポルノグラフィは、そのための努力の一環と見ることができよう。そこに描かれているのは、はじめからおわりまで幻想の性であって、現実の性には、描くに値するようなことは何もないのである。

幻想にかり立てられているわけだから、男は、性行為がおわったとたん不可避的に失望と空虚感に襲われる。性交のあと、男は悲しい。こんなはずではなかったという砂を嚙むような思いである（ちょっとおおげさ過ぎるかな？）。あんな美しい女を抱けたらどんなにすばらしいだろうとあこがれながら、おれには高嶺の花だとあきらめていたときに、何かの拍子でその女をものにできたとしても、男は、今自分の腕のなかにいるこの女が、あんなに強くあこがれていたあの女であるという実感を決しても ち得ないであろう。幻想の「あの女」は、摑んだと思ったとたん、指のあいだからすりぬけてどこか遠くへいってしまう。一人の女を征服すればすぐ別の新しい女を欲しがる男のドン・ファン的傾向を、できるだけたくさんの雌に自分の種《たね》を植えつけようとする動物としての雄の本能に由来すると説く人がいるが、わたしに言わせれば、男をそのような行動へかり立てるのは、本能ではなく幻想である。幻想にかり立てられているからこそ、永遠に満足はなく、得られるはずもない実感を求めて次々と女を漁るのである。いわゆる女道楽とか助平とかは、性本能の強さとほとんど関係がないと思う。ただ、人類の存続をはかる文化としては、性を支える幻想のなかに異性の性器との結合を組入れることが重要なのであって、自慰や性倒錯の禁止は、性が異性の性器との結合を排除した幻想と結びつくのを防ぐためのものである。

　性において男は能動的であって女は受動的であるというのも、性本能にもとづくものではなく、文化の産物である。別のところで述べたことがあるが、男の性は不能の性として出発する。そしてあとから、正常な性行為という造花をつくることによって、辛うじて性能力を獲得する。しかしそののちにも、つねに不能への転落の危険をはらんでいる。造花はこわれやすい。男は、性行為のたびに意識的もしくは無意識的に多かれ少なかれ不能の不安におびえており、みずから内包しているその危険を克服しなければならない。そして、その危険は自分ひとりでは克服しがたい。相手の女の協力が必要である。男が、恥ずかしがり抵抗する女に魅力を感ずるのはそのためである。男は、女の「抵抗」に、内的な不能の危険を外在化する。そして、外的な女の「抵抗」を克服することを通じて、内的な不能の危険を克服するのである。女は、はじめは「抵抗」し、徐々にそれを弱めることによって男の克服の努力に協力する。女がはじめから、股を広げて「はいどうぞ。あんた不能じゃないんでしょ。しっかりしてよ」と言えば、たいていの男が不能に陥るであろう。そのとき男は、内的な不能の危険を外在化する支えを失い、その危険に敗北する。もし、性のタブーが消滅したとすれば、不能症が激増するであろう。このことからわかるように、正常な性行為の能力がしっかりと確立されておらず、不能の危険を大きくはらんでいる男ほど、それを外在化する支えとして、より大きな女の「抵抗」を必要とする。いやがる女を無理に強姦することによってしか性行為ができない男とは、性能力の弱い男なのである。強姦されそうになったとき、それを避ける最善の策は、「はいどうぞ。がんばって!」と言うことであろう。また、女の性欲に関するいろいろな通念は、実状の反映というより、男の性欲のこのようなあり方の都合に合わせてつくりあげられた神話であり、女はこの神話にしばられている。女がはじめから積極的に性の快感を追求してきても、はじめからおわりまでダッチワイフのように不感であっても、男にとって都合がわるいのである。かくして女の性欲は、「受動的」であって、男に刺激されてはじめて開花するという神話がつくられた。そうであれば男は、自分が刺激しないかぎりは女の性欲を満足させる責任を負わなくてすむわけである。

男の性が不能の性としてはじまるのと同じように、女の性も不感の性としてはじまる。膣のオルガスムは猿や類人猿には見られないそうで、人間の女においても知らないで一生をおわる者がかなりいる。それは人間の女のみが後天的に学習し得る能力であると思われる。膣に男性器を受け容れることを求める女の欲求もさまざまな幻想に支えられている。H・ドイッチュは口唇性感から膣性感への移行を論じたが、その際の、口＝膣によって乳房＝ペニスからミルク＝精液を吸い取るという幻想もその一つであろう。しかし、これまで述べてきた諸理由から、文化は女の能動的性欲を構築するのにあまり熱心ではなかったようである。

しかし、男と女をして正常な性行為を行なわせ、子どもをつくらせるだけでは充分ではない。生んだ子どもを育てさせねばならない。ご承知のように、人間の子どもは、他の高等哺乳類の子どもとくらべものにならないほど、その養育に多大の年月と労苦を要する。人類に母性本能なるものが残存しているかどうかは知らないが、そのようなものだけではどうにもならない。また、人間の場合は、さかりの季節に雌をはらませるだけで雄の役割が果たせる犬や猫と違って、育児には父親の協力が不可欠である。そのため、性交がおわったあとも男と女との関係を長年にわたって持続させねばならない。このような持続的関係には本能の裏づけは何もない。それを社会的に強制するためにつくられたのが、婚姻制度を中心とする家族制度である。そして、制度にはそれを支えるもろもろの道徳がはりめぐらされている。女を「弄んで」捨てる男、すなわち性交するだけであとの責任を取らない男に対する非難も、そうした道徳の一つであろう。余談ながら、売春において男が女に払う金は、女が男に与える快楽やサービスの料金ではなく、父親になった場合に引き受けなければならない義務の放棄に対する罰金という意味をもっていると思う。性交が男に対する女のサービスであるという奇妙な観念は、むしろ、あとからくっつけた合理化であろう。避妊が確実かつ自由となりつつあり、フリーセックスが語られているが、その全面的許容は、性交と責任とを不可分にくっつけた太古以来の観念を崩すことを意味しており、そこには人類の存続の問題もからんでいるのであって、単に「不合理な」性のタブーを打破すればいいというものではない。話をもとに戻すと、もちろん外的強制だけでは個人に何もさせることはできないから、個人が納得し、みずから進んでその義務なり責任なりを引き受けるよう仕向けるために、いろいろな幻想が用意されている、無限無償の母性愛、父性愛の幻想、子々孫々へと永遠に伝えられてゆく血の幻想など。

近代においては、両性の持続的関係、ひいては結婚を主体的個人としての両性の恋愛という幻想によって支えようとする努力が払われてきている。しかし、この幻想は男女をしてたがいに求め合わせるのには非常に有効だが、その関係を永続的に支える幻想としてはあまり成功していないようである。また、正常な性行為を支える幻想をこの恋愛の幻想のみに限定しようとする（いいかえれば、性交を相互の恋愛にのみもとづくものとしようとする）努力も払われているが、性行為はきわめてさまざまな幻想と結びつくことができ、性と愛との一致は達成されていない。性行為から育児に至る息の長い男女の関係を支える一貫した統合的幻想はなかなかつくりがたい。関係のそれぞれの局面をそれぞれの幻想によってかろうじて支え、そのおのおのの幻想のあいだの矛盾の調整に苦慮しているのが現状のようである。

言うまでもなく、恋愛は幻想である。膀胱にたまった尿が個人を便所へと駆り立てるような具合に、個人を恋愛へと駆り立てる実体的なものは何もない。普遍的人間性なるものが存在しているかどうかは知らないが、もし存在するとしても、そのようなものに恋愛の基盤があるわけではない。たとえば、性関係ぬきのいわゆる清純な恋愛は、日本においては、明治のはじめにヨーロッパから輸入したものであって、ヨーロッパにおいても昔からあったわけではない。今では日本でもかなり普及しているが、プラトニック・ラヴとかロマンティック・ラヴとかは、キリスト教とか蒸気機関とかと同じく、舶来品であって、この舶来品がくる以前の日本では、恋するということは、すなわち性関係をもちたいということであった。愛する女に対して、愛するがゆえにセックスを求めるのをためらうというような、ある意味では馬鹿げた現象は存在しなかった。世界においては、昔の日本式の恋愛も、近代ヨーロッパ式の恋愛も知らない多くの民族が存在する。彼らが遅れた、未開の民族だというわけではない。ロマンティック・ラヴは、ヨーロッパに発生し、たまたま日本にも伝来した一つの特殊な幻想であって、それは、イスラム教が中東地域に発生し、たまたまパキスタンやインドネシアなどの中東地域外にも伝来した特殊な幻想であり、イスラム教を信じていない民族が遅れた、未開の民族というわけではないのと同じである。

男と女の関係は、別に恋愛を基盤としなくてもよいわけで、売買婚や売春の場合のように物品や金銭の取引を基盤としてもいいし、家系を絶やさないための結婚や、おたがいに便利で経済的にも安上りだからというのが動機の同棲だってあっていい。これらの形式の関係は人間性に反していて、恋愛にもとづく関係は人間性に従っているということはない。また、恋愛にしても、正しい真実の形式といったものがあるわけではない。その形式以外の恋愛は間違っているというわけではない。同時に複数の異性を愛し、そのいずれの関係も真実の恋愛だという場合だってあり得る。ただ、一般通念としては、恋愛を一対一の関係と限定する傾向が強いというに過ぎない。要するに、幻想としての恋愛の形式の問題であって、各人はおのおの、恋愛とはかくかくのものだという理念をもっているのだが、この理念は、心の内奥から沸きあがってくるというより、むしろ意外と通俗的な起源をもっている。身の周りで見聞きした恋愛事件や、読んだり見たりした恋愛小説や恋愛映画に大いに影響されているかもしれない。ハリウッドは、アメリカ人、そしてそれほどではないだろうが日本人の恋愛形式の決定に大いに与って力があったであろう。日頃、音楽と言えばクラシックしか聞いたことがない者が、恋愛すると、流行歌に感動するようになったりするのは、何ら不思議でなく、恋愛とはもともと、そのレベルの現象だからである。

恋愛は幻想だとか、その形式は通俗的起源をもっているとか言うと、恋愛否定論者だと思われそうだが、わたしは、恋愛至上主義者ではないにしても、少なくとも否定論者ではない。根も葉もないたわごとであって、そんなものに取り憑かれるのは馬鹿げているという意味で、幻想という言葉を使っているのではない。恋愛なんかに迷わされず、なるべく金持ちをつかまえた方が得だといった「現実主義」は、わたしの趣味に合わない。そういう方針を取るのは、当人の自由だが、そのような「現実主義者」は、結局、貧困な「現実」しか手に入れることができない。ついでながら言えば、金銭の価値も人類の一部がもつ幻想の一つに過ぎない。その価値は、同じ幻想を共有する人にしか通用しない（たとえば、この幻想を共有していないいわゆる未開人を、金銭的報酬で釣って働かせようとしても失敗する）。大きく出ると、人類の文化そのものが、そのすみずみまで幻想に支えられているのである。男と女の関係も、どのような幻想であれ、いずれにせよ何らかの幻想を基盤とするほかはない。さきに述べたように、男女関係は恋愛以外のものを基盤としても成立し得るが、この関係を支える幻想としては、現代という時代と、日本という社会にあっては、恋愛がいちばん安定しているのではないかと思う。

わたしは、個人というものをさまざまな私的幻想をもつ存在として理解している。その私的幻想がすべて私的なものにとどまっているかぎり、他者との関係はあり得ない。二人のあいだに関係が成立し得るためには、二人のおのおのの私的幻想を部分的にせよ吸収し、共同化し得る共同幻想がなければならない。その共同幻想に、二人がおのおの、その私的幻想の延長を見、その私的幻想を従属させるとき、はじめて二人のあいだに関係が成り立つ。したがって、この共同幻想は、二人のおのおのの私的幻想を越えたものでなければならない。たとえば、「家」という共同幻想であってもいいわけだ。子々孫々を介して永遠の未来へとつながる「家」の幻想に、二人がおのおのその私的幻想の延長を見るならば、それでもいいわけだ。キリスト教において、結婚を神の秘蹟とし、これを経なければ二人の関係を正しいものと認めなかったのも同じ理由からで、二人を越えたところにある「神」の幻想によって二人の関係を支えようとしたのだと思う。しかし、「家」の幻想は今や色あせてしまっているし、「神」の幻想はもともとわれわれにはなじみがない。さきに述べたように、金銭的または物質的利益も幻想の一つだが、この幻想は二人をともに越えた共同幻想になりにくく、金の切れ目が縁の切れ目と俗に言われるように、なり得たとしてもきわめて不安定である。利益という有限なものは、一方の取り分が多ければ他方の取り分はそれだけ減るので、その対立が二人の関係の共同性をぶちこわしやすい。売買婚が行なわれている社会におけるように、金銭的または物質的取引が二人の安定した関係の基盤となり得るためには、たとえば女が男の嫁になることによって得た利益が、女個人のものではなく、女がそれまで属していた集団（家族や部族）のものであり、しかも単なる利益ではなく、その集団の何らかの聖なる共同幻想に献じられるものであって、かつその共同幻想が男の属する集団の共同幻想と同質のものであるという前提が必要であろう（ちなみに言っておくと、売買婚をわれわれの社会における売春と同一視して軽蔑するのは、思いあがった見当違いもはなはだしい）。

われわれの社会にはこのような前提は欠けており、そして「家」や「神」の幻想も力がないとしたら、二人を越えた、有限ならざる共同幻想としては、恋愛しかない。少なくとも、わたしには思いつかない。

それぞれ勝手なさまざまの私的幻想のかたまりである二人のあいだに、高いレベルの恋愛の共同幻想を築くのは、なまやさしいことではない。一目惚れとか雷の一撃とかは出発点にはなり得ても、それ以上のものではない。いわゆる結晶作用は、理想の異性像を特定の異性に投影したときに生じるわけだが、それは、理想の異性像と言えば聞こえはいいが、ありていに言えば、虫のよい、手前勝手な幼児的な願望のかたまりである。相手を遠くから憧れる片想いの状態をつづけるつもりなら、そのままでよいが、相互的な関係をめざすなら、それを相手との関係のなかで修正し、純化し、精練してゆかねばならない。修正というのは放棄ではないのであって、どうせ理想の異性なんかいないのだからと放棄してしまえば、恋愛の素材は失われ、それでおしまいである。恋愛とは形式であって、内容ではない。誰か偉い人が言っていたと思うが、この意味において恋愛は芸術に比せられよう。

それ自体としてはたいした値打ちのない材木を彫りあげて、芸術作品としての彫像ができあがるのである。芸術作品としてのその美や価値は、その素材である材木のそれではない。恋愛の素材は、さまざまな私的幻想である。いいかえれば、幼児的な願望であり、手前勝手な期待であり、いやらしい性的好みであり、えげつない打算であり、その他もろもろである。恋愛中にあっても、この男よりあの男の方がお金持ちだし、乗り換えようかな、いや、この男は働き者で出世しそうだから、くっついていて損はないだろうとか、この男は醜男で泥くさくてどう見てももてそうにないな、恋人として友達に紹介してあまり自慢できそうにないのはいやだな、だけど、まじめそうだし、熱烈に口説いてくれるし、この男と結婚してやればわたしが有利な立場に立てるだろうとか、この女の恥毛がちょっと薄過ぎるのは気に入らないな、だが、お尻の格好はいいな、四つん這いにさせて後から攻めるとおもしろいだろうとか、この女の親父は大金持ちで、相続人は弟と二人だけだから、弟が死ねばいいなとかのいやらしい気持が働かないとは限らない。もちろん相手のためを思う純粋な気持もあるだろうし、それが根本だが、それだけというわけにはゆかない。これらさまざまないやらしい身勝手な欲望（材木）を加工して、恋愛という共同幻想（彫像）を仕上げなければならない。（たとえば、痴漢がゆきずりの女に抱く欲望、行なう行為と、愛する男が愛する女に抱く欲望、行なう行為とは、その欲望、その行為だけを切り離してみれば、実質的に何ら変わりはない。両者それぞれの欲望、行為は、恋愛という共同幻想に組込まれていないかいるかという一点において異なっているだけである。言うなれば、痴漢とは愛する女に対して行なうべきことをゆきずりの女に対して相手の承諾を得ないで行なう者のことであり、愛する女とは愛する男の、痴漢と同質であるところの欲望、行為を愛情の表現と解する女のことであって、痴漢特有のいやらしい欲望や行為があるわけではない)。まず、恋愛とは何かの理念に関してある程度の一致がなければならないであろう。恋愛を一対一の関係に限定する者と、同時に複数の異性を愛せるとする者との恋愛、あるいは結婚を恋愛の前提とする者と、そうでない者との恋愛は破綻せざるを得ないであろう。しかし、二人の見解が一致さえしていれば、どのような形式でもかまわない。これが恋愛だという唯一の普遍的形式はない。

　さて、自分一個の利害を捨てて、相手のために、共通の目的のためにつくすのが恋愛の不可欠の一要素だという点で二人の見解が一致するなら、おのおのさまざまな私的幻想、身勝手な欲望にこの形式を彫り込まねばならない。この形式と矛盾する要素を洗い落とし、あるいは何とかこの形式のなかでそれを満足させる方法を見出さねばならない。これがフロイドが昇華と呼んだ作業である。よく引かれる簡単な例で言えば、人の肉体を切り刻みたい欲望をもつ者が外科医になるのが昇華であって、つまり、この反社会的なサディスティックな欲望を、人のために役立つ手術という形式にはめこみ、この形式以外ではその欲望を満足させないわけである。この意味において、恋愛とは、向こう見ずの情熱に駆り立てられたものではなくて、恋愛という形式を守るという一つの決断であり、そして、株屋か不動産屋のコマーシャルみたいだが、この決断を誠意をもって実行することであり、相手もそうするであろうと信頼することである。たとえば、恋愛を構成している素材の一つに前述の「この男は働き者で出世しそうだから、くっついていて損はないだろう」という気持があった場合を考えてみよう。そう思ったのは期待外れで、彼はふとしたことから病気になり、出世どころでなく、看病に大変な負担がかかることになったとしよう。間に合ううちに他の男に乗り換えた方がはるかに有利である。しかし、ここで、相手のためにつくすという形式を守って、彼を見捨てないのが恋愛であり、そういうことは、彼女自身のうちに、自分が同じような状態に陥ったとしたら、彼も同じようにしてくれた（くれる）であろうという信頼がなければ不可能である。自分を捨てて、ただひたすら相手のためにつくしたいという実体的な向こう見ずの衝動なるものは存在しない。はっきり言えば、こういう場合には相手を見捨てたい気持が当然起こってくる。しかし、たがいにそういう向こう見ずの衝動をもっているという幻想、見捨てる気持なんか全然ないという幻想をともに信じ、ともにその幻想に従って行動することが恋愛である。

　したがって、愛するとは、愛しているかのごとくふるまうことであり、真実の恋愛と偽られた恋愛とのあいだには何の差異もない。結婚詐欺師とは、愛しているかのごとくふるまうのを、無断で一方的に途中でやめる者のことである。これは当人の主観の問題ではない。結婚詐欺をするつもりで女を口説いてつき合っているうちに、何らかの周囲の事情に迫られて結婚してしまい、それでずっと愛を偽りつづけたなら、彼は文句なく立派な恋人であり、愛する夫である。本当に心から熱烈に女を愛し、純粋な情熱に駆られて結婚の約束をし、そのうち情熱がさめて勝手にその約束を破ったのなら、彼は結婚詐欺師である。それまでは本当に愛していたんだという言いわけは通らない。

要するに、人間関係一般について言えることだが、とくに恋愛関係は、ひとえに二人が共有する共同幻想にかかっている。共同幻想の質とレベルが二人の関係の質とレベルを決定する。二人がおのおの個人としてはどれほど立派な人間であれ、またどれほど低劣な人間であれ、一つの幻想を共有することによってしか結びつき得ないかぎりにおいて、その関係のなかにおける二人は完全に同じ程度の人間となる。立派な者と低劣な者（こういうふうに個人の性格を固定的にとらえるのは誤りだが、それはさておくとして）が出会った場合、そこに恋愛関係が成立するためには、どこか同じレベル（それは両者の中間のレベルとは限らない。立派な者より高いレベルかもしれないし、低劣な者より低いレベルかもしれない）に達する必要がある（少なくとも二人の関係において）。そうでなければ関係は成立しない。日頃まじめで立派な男（女）が、ある女（男）との関係でとんでもない卑劣なふるまいに及んだり、逆に、いやしい根性の持主と見られていた男（女）が、恋愛をはじめて見違えるほどいい人になったりするのは、そのためである。共同幻想のレベルが高い場合でも低い場合でも、とにかく二人は同じレベルになるのである。一方が高いレベルにいて、他方が低いレベルにいるということはあり得ない。(二人ともが、自分のほうが相手より高いレベルにいると思っている場合があるが、その場合も、ともに相手に対する自分の優越性に固執している点において、二人はまったく同じレベルなのである)。それなら、一つの同じ幻想を共有していないということであり、つまり関係が成立していないということである。

共同幻想を高いレベルに維持するには大変な努力を要する。それは、ちょっとした不信などをきっかけとして、ともすれば低きに流れがちである。共同幻想のレベルがさがれば、二人とも同じくそのレベルまで落ちる。たとえば、金で結ばれた関係を考えてみよう(売春の場合のような)。男は、金が欲しい女の弱味につけこんで、金を餌に女を性欲の満足の道具という侮辱的位置におとしめる卑劣なことをやっているが、女だって、女が欲しい男の弱味につけこんで、体を餌に男を、金を得るための手段という侮辱的位置におとしめる卑劣なことをやっているわけで、両者の道徳的レベルは完全に同じである。その男も女も、家族や友人に対しては、相手の弱味につけこんで侮辱するなんて卑劣なことはしないだろうが、そのレベルで結ばれれば、そういうことにならざるを得ないのである。

家庭裁判所などで、離婚するのしないのとけんかしている夫婦の相談に乗ったことのある者なら知っているだろうが、そういう場合の夫婦は完全に同じレベルに落ちこんでいる

（一方または双方が情緒的関係を断ち切って怒りも憎しみももっていない場合は別だが）。妻は夫のひどい仕打ちをさんざん述べ立てるのだが、夫に聞いてみると、妻も夫に対して同じレベルのひどい仕打ちをさんざんやっているのである。両者それぞれの相手に対する悪口は判で押したように似ている。夫（妻）が妻（夫）の悪口を言っているとき、それは自分の欠点を告白しているのだと思って聞いていて全然間違いない。夫（妻）の家族や知人に言わせると、あの人はいい人で、そんなひどいことをするはずがない、きっと相手がよほどわるい奴に違いないということになる。共同幻想は、いったんそのレベルがさがりはじめると、悪循環的に坂道をころげ落ち、二人のおのおの個人としての道徳的レベルの平均よりはるか下のところまで二人をともに引きずりおろしてしまうのである。

逆のことも可能である。共同幻想は二人の平均的レベルよりはるか上のところへ二人を引きあげ得る。男が、利己的動機からだったが、へまをやって失敗し、自分は大損して、女を窮地から救うことになった。女は誤解して、男が意図的に大損してまで自分を助けてくれたと思った。女は男の自己犠牲的献身を信頼し、自分もこの男のためなら生命を投げ出しても惜しくないと思った。男は、女がそうするだろうと信じるようになり、今度は本当に女のためにつくそうと思った。こういうふうに、非常に高いレベルの共同幻想にもとづく関係が成立することもあり得るのである。

ある女（男）との関係をもとうとするとき、どのような手段を介するか（物質的利益を餌にするか、性的に誘惑するか、愛情に訴えるか、暴力を使うか、等々）によって、同じ相手でありながら、全然別の人物を得ることになる。富岡は、金の力で貫一からお宮を奪うことができたが、貫一が知っていたお宮を得ることは決してできない。金を餌にすれば強欲な女を得る。その強欲さを彼女の固定的性質と思ってはならない。彼女だって他の男に対しては無欲なやさしい女かもしれない。繰り返すが、共同幻想の質とレベルが関係の質とレベルを決定するからである。

何のために親は子を育てるか

動物の育児行動は本能によって決定されている。一定期間、育児本能に従って子を育て、その期間が過ぎれば、親子は赤の他人となる。働き蜂が働かないことができず、クモが巣をつくらないことができないのと同じように、子を生んだ動物は子を育てないことができない（ホトトギスのように、別種の鳥の巣に卵を生みつける種もあるが、ホトトギスにおいては、自分の子を他の鳥に育てさせるという行動形式が種として決まっているのであって、気が向けば自分で育て、めんどうくさければ他の鳥にやらせるといった選択ができるわけではない）。性本能の生物学的基盤として性ホルモンがあるのと同じように、たとえばネズミなどの下等哺乳類の母性愛の生理学的基盤としては、脳下垂体から分泌されるプロラクチンという物質があって、この物質は胎児によって刺激されて分泌され、乳腺を刺激して母乳が出るようにするのだが、これを処女のネズミに注射すると、子ネズミの育児行動が現われることがあり、動物の育児行動が固定的な一貫した本能の連鎖に組込まれていることは明らかである。

その他の本能についても同じだが、人間においては、育児本能もこわれてしまっており、個人を育児行動にかり立てる強制力をとっくの昔に失っている。その上、もう一つ大きな不利な条件がある。牛や馬の赤ちゃんは生まれて間もなく自分の足で立つことができ、しばらくすれば自分で餌を探して自活できるが、人間の赤ちゃんはほぼ完全に無能な状態で生まれてき、自活できるようになるまでにはきわめて長い時間を要する。

つまり、人間の親は、動物の親と違って、生んだ子を育てないことができる。殺してコインロッカーに捨てることもでき、お金を取って売ることもできる。これらは何ら人間性に反した行動ではなく、動物にはできないきわめて人間的な行動である。そして、もし生んだ子を育てるとすれば、人間の親は動物の親の何倍、何十倍もの努力と犠牲が要求されるのである。

突然変異のためか、定向進化の結果かは知らないが、ある種の畸型的進化によって人類は、昔々のその大昔のある時代に、このように育児本能に頼っては子を育てることができず、人類が滅亡してしまう危険に直面したと考えられる。育児行動を根拠づける何らかの人為的観念をつくりあげなければ、人類の存続は不可能であった。

この人為的観念、あるいは思想と言ってもいいが、その形成に失敗した多くの部族が滅んだことであろう。不適切な思想を形成した部族も、次の世代を充分確保できず、滅びてしまったに違いない。

この思想は、人為的なものであるから、その内容は恣意的で千差万別であり、生き残ったおのおのの部族は、それぞれ異なった思想に頼って世代から世代へと育児行動を繰り返したであろう。そして、部族の社会形態はその育児思想を中心とし、土台として構築されたであろう。かつて人類学者たちが母系制とか母権制とか、あるいは家父長制とか呼んで区別した社会形態の相違は、その根底に育児思想の相違があったと考えられる。

人間の親にとって、育児は本質的に無理な負担なのである。しかし、それをやらなければ種族は滅びる。この無理な負担を背負うことを、あれやこれやの理由を設けて親に納得させるための思想が育児思想である。まず、母親は育児のためにその生活を大幅に犠牲にしなければならなかった。そのため、人類の女性の自活能力は大いに制限されることになった。ここに、男性に対する女性の依存が生じ、男性の側から言えば、自分の子とその母親とを長期にわたって扶養しなければならない大変な義務を負わされることになった。

この育児形式がもっとも一般的な形式であって、母性愛を神聖視し、男性の経済力に重点をおく思想がこの育児形式を根拠づけており、男性を支配者とする家族がここに成立した。これが家父長制と呼ばれるものである。これが唯一の形式ではないが、人類の大半、ことに文明社会のすべてはこの形式を取った。

父殺しのタブーと近親相姦のタブーが人類の二大タブーであると言われるが、わたしはそのほかに子捨てのタブーをつけ加えて、この三つのタブーがこの家族制度を支えるためにう立てられた三本の柱であったと思う。言うまでもなく、タブーが必要なのは、子なんか放り出したいという強い衝動が親に存在しているからである。

この家族制度が個人にとっていかに過重な重荷であり、束縛であるかは、人類を他の動物とくらべてみればすぐわかる。雄猫は発情期に雌を見つけて交わるだけで種族保存の義務を全うし、雌猫と言えども、人間の子の養育期間とくらべればきわめて短期間、仔猫を保護するだけでよい。子育てのために雄と雌とが協力して一種の家族のごときものを形成する種もあるが、それとて、子が一人前になるまでの短いあいだつづくだけで、あとは、別れ別れになる。ところが、性行為を行なって子をつくれば、人類の男は、一家を養う大変な義務を負わされ、女は男に依存しなければ生きてゆけない屈辱的地位に転落する。余談であるが、女の最古の職業だと言われる売春はこの家族制度と同時に成立したと考えられる。両性の共同活動である性行為において、一方の性が他方の性にそのために何らかの代償を払うというのは、考えてみれば変な話である。

しかし、男に対して性行為と一家を養う義務とを固く結びつける家父長制の育児思想に従えば、性行為をしてその義務を負わないのはけしからぬ振舞いであり、それを野放しに許していてはこの制度そのものが崩れるのである。したがって、道徳的意味においても、この義務ぬきの性行為を求める男には何らかの代償を払わせる必要があった。また、女とすれば、この思想に従えば性行為によって当然得られるべき依存の権利を放棄するのだから、男が払う代償を受け取って当然であった。これが売春の思想的基盤である。

同じ家父長制の育児思想と言っても、その内容は文化によっていろいろ異なっている。男も女も、もともと無理なことを押しつけられたのだから、その欲求不満があちこちにふき出すし、それを何とか抑える策も必要となる。ただ、子育ての義務という前提だけは捨てられないので、この中心的思想とその他の諸条件を妥協させるため、さまざまな派生的思想がつくりあげられる。女の処女性と貞操の強調もその一つである。過大な負担を負わされた男は、自分の血と仕事を継ぐ者を育てるためということで、その義務を納得しようとした。それには、妻の貞操が絶対の条件となる。経済力さえあれば妾をかこってもよいという思想もこれと関連している。

東洋の親孝行の思想はさらに露骨であって、無償では子を育てる気になれない親の気持がのぞいている。この思想は親の負担を子に移すことによって軽減しようとするものだが、子が親に孝行するのは親が子を育てる以上に無理なことであって、いずれそのうち、親は失望し、子はうしろめたさを感ずるという、親子にとってともによくない結果になるのがオチである。つまり、この思想は気の進まぬ親にだましだまし子育ての義務を引き受けさせようとする欺瞞策である。だが、問題はそういう欺瞞策が必要だということにある。

とくに日本においてその傾向が強いが、女に対しては母性愛の神話が提供される。母子は一体不可分であって、母は子のためにすべてを犠牲にして悔いず、子は母をいつまでもに規定されたものであって、母性本能とは何の関係もない。この神話は、別個の個人としての子が相手なら、過重な子育ての負担を背負う気になれない母親向けのものである。

しかし、家父長制の育児思想には以上述べてきたように大きな無理があるけれども、とにかくそれが安定していた時代には、あちこちボロを出しながらも、世の親はそれに頼って一応安心して子を育てることができた。代々つづいている家を守ることを当然のことと信じている親は、子育てを家の跡継ぎの育成のためと考えて何の疑問ももたなかった。親孝行の道徳が絶対視されていたときには、老後を見てもらうためと考えて子を育てても何ら迷いはなかった。

現代では、この育児思想は完全に崩壊したとは言わないまでも、崩壊しかかっている。いいかえれば、子育ての根拠と意味を提供してくれる安定した既成の思想がないのである。しかし、子育ての義務は親にかかっており、それが過重な負担であることには変わりはない。おのおのの親は、何のために子を育てるかの問題への答え、子育ての根拠と意味を自分で見出さねばならない。これは、人生は何のために生きるかという問題と同様、他人に答えを見つけてもらうわけにはゆかない問題である。育児書を何十冊読んでもそんなことは書いていない。

子をどのように育てるか、どの程度甘やかし、どの程度きびしくするのがよいか、あることを叱るか叱らないかなどの技術的問題は、この問題とくらべると枝葉末節のことであって、自分は何のために子を育てるかの意味を見出し、それに自信をもつならば、おのずから決まってくる。子育ては、すぐれて思想的行動である。技術の問題ではない。

人間について

擬人論の復権

大昔の人びとは、人間以外の存在に人間のもろもろの性質をもち込んで自然現象を理解し、説明していたと言われる。これは、まず人間の性質をかくかくしかじかであると把握し、類推によって二次的に自然現象にそれを当てはめたのではなくて、一次的な直覚として自然現象をそのように把えたのであろうと思われる。古代ギリシャの神々はみんな人間を形どっており、嵐にせよ、穀物の成長にせよ、山びこにせよ、森羅万象はおのおのその特定の分野を分担する神々によって司《つかさど》られていた。古代日本にも、火の神、山の神などがいた。古代人の世界観は、すべてが人間的な動機や営為によって支配される擬人論的世界観であったと言うことができる。現代においても、幼児にこの種のものの見方が観察される。ワロンやピアジェの研究が明らかにしているように、幼児は心から、神あるいは巨人が水を撒いて雨を降らせ、息を吐いて風を起こし、灯りをつけたり消したりして昼と夜を招き寄せると信じている。

近代に至って自然科学が隆盛を見るに及んで、このような擬人論は太古の幼稚な見方であるということになった。擬人論に対する反動が起こり、その逆、すなわち擬物論が真理であるとされた。まず、無機的自然の擬人論が否定された。雲の上の雷神がかみなりを起こしたり、神が人間の罪悪に腹を立てて洪水を起こしたりすると考えるのは馬鹿げていることになった。自然科学の進歩によって、それらの現象は見事に合理的・科学的に説明された。脱擬人化、擬物論の波は、次に、有機的自然、植物、動物に及び、生命現象も物理化学的現象にほかならぬと考えられるようになった。伐られると樹が痛がったり、鶴や亀が恩返しをしたり、猫がネズミを捕えると飼主のところへもってきて自慢するといった擬人的説明は、非科学的おとぎ話であるということになった。

そして、ついには人間も、物理化学的現象にほかならないということになった。具体的に実在し、因果的に作用する力をもっているのは、身体的・生理的過程だけであって、精神は、身体的・生理的過程と何らかの相関の関係で出現したり、消滅したりするに過ぎず、それ自体として存在しないのであった。いわば、精神は、流れに浮かぶあぶくのようなもの、生理過程がわれわれの主観のスクリーンに写し出す影のような副次現象に過ぎず、事態の推移に何の影響力ももっていないのだった。影を蹴とばしても、本体は痛くも痒くもないのと同じように、精神をどう変えようが、身体はそれとは無関係であった。主観とは本質的に錯覚であり、われわれの行動は、生理的基盤をもつ何らかの欲求のメカニズムで決定され、当人が自分の自由意志で決断したと思っているのは、そう思い込んでいるに過ぎなかった。

そんなものを研究してもつまらないので、ワトソンは精神を相手にしないことに決め、客観的に観察可能な行動のみを研究対象にすべきであると主張して、ここに行動主義心理学が生まれた。そして、心理学とは、科学が未発達なあいだの一時の暫定的学問に過ぎず、いずれそのうち生理学に還元されるべきであり、さらに生理学は化学に、化学は物理学に還元されるべきであった。この擬物論的世界観においては、物理学が盟主として君臨していた。他の諸科学は物理学を本店とする臨時の支店に過ぎなかった。そのうち、森羅万象が、すべての科学を統合した物理学の統一理論によって説明されるはずだった。それは、単純で愚かではあるが雄大な構想だった。無数の科学者がその構想に魅せられ、日夜それぞれの分野で研究を重ねた。諸科学はめざましく進歩し、自然に対する人類の支配力は飛躍的に増大し、医学の分野でも、かつて不治と思われていた病気が次々と克服されていった。擬物論の全面的勝利は間近かと思われた。

しかし、擬物論の破竹の進撃も、大きな障害物にぶつかった。神経症や精神病の現象がそれである。はじめはこの障害物も遠からず克服されると楽観された。神経症は、その名称の示す通り、神経の何らかの疾患と考えられ、精神病は大脳組織の何らかの器質的欠陥の結果と見なされた。だが、精神疾患の場合は、伝染病の病原菌を発見したような場合と勝手が違っていた。重症の精神病者の大脳を解剖してどれほど精密に調べてみても異常は発見されなかった。精神疾患には、身体的基盤がなかった。そんなことはあり得るはずがなかった。精神は影に過ぎないのだから、本体はまっすぐなのに、影が勝手にひとり歩きし、ゆがんでいるなんてことは、あり得るはずがなかった。そこで、あくまで擬物論に固執する精神医学者たちは、今のところはまだだめだが、そのうち科学とその技術がさらに発達すれば、精神疾患の身体的基盤は必ず見つかるに違いないと信じた。だが、彼らは、現実の患者たちに対しては、その症状を記述し、分類する以上のことは何もできなかった。

　そうこうするうち、大学の精神医学者と違って、症状の記述と分類をやって事足れりとするわけにはゆかない街の開業医だったフロイドが、精神疾患の症状に意味があることを発見した。これは、重大な発見であり、擬物論の大波を押し返す最初の反撃の拠点となった。これをきっかけとして、潮の流れが変わった。意味とは、どう転んでも、物には還元できないのであった。物は物自体として存在し得るが、意味は意味自体としては存在し得ない。意味が存在する以上、意味を伝える者と、意味を受け取る者とが存在しており、両者のあいだにコミュニケーションがあるのでなければならない。意味の存在は、それを了解する他者の存在を予定している。そして、ヒステリーや強迫神経症の症状は、その意味を精神分析者が了解し、患者に意識的に了解させれば、消失するのであった。たとえば、ある青年は家で食事したときにかぎってたびたび嘔吐する。友人の家でご馳走になったり、外で食事をしたときには決してそんなことは起こらない。彼の嘔吐が消化器官の障害に起因しているのではないことは明らかであった。彼の家族関係を調べてみると、母親が恩着せがましい支配的な人で、つねづね彼に対して、食べさせてやっているのだから文句を言わずに何でも言うことを聞けという態度で接していることがわかった。彼の嘔吐は、母親のそのような恩着せがましさに対する拒絶を意味していた。ところが彼は、意識的にはその意味に気づいておらず、自分の母ほど献身的なやさしい母親はいないと思っているのであった。そのやさしい母親の愛情を拒絶するなんて思いもよらないことであった。また、母親自身も、自分を恩着せがましい女だとは露ほども思っておらず、息子のために献身的につくしているつもりで、この並々ならぬ献身がいささかでも報われればそれで満足だと思っていた。このような症例では、息子が自分の嘔吐の意味を意識的に了解し、母親に対してその態度への不満と非難を表明することができるようになれば、あるいは、母親が息子の嘔吐の意味を了解し、おのれの自己欺瞞に気づいて従来の態度を改めれば、嘔吐の症状は消失する。これはどういうことであろうか。すなわち、神経症の症状は、物のレベルの原因とは無関係に発生し、消失するということである。最近の精神身体医学は、ヒステリーの盲目や四肢麻痺のように器質的病変の見当たらない神経症的症状だけでなく、現実に器質的病変のある胃潰瘍や高血圧なども精神的原因で生ずることを明らかにしつつある。心因性の身体疾患の存在を認めても、従来の考え方をそのまま改めていない者もいるけれども、物のレベルでの変化が精神的原因で生ずることを認めることは、擬物論的世界観の挫折を認めることであり、前者を認めて後者を認めないのは筋が通らないであろう。

フロイド自身は、科学が自然の神秘を無限に解き明かしてゆくと信じられていた十九世紀後半の時代精神のなかで育った人だったため、擬物論的思考形式に多分に囚われており、その名残りが彼の理論のあちこちに散見されるが、だからと言って、その流れのなかにあって流れを逆転させる最初の一撃となった彼の発見の価値はいささかも減ずるものではない。始祖鳥は、爬虫類のからだをしていても、やはり最初の鳥である。いったん流れが変われば、その方向にさらに押し進めてゆくのは比較的容易である。フロイド以後の多くの精神分析者は、ますます精神疾患を意味、人間関係、コミュニケーションのレベルで把える方向へ傾いていった。わたしもその方向に沿って、擬物論の大波を、ただ人間の精神現象からだけでなく、生命現象一般から追い払い、それ本来の領域、すなわち無機的自然、物の領域まで押し戻したいと思っているだけである。擬物論によって、物しか説明できないのは、当たり前の話である。

話をもとに戻すと、精神疾患とは、物のレベルではなく、意味のレベルの障害なのである。コミュニケーションの障害であると言いかえてもよい。神経症と精神病を簡単に区別してしまうことには問題があるが、今ここではその点をさしおいて言わせてもらえば、神経症はむしろコミュニケーションの歪み、精神病（わたしがここで考えているのは、主として精神分裂病のことだが）はむしろコミュニケーションの遮断であると言うことができよう。神経症の患者が症状の意味を意識的に了解すれば症状が消失するのは、それまで無意識の不合理な仕方で表現し、コミュニケートしようとしていた（したがって、充分うまく他者に伝わらなかった）その意味を、意識的、合理的に表現するようになり、他者との十全なコミュニケーションが回復するからである。また、神経症者が別のある環境あるいは文化に移り住めば、神経症者でなくなることがあるのは、そこでは彼の意味表現の形式が他者に通じるからである。精神病者のさまざまな妄想も、脳のどこかがいかれているためではなくて、現実の世界においては挫折せざるを得ないコミュニケーションの試みであると考えられる。重い精神病の荒廃状態は、進行性の器質的変化の結果ではなく、その試みに何度も繰り返し失敗し、ついに他者とのコミュニケーションに完全に絶望してしまった状態であろう。

神経症や精神病の現象を、存在しないものを存在すると思う主観的錯覚であると言うことは、まさかできないであろう。すなわち、世界には、物のレベルの原因をもつ現象と、意味のレベルに原因をもつ現象とがあるのである。そして、意味のレベルは物のレベルに還元できない。物のレベルの現象は物理的因果に従うが、意味のレベルの現象は了解的因果に従う。かつてヤスパースは、無際限の（物理的）因果性を要求するのは正当であるが（すなわち、世界のすべての現象は物理的因果関連のなかに組込まれており、少なくとも理論的には、いかなる現象も物理的因果によって説明可能である）、無際限の了解性を要求するのは正当でなく、了解関連は客観的現実（すなわち、物理的因果の世界）にぶつかって停止すると論じたが、わたしに言わせれば、物理的因果にもすき間あるいは切れ目があり、了解的因果の壁にぶつかって停止せざるを得ず、無際限の物理的因果性を要求するのも正当でない。このような物のレベルと意味のレベルとの区別は、宇宙の統一理論にあこがれるわれわれの一元論的世界観にとってははなはだ居心地がわるいが、居心地がわるいということで否定することはできない。たとえば、風が吹いて、Ａが自分の家の壁に立てかけてあった材木が倒れ、たまたまその下にいたＢの子どもが大怪我をした。ＡとＢとのあいだで補償の交渉が数ヵ月つづいたが、なかなか話はまとまらなかった。Ａは、Ｂが人の弱味につけ込んで過大な補償を要求してくると思い、腹を立ててＢをなぐった。子どもを怪我させられた上に、自分までなぐられたＢは大いに怒り、Ａの家に放火した。Ａの家は燃えて、灰になってしまった。この事件の経過に関して、風が吹いたという最初の物理現象と、それから数ヵ月後の、Ａの家が燃えたという物理現象とを、切れ目のない物理的因果の連鎖で埋めることができるだろうか。ＡおよびＢの判断や怒り、なぐる行為や放火行為を大脳の興奮または制止、内分泌や筋肉活動などの生理現象に還元し、その生理現象をさらに物理現象に還元すれば、この事件の発端と結末は物のレベルで切れ目なくつながるであろうか。

　われわれの周囲のさまざまな現象は、物の因果と意味の因果が微妙に入り組んでおり、どちらか一方だけでは説明がつかない。なぐられて腹を立てるという簡単な場合でも、なぐられるという、皮膚への物理的圧力と、怒りに対応する何らかの生理的変化とのあいだに因果関係はない。怒りの大小は、物理的圧力の大小ともかかわりないし、なぐられても全然腹の立たぬこともある。要するに、その物理的圧力の意味が問題である。幼児期の経験と、のちの行動形式との関係も同じであって、その関係を物のレベルの因果の関係として把握しようとしたあらゆる試みは失敗した。たとえば、青少年が非行に走る原因としてその幼児期、少年期の成育環境が問題にされ、両親が冷たい残酷な人たちだったからとか、過保護で甘やかし過ぎたからとか、片親しかいなくて放ったらかしだったからとか、継母にいじめられたからとか、そうしたさまざまな不利な環境条件が非行の原因としてあげられるのだが、そのあいだに水を加熱すれば水蒸気になるといった自然法則的因果関係を確立することはできない。全体として見れば、恵まれない環境に育った者のほうが、恵まれた環境に育った者よりも非行に走る率はたしかに多いようだが、同じような、またはさらにもっと恵まれない環境に育っていながら、非行に走らない者も数多く存在し、とても一般法則はつくれない。それは、水の蒸発の場合と異なり、環境条件が複雑に過ぎて、その諸要素を分解して単純化できないためではない。問題なのは、当人がその不利な環境条件、たとえば継母にいじめ抜かれたという経験にどういう意味を付与しているかという点である。その経験が非行の原因となるのは、当人がその経験に、たとえば、非行を通じて世間に復讐する行為を正当化する根拠となるという意味を付与している場合のみである。言うまでもなく、その経験には、それ以外にもいろいろな意味を付与することができる。

そして、意味に反応するということが、人間のみならず、動物の、いや動物のみならずあらゆる生体の特徴なのである。生命現象は、意味のコミュニケーションの過程として把握する必要がある。生命とは、環界とコミュニケートする存在である。環界の刺激と、それに対する動物の反応をともに物のレベルに還元し、両者を物のレベルの因果でつなごうとした行動主義は、人間や高等動物の場合は言うに及ばず、下等動物の場合も、しどろもどろのナンセンスにゆき着いただけであった。

未知のある現象を説明または理解するということは、既知の現象をモデルとして、そのモデルに準拠して説明または理解するということである。大昔の人びとは、（無自覚的にであるが）人間をモデルにして自然現象を説明しようとした。これが擬人論である。それに対する反動で、近代の自然科学は、物理現象のみならず、生命現象、ひいては人間の精神現象までも、物をモデルとして説明しようとした。これが擬物論である。そこで、擬人論＝非科学的、擬物論＝科学的という固定した図式ができあがった。しかし、これは羹《あつもの》に懲りて膾《なます》を吹くのたぐいであって、ある種のモデルを用いるのが科学的で、別の種のモデルを用いるのは非科学的であるというのは何の合理的根拠もない。逆方向に揺れ過ぎた振子を適正な位置に戻す必要がある。昔の擬人論と近代の擬物論は、一つの共通な誤りを犯した。物のレベルと意味のレベルを区別せず、無限定に両者にどちらか一方のモデルを適用したことである。わたしは何もここで、宇宙の構成に関する哲学上の一元論と二元論の抗争を蒸し返すつもりはない。精神と物質の二元論を主張しているわけでもない。宇宙の根本原理が一つであろうが二つであろうが、あるいは、三つであろうが四つであろうが、そんなことはどうでもいいことである。物のレベルと意味のレベルが、究極的に一つのレベルに統合されるかどうかは、知らない。ただ、もし統合されるとすれば、J・ピアジェが言っているように、それは、物のレベルでも意味のレベルでもない新しいレベルであって、物のレベルが意味のレベルに、または意味のレベルが物のレベルに還元されるという形で統合されるのではないことは間違いないであろう。

前述したように、知識の進歩とは、既知の現象をモデルにして未知の現象を説明あるいは理解してゆくことである。そして、われわれの既知の現象とは、つまるところ、対象世界における物についての外的経験と、われわれ自身についての内的経験との二種類しかないのである。われわれは、二つしかモデルをもっていないのだ。その上にどれほど壮大な知識の建築物が築かれているにせよ、その土台の石はこの二つだけである。二つしかないこのモデルの適用を誤ってはならない。ある現象を理解あるいは説明しようとするとき、固定観念的にどちらか一方だけのモデルを当てはめるのではなくて、その現象がいずれのレベルに属し、いずれのモデルをもって理解あるいは説明するのが適切かを考えねばならない。一方のレベルの現象に他方のレベルのモデルを適用しようとするから、雷神によってかみなりを説明し、物理的刺激によってネズミの反応を説明するといった馬鹿げたことが起こる。

生命現象は、コミュニケーションの過程であり、コミュニケーションの過程は意味のレベルの現象であり、意味のレベルの現象は、われわれの内的経験をモデルとして、すなわち擬人論をもって理解すべきである。ここでわたしは、擬人論の復権を唱えたいが、昔の人びとのように、無自覚的に無限定に擬人論を適用するのではなくて、このモデルを適用し得る範囲と、その際の条件を厳密に認識する必要がある。人間の行動と、他の生物の行動とは、環界の刺激の意味に対する反応であるという点において同じレベルの現象であり、ただ異なっているのは、その意味構造の分化の程度や様式だけである。人間から猿、犬、猫、ネズミ、魚、アメーバと離れてゆくに従って、意味構造はだんだん未分化なものになってゆくであろう。もっとも単純な意味構造は、たぶん、役立つものと有害なものという二つの意味の分化があるだけであり、生体側の経験としては快感と苦痛、反応としては接近と回避があるだけであろう。また、人間以外には、仮説演繹的あるいは抽象的思考がないという違いもあろう。しかし、多くの人（たとえば、ボイテンディク）が言っているように、どれほど単純な反応（たとえば、アメーバの反応）でも、物の作用に対する物の反作用とは本質的にレベルが異なるのであり、われわれは、アメーバが痛がってあっちへ逃げたと言ってよいのである。

われわれのコミュニケーションは主として言語に頼っているので、コミュニケーションというとわれわれはもっぱら言語的コミュニケーションを思い浮かべるが、われわれが言語によって行なっているのと同じレベルのものを、他の生体は、より未分化な別の形式で行なっていると考えてよく、その生体の行動を理解するには、その生体における意味構造の分化の程度と様式を考慮し、その限定をつけて擬人論を適用するほかに方法はない。

擬物論にもとづく科学のほかに、擬人論にもとづく科学があるべきなのである。前者の代表が物理学とすれば、後者は、いささか長ったらしいが、コミュニケーション学とでも呼んでおこう。言語学はコミュニケーション学の一部門である。かつて哲学の領域に属していた心理学は、擬物論的自然科学の仲間に入れてもらおうとあせり、自然科学の大先輩の物理学にせめて外面だけでもおのれを似せようと、方程式らしきものをつくったり、数量化をめざしたりしているが、そのような無駄なあがきはもうそろそろやめにした方がいいのではないか。そのようにしてできあがった何か心理学らしきものの不毛性と馬鹿らしさに気づいていないのは、当の心理学者たちだけであろう。それは、白人は黒人より優れているとの前提に立ち、顔に白粉をベタベタ塗りたくって白人の仲間に入れてもらおうとしている黒人の姿を彷彿させ、見苦しいことこの上ない。心理学も、コミュニケーション学の一部門としてのおのれの位置を自覚すべきである。

精神疾患が生理学（発達してゆけばいつの日にか物理学に還元されることを暗黙の前提としたところの）の問題というより、コミュニケーションの問題と見られるようになったことについては、すでに述べたが、このコミュニケーション学は、いろいろな分野ですでに相当発達してきている。遺伝学においても、遺伝子は、生理学的実体というより、情報を伝えるものと見なされている。これらの考え方の背後には擬人論があるのだが、擬人論は非科学的であるとの先入観があるため、そのことが明言されていないだけである。わたしは、すでに一部の科学者が暗黙の前提として使っている擬人論を明るみに出そうとしているに過ぎない。実際、人間をモデルにしないで、どうしてコミュニケーションを考えることができようか！　情報を伝える主体をぬきにして、どうして情報を考えることができようか！

生物の個体の行動だけでなく、遺伝や進化などの生物学的現象も、擬物論的、機械論的科学の領域ではない。今西錦司氏がとっくの昔に言っているように、従来の進化論では進化の現象は説明できない。進化の現象は、擬人論的コミュニケーション学の領域に属する。実際、突然変異と自然選択によっても、また、環境への適応によっても、地球上のこのさまざまな種の起源、その発生と進化の過程は説明し得ない。これらの説はすべて、生物を自動機械と見なす擬物論的前提に立っており、環界の意味構造を読み取り、判断して、それに反応し、また、相互にコミュニケートする生物の主体的側面を無視している。

わたしは、生物のさまざまな種は地球上というこの条件下でどのように生活するのがもっともよいかについてのそれぞれの種の見解の相違を表わしていると思う。したがって、その見解の数だけ、生物の種が存在する。この人間社会においてどのように生活するのがもっともよいかについての各人の見解も千差万別である。ある者は人をだますことを（詐欺師）、ある者は人の弱味につけこんでおどすことを（脅迫者）、ある者は人の同情にすがることを（物乞い）、ある者は人に依存して搾取することを（売春婦のひも）、またある者はまじめに働くことを生きる手段としている。それと同じように、ある生物は空を飛ぶことを、ある生物は海で泳ぐことを、ある生物は地下にもぐることを、ある生物は他の生物に寄生することをこの地球上で生きるいちばんいい方法だと思っているのである。身を守る手段は何がいいかについての見解もさまざまで、ある生物は皮膚の毛を（ハリネズミ）、ある生物は速い逃げ足を（カモシカ）、ある生物は屁を（イタチ）、ある生物は日和見主義的な変わり身の速さを（カメレオン）、ある生物は敏感な耳を（ウサギ）、ある生物は爪と牙を武器にしている。人間で言えば、日和見主義者、卑劣漢、怠け者、暴力主義者、平和主義者、臆病者、依存者、働き者、卑屈な者、疑い深い者、等々と呼び得るあらゆる生き方に対応する生き方をしている生物が必ず存在している。ある人について、あいつはハイエナのような奴だと言うとき、これは単なる比喩ではなくて、いかに生きるべきかの問題に関して彼とハイエナとの見解が一致しているということなのである。

進化は、いかに生きるべきかの問題に関して、ある生物種のある集団が一致して見解を変えたときに起こるのであって、偶然的ないくつかの突然変異のなかで生存に最適な形態が残るのではない。それは、生存条件の何らかの変化によって、従来の生き方に何らかの不都合が生じたときのことであろう。しかし、その不都合を理由に従来の生き方を変えるか変えないかは決断の問題であって、それでもなおかつ、従来の生き方に固執した連中もいたのであろう。環境の変化と生物の形態の変化とを直接的に対応させるラマルキズムが進化の事実を説明し得ないのは、それが決断の問題であることを忘れているからである。用不用説を実験的に検証しようとして、何百世代かにわたってネズミの尻尾を切りつづけた根気のいい学者がいて、そのあげくネズミの尻尾は少しも短くならないことを発見したが、わたしに言わせれば、ネズミ自身が尻尾のない方が生存に有利だという判断に達しないかぎり、決してネズミの尻尾はなくならないであろう。また、ラマルキズムもネオダーウィニズムも、角がのび過ぎて滅んだサイのような、定向進化の事実を説明しあぐんでいるが、擬人論的進化論の立場から言えば、この連中は、今や世に受け入れられない主義に殉じて身を滅ぼした人間と同じように、角は大きければ大きいほどよいという思想にあくまで忠実だった連中である。何年か前にも、金はたくさん貯めれば貯めるほどよいという思想を固守し、何百万円かの貯金を残して栄養失調で死んだ男がいた。

定向進化の事実は、進化が何よりもまず決断の問題であることを証明する。サイ、ウマ、ゾウ、キリンなどの種は、一つの同じ祖先から、短期間に爆発的に多数の系統が発生し、その系統がそれぞれ、あるいは存続し、あるいは滅びて今日に至ったものらしいが、その進化は、だんだんと角がのびるとか（サイ）、指が退化して数が少なくなるとか（ウマ）、鼻（ゾウ）または首（キリン）が長くなるとかというように、環境の条件や生存の便利さと無関係に一定の方向に進んでいった。鼻あるいは首を長くのばそうという確乎とした内在的決意に導かれていると考えなければ、このような事実は説明がつかない。一つの同じ祖先から短期間に多数の系統が発生したとき、その祖先の種の内部において、これまでの生き方ではだめだ、今後どう生きていったらよいかについて議論が百出し、あるグループは指の数を減らすことを、あるグループは角、鼻または首を長くすることを主張し、ついに意見の一致を見ず、議論は決裂し、それからのち、それぞれのグループはおのれの信念に従ってわが道を歩みはじめ、新しい種を形成したのである。そして、作戦を誤った部隊と同じように、方針を誤った種は滅んだのであった。また、クジラあるいはコウモリという種が成立したのも、哺乳類のあるグループが、地上にいるより海に住む方がまたは空を飛ぶ方が住みいいという見解に達し、その見解を断乎として実行に移したからである。その移行は、決断にもとづく瞬間的なものであって、陸に住んでいたクジラの祖先の前肢からクジラの胸鰭への変化が、環境の作用とか、用不用とか、自然選択とかによる漸進的変化であったとは考えられない。前肢と胸鰭との中間段階があったとすれば、それは歩くにも泳ぐにも適さず、クジラは不適応になって滅んでしまったはずである。それとも、この移行は突然変異で説明できるであろうか？　何の意図も計画もない偶然の機械的な突然変異によって、全体構造として海の生活に適したクジラという種が成立し得たであろうか。

　爬虫類から哺乳類への進化のような、新しい器官の出現や構造の根本的変化など、不連続ないわゆる大進化を、従来の進化論が説明し得ないのは、生物の形態の変化を物のレベルの変化と見ているからである。それは、むしろ、アイディアの進歩である。たとえば、同じ鉄を材料にして、剣をつくっていたのを鉄砲をつくるようになったようなもので、剣の構造を調べて、それがどうして鉄砲になったかという発想で考えるから、問題がわからなくなるのである。

　あらゆる生物は環界との、他の生物との絶えざるコミュニケーションのなかで生活しており、つねにいかに生きるべきかの問題に直面し、少しでも有利な生き方を求めている。この点において人間も変わりはない。人間の文化の発達と、生物の進化とを異質のものと考える必要はない。われわれ人類は、牙をのばす代わりに剣を発明し、前肢を胸鰭にする代わりに船を、翼にする代わりに飛行機を発明したが、有利な生き方を求める知恵と決断と実行の結果であるという点では、人間の文化も生物の進化も同じである。われわれが文化をつくったのは、おそらく人類が、進化によっては適応できず、滅亡するはずの種であったからであろう。いわば、文化は進化の代用品である。代用品には、代用品としての欠陥と、また逆に利点もあるが、本物と代用品とが似ていて何の不思議があろう。

わたしは、心理学が専門なので、ついでながら言っておくと、実験心理学は、主としてネズミを使って、さかんに動物の行動を研究し、それが究極的には人間性の解明に役立つと称しているが、環界との自然なコミュニケーションの関係から遮断したネズミを使っていくら実験を重ねても、人間理解に役立つどころか、ネズミのこともわからないであろう。物をモデルとしてネズミの行動を理解し、そのように理解したところの「より単純な」ネズミの行動をモデルとして「より複雑な」人間の行動を理解しようとするのは、方向が逆であって、むしろ、ネズミの行動を理解するには人間をモデルとすべきであり、いいかえれば、ネズミが環界に読み取る意味の構造を、おおげさに言えば、ネズミのもつ世界像を知らねばならない。

話は全然変わるが、現代医学は、擬物論的生理学に立脚しているかぎり、決して癌の治療法を発見し得ないであろう。発想の転換が必要であろう。精神疾患と同じように、癌の現象もコミュニケーション学の領域に属するのではなかろうか。癌の治療は、国家のなかの反乱分子の駆除に似ている。タバコなど、癌の原因とされているものと、癌の発生との関係は、物のレベルの因果の関係ではなく、たとえば、社会不安と暴動の発生との関係のようなものではなかろうか。それゆえに、物をモデルとする立場に立ついっさいのアプローチを拒絶するのではなかろうか。癌は、実体というより一つの思想、たとえばある独裁国家のなかの反逆的危険思想と考えるべきであろう。癌細胞はその危険思想を信じている人民の一部である。癌の治療のむずかしさは、危険思想を撲滅するむずかしさと似ており、癌の転位は、大量の反乱分子を虐殺しても、その思想が存在するかぎり、また別のところにそれを信じる者が現われるといった風である。そして、ついには人民の大部分がその思想を信じるようになり、彼らを殺すことは、国家そのものを滅ぼすのと同じことになる。

癌の問題は、癌細胞が信じている思想とはどのような思想であるか、どうして健全な細胞がその思想を信じるようになるのか、その構成細胞をしてその思想に走らせる患者の全体的生体構造はどのようなものか、癌細胞にその思想の放棄を納得させる方法はあるか、といった観点からアプローチすべきではなかろうか。癌細胞を取り出してすりつぶし、その構成要素を調べて癌の本質を知ろうとするのは、たとえばテレビをぶっこわしてその構成材料を調べて、テレビが伝えていた情報の内容を知ろうとするようなものではなかろうか。癌の治療法が発見されるときは、われわれのコミュニケーション学が、動物のレベルからさらにはるかに進んで、細胞のレベルのコミュニケーションまでも明らかにできたときではなかろうか。

時間と空間の起源

時間は悔恨に発し、空間は屈辱に発する。時間と空間を両軸とするわれわれの世界像は、われわれの悔恨と屈辱に支えられている。

無意識においては時間が存在しないことをフロイドは発見した。無意識にはいっさい、矛盾がなく、抑圧がなく、すべては可能であり、空間の障壁も存在しない。無意識は、快感原則以外のいっさいの限定を受けない。無意識は否定を知らず、すべては肯定される。意識においてはじめて時間が現われる。N・O・ブラウンはフロイドのこの発見を敷衍《ふえん》して、人間が時間を知り、歴史をもつようになったのは、抑圧する動物だからだと考えた。ライオンは本能を抑圧しない。ライオンは、食欲を満足させるか餓死するかのいずれかであって、ウサギを前にして、腹は減っているが今回はがまんしておこうとあきらめたりはしない。人間以外の動物の本能は現実に密着しており、本能の満足は個体保存または種族保存のために絶対に必要不可欠であって、逆に言えば、動物は、そのように必要不可欠な本能しかもっていない。それに反して、人間の欲望は、現実からずれて幻想と結びついているため、一億円あれば二億円にしたくなり、二億円になれば五億円にしたくなるように、どこまでいっても満足を知らない果てしない渇望に変質している。そのため、人間の欲望の満足は、個体保存または種族保存のために必ずしも必要ではない。それどころか、かえってその目的のために有害である場合も多い。人間は無益に自他の生命を殺傷する唯一の動物である。妊娠している雌と雄とが性交する唯一の動物である。

要するに、人間はその欲望を抑圧することができるし、また抑圧しなければならないのである。そして、抑圧するかしないかは、いわば決断の問題であって、ある欲望を抑圧したとき、つねに、その欲望を抑圧せずに満足させることができたかもしれない可能性はあったのである。ここから悔恨が生ずる。この悔恨がわれわれの関心を、満足されなかった欲望にしばりつける。そしてわれわれは、その欲望を抑圧した時点を過去として設定し、その過去と、それとは異なる時点としての現在、つまりその欲望を満足させることができたかもしれないチャンスを失ってしまった時点としての現在とのあいだに時間というものを構成した。実際、あらゆる欲望がたちどころに満足されるならば、どうして過去と現在とを区別できるであろうか。もし過去が、満足されずに残っている現在のかずかずの欲望の起点でないならば、どうして過去なんかにこだわる必要があろうか。過ぎ去ったことなんか、本来なら、何の用もないはずではないか。抑圧、ひいては欲望の不満がないならば、われわれは現在という時点に埋没しているはずであり、それと異なる過去という時点を夢想だにし得ないであろう。

フロイド、つづいてG・ローハイムも言ったように、人間は本質的にアナクロニズムの存在である。これを、人間はいわゆる固着や退行を起こし得る存在、つまり神経症になり得る存在であると言いかえても、その意味するところは同じである。アナクロニズムの存在であるがゆえに、時間を発明（発見ではない）したのである。満足されなかった欲望を媒介として過去が絶えず現在に割込んでくるがゆえに、現在と、現在のなかに割込んできた過去とを区別する必要があるのである。時間を年、月、日、時、分、さらに秒に分割したのは、過去に浸蝕されることを恐れ、過去のある時点はあくまで過去であって現在ではないことを確認しようとする強迫神経症的症状のようにわたしには思える。過去が過去として充足し、現在が現在として充足しているならば、時間は不必要かつ不可能である。そうでないがゆえにわれわれは、犯行現場に必ず立ち戻ると言われる犯人のように、多かれ少なかれ過去に釘づけになっていて、つねに過去をもう一度やり直したがっており、そして、過去をもう一度やり直すチャンスが得られるかもしれない時点として、過去から現在へと流れる線の延長線上に未来という時点を設定したのである。未来とは、逆方向に投影された過去、仮装された過去に過ぎない。未来とは、修正されるであろう過去である。過去において満足されなかった欲望は数かぎりなく、悔恨の種《たね》は尽きないから、未来は無限でなければならない。未来が限定されること、すなわち死をわれわれが恐れるのは、過去を修正するチャンスが限定されるからである。死刑や死病を宣告された者の絶望とは、悔恨に満ちた過去をついにこのままにとどめざるを得なくなった者の絶望である。この意味において、死の恐怖を知るのは、抑圧する動物たる人間のみである。

抑圧、そして欲望の不満がないなら、時間はないということは、われわれの日常的経験に照らしても明らかである。われわれは、やりたいことをやって夢中で過ごした時間は短く感じ、欲望の満足を遮られてがまんしなければならなかった時間は長く感ずる。かけ落ちした愛し合う二人は、何らかの障害にぶつかって現実に呼び戻されるまでは、月日の流れを感じないし、いわゆるパリ「革命」のときのフランスの学生も、数年前の大学紛争のときの日本の学生も、大学を占拠して立てこもっていたあいだは、時間の感覚を失っていた（後者については、占拠学生の一人からわたしが直接聞いたことである）。浦島太郎が竜宮城で時間の流れを感じなかったのも同じ理由からで、すべてが満足されるユートピアには時間はない。竜宮城にも四季はあるが、春夏秋冬はそれぞれ、部屋の四方の壁の窓に景色として同時に映っているのであって、季節から季節への時間の流れはない（蛇足ながらつけ加えると、海の底にある竜宮城は、人間が何ら欲望の不満を知らなかった胎児のときにいた子宮のシンボルである。海は羊水である。浦島を乗せる亀は浦島自身のペニスを表わしている。その頭がペニスの亀頭に似ていい、陸へやってきてまた海に戻る亀は、子宮外にあって、ときおり子宮へ、少なくとも子宮への通路たる膣へ戻るペニスのシンボルでなくて何であろうか）。浦島が時間を知るのは、乙姫の願いを振り切って現実の世界に帰り、その言いつけにそむいて玉手箱をあけたときである（玉手箱は乙姫の性器のシンボルである）。浦島は、もはや竜宮城にいないのに竜宮城の乙姫を性的に求めたのであった。それは、挫折せざるを得ない欲望であり、挫折せざるを得ない欲望をもったとき、浦島は時間のなかに組込まれたのであった。浦島太郎の物語は、性的欲望に仮託された子宮復帰願望の物語であり、われわれが時間をもったのは、二度とふたたび帰れない母の子宮に帰りたいというむなしい願望を断ち切れない存在、いいかえれば、ゆきて返らぬ昔の夢をいつまでも追いつづける存在だからであることを暗示している。ちなみに言えば、確かに見知った家や道はあるのだが、誰ひとり知る人のいない、なじめない土地で、玉手箱をあけて老い果てた浦島の姿は、母の子宮内の楽園から軽率にもこの世にとび出してきて、確かに現実の世界ではあるのだが、何だか変だ、どこか間違っていると居心地わるく場違いな感じを抱きながら老いてゆくわれわれの姿であり、どうして乙姫に乞われるままに竜宮城にとどまらなかったかという浦島の嘆きは、どうして、何の不安もなかった子宮内の生活を、ものを思わなかった幼い日々をあとに残してきてしまったかというわれわれの嘆きである。

　話が変わるが、われわれが生まれてから何年かの幼児期の記憶を欠いているのは、脳組織が生理学的に未成熟で、記憶機能がまだ充分発達していなかったためではなく、それが抑圧を知らない時期だったからであると思う。最初の幼児期記憶がはじまる時期と、たとえば裸でいることを恥ずかしがりはじめる時期とはだいたい一致する。裸でいることを恥ずかしがりはじめたとき、すなわち抑圧を知ったとき、個人の過去が記憶されはじめたのであり、また、エデンの園を追われて人類の歴史がはじまったのである。（言うまでもなく、個人の過去も、集団の過去たる歴史も決してもとのままの姿で保存されていることはなく、つねに現在において再構成されたものであり、最近のJ・ピアジェの研究も示しているように、記憶力とは、過去の情景をカメラのように機械的に写し取ってそのイメージを保存する能力ではなく、想像力の一形態である。実際、想像された偽りの記憶像と、真実の記憶像とは、その鮮明さにおいても、現実感、臨場感においても何の差異もない）。

時間はわれわれの重荷である。満足されなかった欲望に刻み込まれた悔恨に引きずられて時間を発明したために、われわれはますます泥沼にはまり込むことになった。過去のことは、しょせん取り返しがつかない。それを取り返そうとしてわれわれは、倒産しかかった会社を立て直そうと金を注ぎ込み、ますます深みにはまる、あきらめのわるい男のように、ますます過去に取り憑かれ、現在を見失う。神経症とは過去に取り憑かれた病いである。「ヒステリーは回想の病いである」とフロイドが言ったときの「回想の病い」というのも同じことであろう。この意味において、時間を発明してしまった人間は、多かれ少なかれ神経症的にならざるを得ない。

今の生活は一時の仮りの生活であって、そのうち本当の生活がはじまると考える人がいる。彼にとっては、現在はそのうちはじまる未来の生活のための準備としてしか意味がない。彼は、たとえば現在の楽しみのために金を使うのを極端に惜しむだろう。彼の信ずる未来においては、過去のさまざまな悔恨がすべて償われ、埋め合せられるはずである。しかし、そのような未来はいつまでたってもやってこない。彼はいかにも希望あふれる未来をめざしているようだが、実は、取り返しのつかない過去を取り返そうとむなしくあがいているに過ぎない。食うものも惜しんで金を貯め、数百万円の貯金を残して栄養失調で死んだ人がいたが、彼もこの種の人たちの一人であろう。彼が金を使うのを恐れるのは、貯金のなかにすべての悔恨を閉じ込めているからであり、財布のひもをゆるめれば、閉じ込められていた悔恨が溢れ出てくるからである。つまり、貯金をおろして現在の満足を買うとき、その満足のみすぼらしさは、かつてその貯金をするために耐え忍んだ不満の大きさを決して償い得ない。それを知ったときの悔恨が恐ろしくて、彼は金が使えないのである。彼は極端な例としても、この種の傾向は多かれ少なかれ誰にもあり、時間を発明した人間がともすれば陥る罠の一つである。だが、その逆の極端に走って、刹那主義的に現在のみに生きようとしても、時間という重荷を背負わされているかぎり、不可能である。それはわるあがきにしかならないであろう。そして、この両極端のあいだのどこかに、安定した妥当な中間点があるというわけではないのである。

ある時点における行為は、一つの絶対的事実であって、別の時点におけるいかなる行為とのあいだにも等式は成り立たない。ある時、ある人に傷つけられ、苦しめられれば、それはそれっきり動かし得ないことであり、あとからその人を傷つけ、苦しめたところで、埋め合せはつかない。江戸の仇を長崎で討つことはできない。人に恩を施された場合も同じである。復讐や恩返しは、この等式が成り立つという錯誤にもとづいているが、これもわれわれが時間を発明したために陥った罠の一つである。復讐がともすれば過剰になりがちなのも、恩返しに限界《きり》がないのも、どれほどやろうがこれで充分埋め合せがついたという実感は得られないからである。しかし、法律（過去のある犯罪が未来のある刑罰によって償われる）も、経済（過去のある金額——元金——が未来のある金額——元金プラス利息——に等しい）も、宗教（来世においてすべての善が報われ、すべての悪が罰せられる）も、この錯誤をその支柱の一つにしているのだから、文明における時間の病いの根は深い。

　次に空間に関して言えば、子宮内の生活においては、時間と同様、空間も存在していない。空間を知らない状態は、子宮から出たあとも、幼児が自分の身体を足がかりとして、自己と自己ならざるものを区別しはじめるまでつづく。かつては、いわば全宇宙が自己であった。幼児は全知全能であり、宇宙にあまねく遍在していた。しかし、フラストレーションの経験が重なるにつれ、そのうち幼児は、不快なもの、思い通りにならないものとして、自己ならざるものの存在に気づく。精神分析の説くところによれば、かつては自己の一部であって、最初に自己ならざるものとなるのは排泄物である。それまでは排泄物をいじるのが平気であった、いやむしろ楽しんでいた幼児が、そのときはじめて（いわゆる肛門期）、排泄物を汚ないと感ずる（B・グランベルジェが言っているように、「汚ない」とか「臭い」というのは、人間が自分以外のものにつける形容詞である。母親は自分の赤ちゃんの排泄物や鼻汁を汚ないと感じない。自分の屁は臭くない）。かつてはすべてが自己であった世界のなかに、自己ならざるもの、汚ないものがふえてゆく。それは、自己の領域が徐々ながら着実に狭められてゆく過程であり、その一歩一歩が、幼児にとって耐えがたい屈辱である。「人間は憎悪のうちに現実を発見する」とフロイドが言ったのも、同じことを意味している。それは、たとえば、全国をすみずみまで支配していた絶対君主が、その指揮下にあった軍隊が一人また一人、一部隊また一部隊、一軍団また一軍団と反乱してゆくのを、なすすべもなく見ているときの心境に似ていよう。尽きざる恵みの泉であった母の乳房さえ、今や自己の一部ではなく、自己以外の存在に属しているのだった。ついに幼児は、その心に屈辱を刻みつけつつ、自己ならざるものに転化していったもろもろの対象を閉じ込めるための容器として、空間を発明する。それは、排泄物を貯めるために肥溜めを、反乱兵士を閉じ込めるために牢獄をつくるのと同じである。H・ワロンの研究が示しているように、幼児が最初にもつ空間は、おとながもっているようなニュートン力学的空間ではなくて、「いたるところ」、「全空間」がいくつもあり、これが「すべての」場所だという口の下から、「すべての」場所に含まれない別の場所が現われるのだが、幼児の空間概念の発達過程は、屈辱の対象を一定の空間に閉じ込めようとして、たちまちボロが出て、次々とそれを広げざるを得なくなるそのあがきをよく示している。

　少しでもより高く、少しでもより遠く、少しでもより速く、人類が空間の征服にかけるあの途方もない情熱は、まさに空間の病いとでも呼ぶほかはなく、その背後に、耐えがたい屈辱を克服しようとするあがきを見ないですますことができようか。そうでなければ、なぜ一〇〇メートル走るのが、一秒の何分の一か速いか遅いかが問題になるのであろうか。用もないのに、なぜエヴェレストの頂上に登り、月まで出かけてゆくのか。新幹線が世界一速い列車であることが、なぜ自慢の種《たね》になるのか。死の危険があろうが、どれほど非難されようが、なぜいわゆる暴走族は、ナナハンにまたがってスピードの快感に酔うのであろうか。そもそも、なぜスピードが快感なのか。それは、空間の屈辱に対する復讐の快感でなくて何であろうか。おそらく、われわれの屈辱は、われわれが瞬時のうちに宇宙の果てまでいつでもゆけるようになるまでは解消しないであろう。したがって、この屈辱の最終的解消は不可能であるが、一時的に屈辱が解消して高揚した気分になったとき、われわれは「天にのぼったような気持」になる。すなわち、われわれをこの地上にはいつくばらせている空間の限定が否定されるのである。

そして、時間と空間が成立したとき、人類の歴史がはじまったのである。最後に一言。この世界の原理を探究しようとした物理学がまずはじめに問題にしたのがエネルギーであったということは、物理学もまた、空間の屈辱から逃れようとする一つの企てであったことを示していると言えば、言い過ぎであろうか。

言語の起源

まずわかり切ったことからはじめると、言語をもっているのは人類だけであり、言語は人類が築きあげた文化の一つである。この意味において言語も他の文化的諸現象と共通の基盤に立っていると考えなければならない。いやむしろ、言語なくしては文化はいっさい不可能であるから、言語こそは文化の根幹であると言えよう。そして文化とは抑圧に発するものであり、いわば集団神経症、つまり集団において共同化された神経症であるから、言語は文化のこのような本質をもっとも明確に具えているはずである。言語はその起源に関する合理的説明をいっさい拒絶するであろう。言語は、便利な道具として発明されたものではなく、人類の病いであり、根源的な神経症的症状である。人類が言語をもち、動物が言語をもたないのは、その能力が人類にはあって動物には欠けているからではなく、その必要が人類にはあって動物には欠けているからである。では、なぜ人類は言語を必要とするか。

それは人類がその本能を抑圧した結果として、本来の現実との直接的接触を失ったからである。ミンコフスキーは精神分裂病者について「現実との生ける接触を失っている」と言ったが、これは精神分裂病者だけでなく、人類全般について言えることである。動物は現実と密着している。動物は現在の刺激に反応し、その本能を満足させる。何らかの外的条件のため、その本能の満足が得られなかった場合でも、みずからそれを抑圧することはない。いいかえれば、動物の本能は決して欲望を構成しない。ある本能が欲望として経験されるのは、本能が満足されず、本能と本能の対象とのあいだに越えがたい障壁を知覚し、かつ、その障壁を乗り越えようとする努力をみずから放棄するときのみである。そして、みずから遠ざけたかぎりにおいて、本能の対象はイメージとして残存する。というのも、抑圧するとは、ご存知のように、一つの矛盾した行為であって、否定すると同時に肯定することと、肯定を含意する否定だからである。対象についての認知がなければ抑圧は不可能であり、抑圧はその認知を永続させるのである。恐怖症の患者がその恐怖の対象を抑圧しようとすればするほど恐怖が強まるのも、また、強迫神経症の患者が気にすまいと努めれば努めるほどますます強迫観念が頭にこびりつくのもそのためである。かくして対象の不在と現前、否定と肯定との妥協形成としてイメージが成立する。そして対象そのものから遮断され、抑圧された本能は今やイメージと結びつき、イメージによって支えられて欲望に変質する。欲望とはつねに過去の欲望である。欲望とはまずイメージに向かうものであって、イメージを介してしか対象に向かわない。そしてイメージは対象そのものではなく、つねに対象から多かれ少なかれずれており、イメージを介する欲望はつねに空振りの危険にさらされている。

対象からずれたこれらのさまざまなイメージが、フロイドがエスと呼んだところのものを構成する。わたしの考えによれば、エスは本能やリビドーの貯蔵庫ではなく、むしろイメージの貯蔵庫である。別のところでわたしが使った表現をここでも使うなら、イメージとは私的幻想であり、エスとは私的幻想の世界である。イメージは、一方において否定した不在の対象を他方において幻覚的に現前させようとする試みであり、決して対象の忠実なコピーではない。すなわち、われわれの想像力が生み出した幻想以外の何ものでもない。イメージはわれわれと現実とのあいだに立ちはだかる。このイメージが現実の対象の忠実なコピーでないということは、われわれを耐えがたく不安にする。それは、不動の大地の上に立っているつもりでいたところ、実は薄氷の上であることを知ったときのような不安であろう。というのも、このことを認めれば、われわれが現実との直接的接触を失っていること、われわれが現実と思っているところのものは実は擬似現実でしかないことを認めざるを得なくなるからである。この不安を避けるためであると思うが、原始的思考においては、イメージの具象化であるシンボルと現実の対象との区別が否定される。というより、シンボルが対象そのものと見なされる。未開人の信仰によれば、わら人形の眼を釘で突けば憎い敵は盲目になり、心臓を突けば死ぬ。絵本のなかの猫を指さして、ミルクをやってくれと母親にせがむ幼児がいる。これは彼らが知的に劣っているからではない。単なる無知のゆえの誤信ではない。まさしく彼らがイメージをもつ人間だからであり、イメージをそのまま現実と信じたいためにほかならない。いわば願望による誤信である（そのような願望をもたない動物は決してこの種の誤信をしない。いつも餌をもってくる飼育係りの写真を見せてもチンパンジーは反応しない）。

フェティシズムということもあるから、われわれだってこの種の誤信と縁が切れているわけではないが、普通われわれはシンボルを実物と間違えたりしない。しかし、一歩しりぞいて、イメージが現実の対象の忠実なコピーであるという線は執拗に守ろうとする。イメージあるいはシンボルが現実の対象そのものでないのなら、せめてその忠実なコピーであると思いたいのである。かずかずの反証があるにもかかわらず、古典的な認識模写説や唯物論的な反映説が根強いのはここに理由がある。だが、さらにもう一歩、この線からしりぞかなければならない。そして、われわれが現実との直接的接触を失っており、現実の対象からずれたイメージ、幻想としてのイメージを介して間接的にしか現実に戻り得ないこと、しかも間接的にすら戻り得るとはかぎらないことを認めなければならない。

人類の文化は、ずれてしまったイメージと現実との隔たりを何とかして縮めようとした努力の集積であると考えられる。その努力には二つの方向がある。一つは、現実をできるかぎりイメージに近づけようとする方向、もう一つはその逆で、イメージをできるかぎり現実に近づけようとする方向である。いずれにせよ、イメージと現実との隔たりを何とかしなければ、誤った地図に頼る登山家と同じように、人類は道に迷って滅んでしまうであろう。

本能とその対象とが密着している動物の場合には、本能の表現形式、刺激と反応のパターンは一定している。鳥の鳴き声、蜜蜂のダンスなどの意味は種によって決まっている。しかし、本能が対象から切り離されて欲望に変質し、まずイメージに向かうようになった人類の場合には、刺激と反応とのこの自然な結びつきは失われてしまった。同じ対象に関して各個人が抱くイメージはおのおの独特の歪みを背負っており、無限に多種多様である。わたしがそれを私的幻想と呼ぶのはそのためである。そして、イメージを介さなければ対象へ向かうことのできない欲望の表現形式も一定したものではなくなり、潜在的にはどのような形式も可能となった。言語を発明する以前の人類（まだ人類と言えないかもしれないが）がどのような表現形式をもっていたかは知らないが、特定の本能、特定の行動には特定の発声が伴っていたであろう。この結びつきがこわれてしまい、発声は、それ自体、無意味な錯誤となった。このままでは人類は、第一に現実に適応できず、第二に他の個人とのコミュニケーションができない。この窮状を打開するために、苦しまぎれに言語が発明されたのであろう。言語は、なくても生きてゆくのに差し支えはないが、あった方が便利だからというような、ゆとりのある状況でつくられたのではないであろう。つまり、言語は、ある一定の錯誤にある一定の意味を付与することによって、その錯誤を共同化したものであり、いわば共同錯誤である。言語をしゃべりはじめる前の幼児の喃語《なんご》は、共同化される前の錯誤の発声であり、母親が幼児の喃語のうちのある一定の発声に反応することによってそれにある一定の意味を付与し、言語として共同化してゆくのである。しかし、言語の発明はそれほどむずかしいことだったとは思えない。現代の高度に分化し、抽象化された言語を考えれば、むずかしそうに見えるかもしれないが、未開時代の、熟知した環境において単純な生活を営む狭い集団のなかで特定の場面におかれた個人が表現したいようなことはかぎられており、せいぜい数十個の名詞や動詞があれば充分事が足りたであろう。そして、ご存知のように、単語というものは派生や転用や合成などによって次々と別の新しいものを表現できるようになるから、少数の単語で非常に多くのことをカヴァーすることができる。たとえば、「母」が「ハハ」だということになれば、それを濁らせて「祖母」（ババ）、さらに「老女」一般、一字に略して「叔母」（オバ）、さらに中年女性一般、隠喩によって「故郷」（母国）、「原因」（必要は発明の母）などの意味を負わせることができる。はじめになぜ「母」を「ハハ」と呼ぶようになったかはわからない。ある子どもが母親を呼ぶときに発した音声が一般化したのかもしれないし、集団のリーダーの母親の名前だったかもしれないし、あるいは本来「故郷」とか「原因」とかの意味だった単語が転用されたのかもしれないし、ほかの集団のまねをしたのかもしれない。とにかく「母」

を「ハハ」、「父」を「チチ」等々、と呼ぶ暗黙の約束が集団においてできあがったとき、言語が成立した。

　言うまでもなく、まず言語は、対象そのものとではなく、イメージと結びつくのである。最初の言語が、それが指示する対象が不在のときに発せられたことは間違いない。言語が指し示すのはイメージである。言語は、現実の対象を記述するためではなく、各人それぞれ勝手な方向に歪んだばらばらのイメージ、私的幻想から何とか共通の要素を抽象して共同の一般的イメージをつくり、各人のあいだのコミュニケーションを可能にするため、そして、それらの共同の一般的イメージをまとめて共同幻想とし、それを足がかりとして、いったん見失った現実を取り戻すために発明されたのである。

　言語は、ある程度この役割を果たしたが、もちろん完全には成功していない。完全に成功することはあるまい。個人のもつイメージをあますところなく言語化することはできない。つねに言語化されない部分が残る。言語化されないということは、共同化されないということ、コミュニケートされないということ、現実から遮断されたままであるということである。言語的表現には、つねに、その字句通りの意味の何倍もの意味が隠されて背後に控えている。言葉はつねにその字句通りの意味を裏切る。時が経つにつれて言葉の意味がずれていったりするのは、そうした背後の意味の方へ引きずられるからである。単語と対象との関係を、パヴロフの条件反射の実験における犬の唾液反応に関する、ベルの音と食物との関係と同じレベルのものとしか見ない機械論的心理学は、ついに言語というものを理解し得ないであろう。蜜蜂のコミュニケーションに誤解はあり得ないが、人間の言語的コミュニケーションは誤解に満ちている。はげますつもりで先生が叱ると、気に病んで自殺する生徒がいるし、反抗してくる生徒がいるし、馬耳東風の生徒がいる。各人がそれぞれ独特なばらばらのイメージをもっており、そして、言語がイメージを基盤として成り立っているかぎりにおいて、誤解なき言語的コミュニケーションはあり得ないであろう。

言語は、イメージを言語化すると同時に現実を言語化し、両者を同じ言語の土俵にのせることによって両者のあいだの裂け目をつなごうとする試みであるが、前述のようにイメージは中途半端にしか言語化し得ないし、言語化された現実はあくまで言語のスクリーンに投影された現実であって、本来の現実ではなく、いわば擬似現実に過ぎない。われわれが無限に語彙を必要とするのは、どのような言葉もそれに対応する実在にぴったりとは合致せず、そこにいくらかの不充分さ、不適切さの滓《かす》のようなものが残り、その滓を取り除こうとして、次々と新しい語句をつくってゆかざるを得ないからである。動物の叫び声の種類とくらべて人間の言語の語彙がべらぼうに多いのは、言語の豊かさの証しではなく、貧困さ、機能不全の証しである。本当に欲しいものなら一つですむが、それが得られないので代用品をたくさんかき集めるかのように……。しかし、贅沢は言っておれない。われわれは言語化された現実しか知り得ない。言語を失えば、われわれにとって現実の世界は崩壊する。われわれの行動は支離滅裂に分解する。というのも、われわれはイメージにしか、そしてイメージを基盤として成り立った言語にしか反応し得ないからである。われわれは、まず「食べられるもの」という範疇に入れた上でなければ、何ものも食べることができないし、そもそも食欲が起こらない。料理とは、栄養物を「食物」という概念に入れるための作業である。「恋愛」という言葉を知らないうちは恋愛することができない。生まれてきた赤ちゃんを「自分の子」という概念に入れてはじめて愛情がわく。相手を「敵」とか「悪人」とかの概念に入れてはじめて攻撃行動を起こすことができる。要するにわれわれは、言語がなければ何もできない。人類が自然的世界から逃げ出し、文化をつくり、社会を築いたということは、いいかえれば、自然的世界から言語化しにくい部分を排除し、言語化しやすい人工的世界をつくったということである。

要約すれば、言語は、現実との直接的接触を失い、現実の対象への直接的反応ができなくなり、現実と遮断されたエスのなかでばらばらなイメージを増殖させたわれわれが、それらのイメージを材料に、失われた現実へ戻る代理の通路として構築したものである。はじめにわたしが、言語は人類の根源的な神経症的症状であると言ったのは、このことを指している。神経症的症状とは、本来の出口をふさがれた衝動が回り道を通って表現されたものだからである。言語こそが人類の神経症の一次的症状であって、それとの比較で言えば、一般に神経症的症状と呼ばれているものは二次的症状に過ぎない。別の観点から言えば、言語とは、その意味を了解する他者が存在する神経症的症状である。ラカンは、無意識は言語のように構造化されていると言ったが、むしろこの関係は逆であって、神経症的症状としての言語が無意識（エス）のように構造化されているのであり、エスのイメージから発した言語がそうであるのは当然のことである。

現実と超現実――シュルレアリスム論

シュルレアリスムを訳せば超現実主義ということになる。超現実主義というからには、現実を超えることをめざしているのであろう。では、いかなる現実を超えるのか。超えられる現実とは何か。そもそも人類は本来の意味での現実を見失った存在である。もはやそれを取り戻すことはできない。われわれは、見失った本来の現実の代理物として、われわれ各個人の私的幻想を多かれ少なかれ共同化した共同幻想をつくりあげ、その共同幻想をおたがいの暗黙の合意によってあたかも現実であるかのごとく扱い、そのなかに住んでいる。つまり、われわれの知っている現実とは、擬似現実であり、作為された現実である。現実とは「そういうことになっている」ところのものである。なぜ「そういうことになっている」かの絶対的根拠はどこにもない。道徳とか礼儀とかは、「そういうことになっている」ものを崩さないためにある。しかし、現実が作為されたものである以上、われわれは、やむを得ずそれへの適応を多かれ少なかれ強いられるものの、たとえば食べ物を得るのになぜ金を払わねばならないのか、生徒はなぜ教師に従順でなければならないのか、一日はなぜ二十四時間なのか、なぜ薬局にはうな丼が売っていないのかということを心の底から納得することは永久にない。自分はなぜこの男とこの女の息子なのか、なぜこの学校の生徒なのか、なぜこの会社の社員なのかというのは、われわれにとって永久に解けない謎である。現実はつねに多かれ少なかれ居心地がわるく、われわれは現実のなかでつねに多かれ少なかれ場違いな感じを免れることができない。「そういうことになっている」と言われて不承不承引きさがっているに過ぎない。

精神という言葉は適当でないかもしれないが、動物において人間の精神に対応するものをかりに精神と呼ぶとすれば、動物の精神は現実と密着している。動物は、終始一貫、現実主義者である。動物の精神には幻想の余地はない。しかし、動物が接しているような本来の現実を見失ってしまったわれわれの精神は、本質的に幻想のなかに浮遊しており、われわれは、各人の（私的）幻想を共同化した共同幻想を構築することによって、かろうじてわれわれの精神を（擬似）現実につなぎとめているに過ぎない。人間の場合には、現実主義者であることには無理があり、われわれは、おのれの本質的な部分をあえて無視することによってしか現実主義者になることができない。われわれの精神は、動物の精神のように現実と密着しておらず、（擬似）現実と（私的）幻想のあいだに引き裂かれている。この分裂を、意識と無意識への分裂と呼んでもいいであろう。意識は（擬似）現実とつながっており、無意識は（私的）幻想の巣窟である。（フロイドによって）無意識が発見されたということは、われわれの精神の、この現実となじまない部分が発見されたということである。現実は、われわれの精神のほんの一部分（意識）としかつながっていないのである。そして、ここがわたしの強調したいところだが、この（擬似）現実も、しょせん（共同）幻想でしかなく、ただ、共同化されているかいないかという点で、無意識の私的幻想と異なっているに過ぎない。

　共同化されるのは、つねに、われわれの私的幻想の一部分でしかない。したがって、私的幻想の共同化によって成立する（擬似）現実は、つねに、われわれの精神の一部分を満たすに過ぎない。また、共同化されるのは私的幻想の一定の部分に固定する傾向がある。その上、どの部分を共同化するかに関しても、個人の選択の余地は少なく、共同化が許される部分は、あらかじめ他者（親、社会、文化など）によって規定されており、その規定外の部分を共同化しようとすれば、相当の抵抗がある。そのため不可避的に現実というものは、われわれにとってつねに不満で、退屈で貧困で、重苦しくわずらわしいものにならざるを得ない。動物に直接聞いたわけではないから確かではないが、動物にとって現実は、その精神と全面的にぴったりと対応しており、つねに生き生きとしていることであろう。動物は決して退屈しないであろう。ここに、動物が接している本物の現実と、われわれが接しているひからびた、まがいものの現実との大きな違いがある。

　したがって、人間の場合、現実主義はその精神をますます貧困な、窮屈なものにしてゆく。これは誰しも耐えがたいことである。われわれは現実を超えてゆかねばならないし、また、超えてゆくことができる。動物は現実と密着していて、現実を超えることがないが、この違いは、人間に恵まれているもの（たとえば、想像力）が動物に欠けているという動物の劣等性のゆえではなく、逆に動物に恵まれているもの（生き生きした本物の現実）が人間に欠けているという人間の劣等性のゆえである。われわれは、動物がもっているような現実の世界をもっていて、さらにその上に、われわれの特権的想像力によって幻想の世界をもっているのではない。想像力は人類の病いであり、欠落状態の症状である。これも動物に直接聞いたわけではないから確かではないが、動物は現実を超えてゆく欲求ないし必要なんか全然感じないであろう。

　われわれが現実を超えてゆくときの足場となるのはわれわれの（私的）幻想である。幻想をもって現実を超えることができるのは、繰り返し言うように、われわれにとっての現実は擬似現実にほかならず、つまり、同じく（共同）幻想であるからである。パンがコメの代わりになり得るのは両者とも同じく食料であるからであるのと同じように、（私的）幻想も（擬似）現実も、共同化されていないかいるかの違いはあれ、同じく幻想であるからこそ、そのようなことが可能なのであって、もし、われわれにとって幻想があくまで幻想であり、現実が種も仕掛けもない本物の現実であれば、バラの花がコメの代わりにならないように幻想をもって現実を超えることはできないはずである。

つまり、現実を超えるというとき、われわれは、私的幻想を共同化して新しい共同幻想をつくり、それをもって、既成の共同幻想を超えるわけである。ひとくちに共同化と言っても、いろいろなレベルがあり得る。共同化と言う以上、一人ではできない。少なくとも一人の他者を必要とする。他者を欠くとき、その試みは狂気に至らざるを得ないであろう。狂気とは、表現されて誰にも共有されなかった私的幻想である。シュルレアリスムは夢を重視し、夢をそのまま覚醒の生活にもち込むことを考えているようだが、それを共同化する他者を前提とせずにそのようなことはできないであろう。あえてそうしようとすれば、意識の崩壊を招くであろう。意識というものは、他者とのコミュニケーションの可能性を前提とし、それを基盤として成り立っている体制であるからである。そして、夢を共同化する他者を前提とするということは、夢のなかの、他者と共同化し得る部分のみを、他者と共同化し得る形式にはめ込んで表現するということであり、結局、表現された夢は限定された貧困なものとなり、その形式ははじめのうちは新鮮であっても、ステレオタイプなものとなってゆくであろう。つまり、貧困な既成の共同幻想（擬似現実）を超えることはできるけれども、別の貧困な共同幻想に到達するだけであろう。それでも、（擬似）現実は超えてゆかねばならず、われわれは、私的幻想のさらにまた別の部分を共同化しようとする努力を絶えず繰り返すであろう。自動書記なるものによって、夢を、私的幻想を自由奔放にありのまま全面的に表現するというシュルレアリスムの期待は、実現の見込みのない期待である。ブルトンは、夢と現実という一見矛盾した二つのものが、いつの日にか一種の絶対的現実、いわば超現実のなかへと解消すると信じていたようである。これは、フロイドの言葉で言えば、無意識が全面的に意識化される、あるいはエスが全面的に自我となるということ、わたしの言葉で言えば、私的幻想が全面的に共同化されるということであり、そうなれば、意識と無意識、自我とエス、共同幻想と私的幻想の対立と葛藤がいっさいなくなり、われわれすべての者が、孔子の言葉で言えば、心の欲するところに従いて矩《のり》を踰《こ》えずの境地に達するわけだが、そのようなことは不可能であろう。シュルレアリスムは、最終目標には決して到着しない一つの運動としてしか成り立たないであろう。

シュルレアリストは、いわゆる未開社会の呪術、物神崇拝、神話などに対してある種のあこがれをもっているようであるが、それは、それらのなかにおのれの私的幻想が表現され、共同化されているのを見るからであろう。しかし、未開人自身にとっては、それらは自分たちを束縛し、圧迫している重苦しい現実なのである。神話が神話として自覚されるのは、その共同幻想が共同化されなくなってからでしかない。同様にいわゆる文明社会において現実とされているもののなかにも、多くの呪術、物神崇拝、神話などが含まれており、その社会に住む人たちがそれと気づいていないだけのことである。勉強すれば偉くなり、幸福になれると信じて、子どものうちから何やらわけのわからぬことを一所懸命覚え込もうとするのは一種の呪術であるし、金、自動車、学歴、宝石、衣服など、物神崇拝の例に事欠かない。要するに、いかなる私的幻想も、共同化されれば必然的に限定され、そのうち硬直化の道を辿るのである。幻想の自由と高揚は、既成の共同幻想を超えて、私的幻想を新たに共同化してゆく過程のうちにしかないのであろう。

しかし、シュルレアリストは、現実を超えようとした点において、われわれにとっての現実が一種の幻想にほかならぬことに気づいたのではなかろうか。少なくとも、現実と幻想との同質性に気づいていたのではなかろうか。そうでなければ、どうして超現実について語ることができようか。この意味においてシュルレアリスムは、日常的現実はそのまま現実としておき、そこから離れたところの芸術という花園に幻想の世界を築こうとする他の芸術運動と根本的に異なっている。シュルレアリスムが、精神分析あるいはマルクス主義と対等な立場で接点をもち得るとすれば、この点においてであろう。しかし、それは接点に過ぎず、それから先はまた離れてゆくに違いない。

人間の性発達に関して、幼児は多形倒錯的であるとフロイドは言ったが、この表現をまねるなら、人間の精神発達に関して、幼児は多形妄想的であると言うことができよう。なぜそうなのかについては別のところで説明したので、簡単にすませるが、要するに、人間の幼児がきわめて未熟な状態で生まれ、長いあいだ親またはその代理の提供する人工的世界のなかで保護されて過ごさねばならないという条件に、その起点がある。感覚運動器官は未発達だから、幼児は現実を知覚することができず、現実の世界のなかでみずから動き回って生きてゆくこともちろんできない。いわば、現実を見失い、現実から遮断されている。この非現実の世界のなかで幼児が経験する出来事の一つ一つが、現実からずれた観念を幼児に与える。それらの観念は、現実から遮断されたところで成立したものなのだから、妄想と呼んで差し支えないであろう。ここであらゆる種類の妄想が幼児の心を占めるようになる。これが多形妄想的とわたしが呼ぶところの状態である。幼児の本能的諸欲求は、これらの妄想を介して満足され、妄想と結びつき、妄想の方向へずれてしまう。

つまり、幼児の精神状態と現実とのあいだに大きなずれ、すき間、隔たりが生ずるわけである。

　この状態にとどまるなら、幼児は家族をはじめとするもろもろの人間集団の一員にはなり得ず、個人にもなり得ず、永久にその多形妄想的自閉世界のなかに閉じこもることになろう。この状態の幼児を集団の一員に組入れる過程は微妙なむずかしい過程である。一挙に幼児をむき出しの荒々しい現実（厳密に言えば、人間社会においてはむき出しの現実は存在しない。社会的現実とは、多かれ少なかれオブラートに包まれた現実、擬似現実である。この点についてはのちほどふれる）に直面させてはならない。幼児は、妄想と結びついた欲求満足しか知らないから、そのようなむき出しの現実を突きつけられれば、そこに欲求の挫折の可能性しか見ず、恐怖を感じてその多形妄想的自閉世界にますます固くしがみつくであろう。他方、その多形妄想を全面的に裏づけるような人工的世界、擬似現実を提供してやることは、親またはその代理の無限に過大な負担を意味し、実際問題として不可能であり、もし可能であったとしても、同じく幼児をその自閉世界のなかに閉じこめておくことにしかならないであろう。その世界で欲求の満足が得られるのなら、その世界の外へ出てゆく必要はないからである。要するに、幼児の多形妄想のある一部分を裏づける形の擬似現実を提供し、その擬似現実のなかで幼児の欲求を満足させてやる必要がある。親またはその代理（主として母親）は、幼児との関係においてこの擬似現実を演じてみせるのである。そのとき、この擬似現実は幼児と親との共同の擬似現実となる。そういうふうにして一歩一歩、幼児にとっての現実（これもやはり擬似現実であることには変わりない）に近づけ、一致させたとき、幼児は家族という集団の一員として精神的に組入れられるのである。しかし、この家族内の現実も、赤の他人たちから成っている世間、一般社会の現実とくらべるとまだはるかにオブラートに包まれており、個人を家族外の集団に組入れるためには、さらにこの過程を進めてゆかねばならない。

　前述したように、この社会的現実もやはりむき出しの現実ではなく、擬似現実なのである。厳密な意味でのむき出しの現実には、人間は決して直面し得ない。人間は多かれ少なかれオブラートに包んだ現実しか知り得ない。いいかえれば、幼児の精神発達の過程からわかるように、人間は、その多形妄想を少なくとも部分的に裏づけるような現実しか現実と認め得ない。すなわち、人間にとっての現実とは擬似現実でしかあり得ず、そして、この擬似現実は、多形妄想を少なくとも部分的に裏づけることによってしか成立し得ないのだから、ある意味で妄想に支えられていると言える。ただ、この妄想は、一人だけのものではなくて、複数の人間が共有する妄想である。複数の人間が共有するものを妄想と呼ぶのはいささか不適当であろうから、共同幻想と呼んだ方がいいであろう。それと対比して、多形妄想の各要素は私的幻想と呼ぶことができよう。この用語で述べれば、幼児が家族に組入れられてゆく過程とは、幼児がその私的幻想を家族という集団の共同幻想に共同化してゆく過程である、と言えよう。

「国家論」において述べたことの繰り返しになるが、家族であれ、部族であれ、国家であれ、あらゆる人間集団は、共同幻想、いいかえれば、そのメンバーの私的幻想を共同化したものに支えられている。共同幻想が崩壊すれば集団は崩壊する。そもそも二人の人間のあいだに関係が成立し得るのは、二人がおのおのの私的幻想を共同化して共同幻想を築き、それをあたかも現実であるかのごとくたがいに演じ合うことによってである。人間が集団を形成するのは、いわゆる群居本能とやらによるのではなく、そのほうが生存闘争に有利だからでもなく、集団を形成しなければその多形妄想の状態から脱することができず、擬似現実すら知り得ず、一個の人間にすらなり得ず、いかなる構造をも欠いた自閉的カオスのなかで滅び去るほかはないからである。

　それ自体多くの矛盾を含み、ばらばらな多形妄想を全面的に共同化することは、いかなる集団においても不可能である。共同化とは構造化でもあるからである。当然、私的幻想のかなりの部分は共同化されずに残る。この部分は、フロイドがエスと呼んだところのものに相当する。共同化された部分は超自我と自我に相当する。そのほか、フロイド以後、さまざまな人たちがセルフ・イメージとか、アイデンティティとか呼んだものも、共同化された部分に相当するであろう。もちろん、両部分の境界は流動的であって、いったん共同化されたあとで排除され、私的幻想に押し戻されるものもあるであろう。これを恣意的に図示すれば次頁のようになろう。

イロハ……いろは……abc……はそれぞれ、私的幻想の一要素である。A集団では、これら多くの要素のうち、イロハ……ムまでの二十三個の要素しか共同化されていない。共同化は構造化でもあるから、三角形という明確な形にしてある。ここで重要な点は、私的幻想の諸要素のうちのどの部分を共同化してもいいということである。たとえば、次頁のような要素を正方形または円に構造化した共同幻想をつくることも可能である。

そして、共同幻想Ⓐ、Ⓑ、Ⓒは、どれかが正しく、どれかが誤っているというものではなく、A集団から見れば、Ⓐが現実であって、ⒷとⒸは妄想であり、B集団から見れば、Ⓑが現実であって、ⒶとⒸは妄想である（実際には、二つの集団のあいだで、それぞれの共同幻想に共同化している要素にまったく共通のものがないということはないだろうから、以上の図の場合のように、他の集団の共同幻想が全面的に妄想と見えることはないであろうが）。ここで強調しておきたいが、ある集団において、現実と見なされているものと妄想と見なされているものとは、その基盤に関しては、ともに私的幻想に支えられているのであって、ただ、それが共同化されているかいないかの違いしかなく、そして、この共同化はいつひっくり返るかわからないのである。

たとえば、ある人が自分をナポレオンだと思っているとすれば、それは誇大妄想であるが、ナポレオン自身が自分をナポレオンだと思っているのは誇大妄想ではない。しかし、

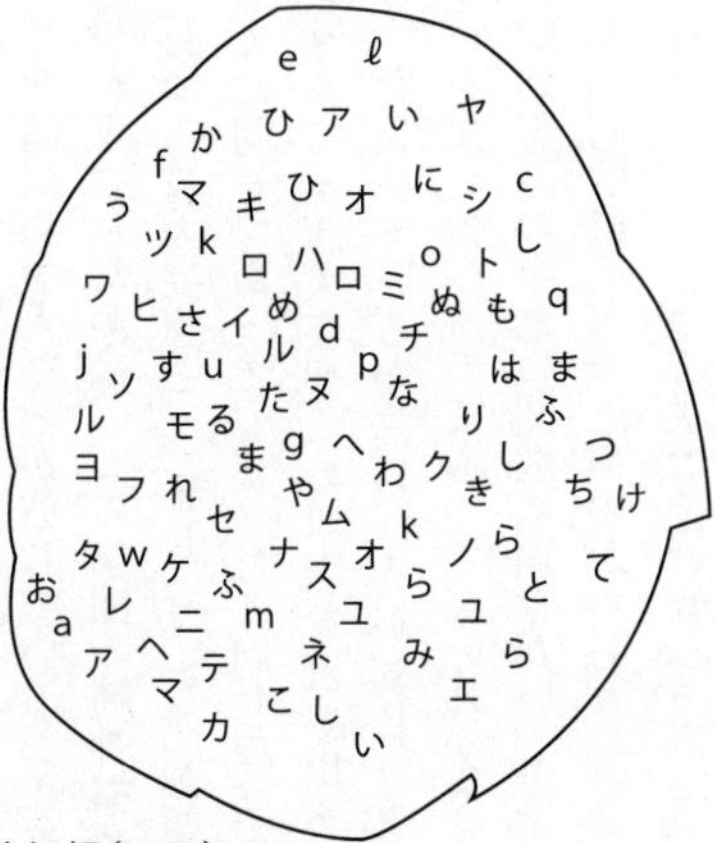

私的幻想(エス)

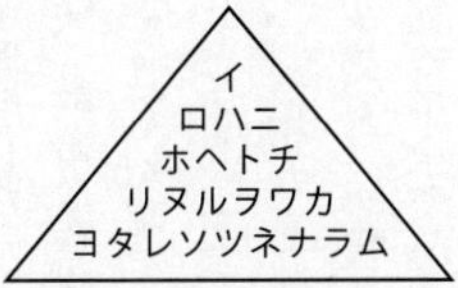

共同幻想＝疑似現実(A)

共同幻想(B)

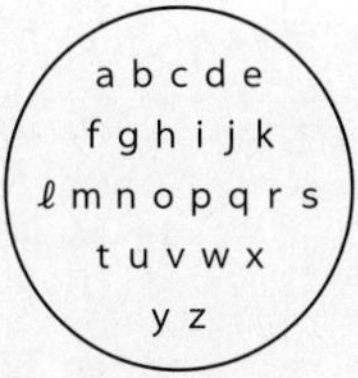

共同幻想(C)

ナポレオンがナポレオンである、すなわち不可能というものを知らぬ独裁的権力者であるというのは、鉄が固いというのと同じ意味でナポレオンという人間の物理的属性ではない。彼は、スーパーマンのように、他の人たちを自由に動かすことのできる念力あるいは腕力をもっているわけではない。彼が独裁的権力者であるのは、ひとえに、彼をそうであるとする共同幻想を人びとが信じているからに過ぎない。フランスという集団になぜこの共同幻想が成立したかは、この集団の精神構造から理解しなければならないが、いずれにせよ、いわゆる誇大妄想と、「正しい」自己認識とは、厳密な意味での現実的根拠を欠いている点では同じであって、まったく同じ程度にいずれも幻想であり、「誇大妄想」患者個人のレベルで「誇大妄想」の原因を捜し出そうとしても、見つかりっこない。彼は「現実感覚」を欠いていると言われるかもしれないが、厳密な意味ではすべての人間が「現実感覚」を欠いているのであって、いわゆる「現実感覚」の優劣は、個人と彼が属する集団の共同幻想との距離の関数に過ぎない。現実感覚の不全や誇大妄想は、個人のレベルでの何らかの心的機能不全と何のかかわりもない（いわんや器質的障害なんかではない）。

　エリクソンがさかんにアイデンティティの確立ということを説いているが、このアイデンティティなるものも、たとえば自分の土地に自分の家を建てるような具合に、自分の人格のなかに一つの実体的存在として構築できるわけのものではない。わたしがほかならぬこのわたしであるということの根拠は、わたしのうちにはない。わたしがわたしであることを支えているのは、わたしが属する集団の共同幻想であり、わたしがわたしであることを、わたしの性質、考え、身分、地位、能力などがかくかくであることを他の人びとが認めてくれているからにほかならない。この支えが崩れれば、わたしのアイデンティティは一瞬にして瓦解する。

さきにわたしは、幼児は多形妄想的であると言ったが、実を言えば、おとなだって大して変わってはいないのである。いわゆる正常なおとなとしての人格は、その多形妄想、その私的幻想の一部分の共同化によってかろうじて支えられているに過ぎない。いわば、大きな紙を数個のピンで壁にとめてあるようなもので、そのピンが外れれば、たちまち紙は落っこちてしまう。わたしの見解によれば、精神分裂病と呼ばれているところのものは、多形妄想の再現または再現の途中の状態である。あるいは、その再現を防止しようとする必死の努力である。われわれは誰でも、われわれの超自我および自我、アイデンティティまたはセルフ・イメージが、われわれの属する集団の共同幻想による支えを失えばたちまち精神分裂病者となるであろう。

したがって、ある個人の属する集団のメンバーが全員一致して、当の個人を精神分裂病者にしようと思えば、理論的にはそれは可能であろう。彼が彼自身について、世界について抱いているさまざまなイメージ、感情、観念などを、単に間違っているとか、不道徳だとか非難するのではなく、どうしてそう思えるのか見当もつかない、とんでもないたわご彼には本当と思えない架空のイメージ、感情、観念のレベルでなら、コミュニケーションに応じるのである。このレベルでなら、彼に対してどれほどやさしく献身的につくしてやってもよい。つまり、集団の共同幻想と彼の私的幻想とを切り離す、いいかえれば、彼の私的幻想の共同化を阻止し、それが共同化されたものでないところの共同幻想を押しつけるのである。彼の人格は二重構造をもつようになるだろう。つまり、集団に受け容れられるために押しつけられることに甘んじた共同幻想と、共同化をめざして挫折しつづける私的幻想との二重構造である。レインの用語を借りれば、前者が外的自己、後者が内的自己である。この二重構造ができれば、精神分裂病の発病の条件は整ったわけで、そのうち彼は、押しつけられた共同幻想をかなぐり捨てて、その私的幻想を噴出させるだろう。

実際問題としては、おとなの個人に対してこのような企てを成功させるのは、非常にむずかしいであろう。おとなは一般に、一つの限られた集団だけに属しているのではないから、彼の属する集団のメンバーが全員一致してそんな芝居を打つなんてことはなかなか起こり得ないであろう。また、こういうことは意識的に芝居を打つつもりでやったのでは、うまくゆかない。少なくとも意識的には、そうすることが正しいのだと思い込んでいる必要がある。したがって、実際にこういうことが可能なのは、個人がまだ幼児期にあって、家族という狭い集団しか知らないときだけであろう。

精神分裂病の治療の場合は、これと逆のことをやればよいわけである。病者の私的幻想を共同化（病者と治療者との関係において）した形の擬似現実を提供し、その擬似現実を、一般社会で現実とされているところの擬似現実にだんだんと近づけてゆけばよい。そして、病者の私的幻想を社会の共同幻想に共同化するところまでもってゆけばよい。セシュエーの「象徴的実現」なる治療法は、理論的根拠は違うようだが、これと同じようなことをやるのではないかと思われる。しかし、これは口で言うほど簡単なことではなかろう。とくにはじめが大変であろう。どのような擬似現実が病者の私的幻想を共同化し得るかがなかなかわからないだろうし、たとえわかったとしても、それは一般社会の擬似現実とは非常にかけ離れたものだろうから、それを提供しつづけることは、治療者にとって莫大な負担であろう。また、病者は、いったんはその私的幻想とかかわりのない共同幻想を押しつけられて懲りているはずだから、共同幻想というものに不信と嫌悪と恐怖をもっているだろうし、その克服は容易なことではないであろう。そして何よりも困惑させられることは、治療者が現実と思っているところのものも、しょせんは幻想に支えられた擬似現実に過ぎず、それが正しくて、病者の妄想は誤りであるとする確実な根拠は何もないことであろう。

心理学について

一人称の心理学——レインの主観的精神病理論

人間の行動について、根本的に対立する異なった二つの見方がある。一つは実体論的とでも言い得る見方であり、もう一つは反応論的とでも言い得る見方である。たとえば、ここに非常に攻撃的な人間がいるとする。彼がなぜ非常に攻撃的であるかを説明しようとする場合、実体論的見方に立てば、それは彼が普通の人以上に、攻撃的な本能、衝動、欲望、あるいは攻撃行動を惹き起こす作用をもつ生理的または化学的物質、つまり何らかの実体をもっているからである。彼の精神、脳または身体のなかにあるそのような実体が彼を攻撃行動にかり立てているのである。他方、反応論的見方に立てば、彼が非常に攻撃的であるのは、まず周囲の人びとが彼に対して攻撃的であるか、周囲の世界が彼に脅威を与えているかのためであり、彼はそれに対して反応しているに過ぎない。彼が普通の人以上に攻撃的であるのは、何らかの理由で彼にとっては普通の人以上に周囲の世界が脅威的であるからである。

われわれは日常生活においてこの二つの見方をそれと気づかずに交互に用いている。あるときは一方の見方を取り、またあるときは他方の見方を取っていて、そのいずれのときも、別の見方があることを忘れていることが多い。この二つの見方は、ほぼ、客観的見方、つまり他人を見る見方と、主観的見方、つまり自分を見る見方とに対応している。というより、われわれは、他人ないし敵の行動については実体論的見方をし、自分または自分の味方の行動については反応論的見方をしがちである。たとえば、甲と乙とが争い、いがみ合っているとする。はじめはちょっとしたいさかいだったのだが、だんだんとエスカレートして、ついにはすさまじく憎み合い、傷つけ合うに至る。こういう場合、甲も乙も、たがいに相手の行動については実体論的見方、自分の行動については反応論的見方をしているものである。すなわち、自分に対する相手の攻撃は、彼の意地悪さ、ひねくれた根性、人を人とも思わぬ傲慢さ、その異常に攻撃的な性質に起因するとされ、相手に対する自分の攻撃は、相手の攻撃に対するやむを得ざる正当な攻撃または防衛であるとされる。

心理学という言葉を、医学的および哲学的人間観をも含めた広い意味に解すれば、心理学の歴史においても、この二つの見方は、対立して交わらない二つの流れとして古代から現代に至るまでつづいている。

人間の気質の差は人体を構成している体液成分の多寡によって決まるとし、胆汁質、憂鬱質、多血質、粘液質の四つのおもな気質を提唱したヒポクラテスは最初の実体論的心理学者であったと言うことができる。この気質論によれば、憂鬱質の者が憂鬱であるのは、彼にとって世の中に憂鬱なことがいっぱいあるためではなくて、彼においてはメランコリアという体液成分が多いからである。

近代に至ってさまざまな心理学理論、精神病理学理論が登場したが、そのほとんどは実体論的立場に立っていた。はじめのうちは反応論的立場をも考慮に入れようとしたとしても、それは中途半端な努力におわり、結局は実体論的立場に帰っていった。実体論的立場は、前述したように、他人の行動についての客観的見方であるから、客観的科学理論をつくろうとすれば、どうしてもこの立場に立たざるを得ないからである。イギリスの連合心理学では、観念は実体であり、精神はそれを受け容れる容器であって、観念は精神という容器のなかで、くっついたり離れたりするのであった。C・ヴォルフの能力心理学では、人間の精神は認識能力という実体から成り立っていた。こういう点はW・ヴントの構成心理学においても同じであって、精神を構成している要素の一つである感覚は、強度、持続、延長、明瞭度などの実態的性質をもっていた。構成心理学の要素主義的観念に反対して、精神の全体的・統一的活動を重視したW・ジェイムズの機能心理学も、精神機能の目的を適応にあるとし、精神を動かす力として本能という実体的エネルギーを仮定していた。当人にしか直接体験できない精神の内容をもっぱら対象としていた従来の心理学に反対して、観察可能な行動のみを問題にすべきであると主張したJ・B・ワトソンの行動主義心理学は、行動を環境の刺激に対する反応として捉えた点では反応論的であったが、環境の刺激をその物的側面でしか見ず、そして行動の要素を神経生理的反射に還元し、結局は大脳の生理学的実体に頼っていた。また、ゲシュタルト心理学においても、心理的ゲシュタルトの背後には、神経系の場で展開される、それと同型の生理的ゲシュタルトがあった。結局、心は実体としては捉えにくいので、実体論的立場に立つ心理学は生理学的実体をもち出さざるを得ず、必然的に大脳生理学、神経生理学へとゆき着く。精神病理学について言えば、ほぼ全面的に実体論的であった。ウェルニッケなどの脳機能局在論はその極端な形態であった。

他方、反応論的立場に立つ心理学としては、W・ディルタイの了解心理学、F・ブレンターノの作用心理学などがある。ブレンターノによれば、意識はつねに何ものかについての意識であり、対象へのこの志向性と切り離された意識は存在しない。食欲はおいしそうな食物にたいする欲望であり、性欲とは魅力的な異性にたいする欲望である。食物あるいは異性という対象への志向性と切り離して、食欲あるいは性欲を摂食本能あるいは性本能、唾液分泌あるいは性ホルモンに還元するのは無意味である。この考え方からすれば、憎悪とは、当人の住む世界のなかのある憎たらしい対象についての意識であるから、もしかりに脳生理学なり脳生化学なりが猛烈に発達して、憎悪の際の生理学的または生化学的状態が正確に判明し、その状態を起こさせ得る方法が見出されたとして、そして生理学的または生化学的にその状態を起こさせたとしても、当人の主観的状態は、ある憎たらしい対象を憎んでいる場合とは何の関係もないであろう。意識の特徴を志向性とするこの考え方は、E・フッサールに受け継がれて現象学となり、また、志向性という観点は、人間をつねに世界内の対象との関係において捉えるわけだから、人間を世界内存在とする観点を含意しており、実存哲学と結びついていったが、ディルタイの了解心理学と同様、科学的体系化には向かず、心理学の主流とはなり得なかった。

フロイドの精神分析は、本来は実体論的理論の枠組に入れにくい了解的方法を何とかその枠組のなかに押しこもうとした特異な理論であると言うことができる。開業医となったとき、彼は矛盾した状況のなかに投げこまれた。科学思想は絶対的に実体論的立場に立っていた。実体論以外は科学とは認められなかった。しかし、開業医のもとを訪れてくるヒステリーや強迫神経症の患者にたいしては当時の実体論的精神医学は完全に無力であった。このような状況にあったフロイドは、実体論に拠りつつ、了解的方法を用いざるを得なかった。彼の理論は、実体論と反応論とのあいだの奇妙な妥協、混合、ときには動揺を示している。彼は、超自我、自我、エスの脳における局在を考えており、リビドーは、今は測定する手段はないけれども、量的実体であった。対象を愛し、対象にリビドーを備給すれば、それだけ自我リビドーは減少し、自己評価はさがるのであった。逆に、外界に関心をもたず、外界からリビドーを撤回すれば、精神分裂病における誇大妄想のように、自己評価はべらぼうにあがるのであった。満足されなかったリビドーが不安に変質するという現実神経症の考えにも、実体論的見方が表われている。不安は不安な対象にたいする反応ではないのである。それでいて、精神分析ほど了解の地平を広く、深く押し進めた理論はない。その了解の範囲は夢や神経症をはるかに越えて、芸術や宗教などの文化的、社会的現象にまで及ぶのである。

したがって、フロイド理論は二つの正反対な批判にさらされることになった。一つは実体論の立場に立つ批判で、それによれば、フロイド理論は実証的根拠を欠いた非科学的俗流心理学であり、もう一つは反応論の立場に立つ批判で、それによれば、フロイド理論は機械論的・客観主義的枠組に囚われて人間の主体性をないがしろにしているというわけである。

また、いわゆる正統派の分析者は別として、フロイドの後継者たちも二つの方向に分裂することになった。C・G・ユングは集合無意識を強調して、無意識をますます実体化した。彼にあっては、神経症や精神病の症状、妄想、夢のイメージ、人間の知恵や洞察、性格などのもろもろの現象が、民族的に遺伝される集合無意識に実在する元型《アルケタイプ》に由来する。W・ライヒは、フロイドのリビドーをオルゴン・エネルギーと呼びかえ、それを大気中にも存在すると考えてその集積器まで考察し、実際にその量を測定しようとした。

他方、K・ホルネイ、E・フロムなどのいわゆる新フロイド派は、フロイドの実体論的枠組を切り捨てて、人間行動を対人関係における反応と見ようとした。フロイドのリビドー論、死の衝動論に対するホルネイの批判には、反応論的見方がよく表われている。レインは自分に影響を与えた理論家の一人として、新フロイド派のH・S・サリヴァンをあげているが、レインが精神分析者であるとすれば、新フロイド派に属すると言い得るであろう。しかし、レインが精神分裂病者に用いている了解的方法は、精神分析的了解というよりは、ディルタイ的了解に近い。ディルタイにあっては、了解とは直接的所与たる心的連関の直覚的把握であり、他人の心的連関を了解するときは、他人の環境に身をおいて、心的過程のあるものを強め、あるものを弱めて他人の体験を描写的に追体験するのであるが、レインはまさにこの方法を精神分裂病者に適用しており、精神分析的了解の特徴である象徴解釈や、防衛機制の裏を見抜いてその仮面をはぐといった暴露的方法に重点をおいていない。

このことをもっともよく示しているのは、『ひき裂かれた自己』の第三章における強い孤独恐怖をもつ女性についてのレインの分析である。彼女はひとりっ子であったが、両親にかまわれず、さびしい子どもであった。幼い頃から、他の誰かにとって意味のある人間になりたい気持が非常に強かった。一七歳で結婚し、しばらくは幸福であったが、軍人だった夫が外国に赴任することになって、その別れに際しては激しい恐怖を味わった。しかし、母親の突然の発病によって、彼女に救いが訪れた。母親の看病にきてくれるようにと熱心に父に頼まれ、それから一年間、かつてなかったほど充実した生活を送った。母の死は、彼女に失望や悲しみではなく、恐怖を起こさせた。彼女は外国の夫のもとへゆき、数年間は楽しく暮したが、夫に過大な心づかいを求め過ぎて、結婚生活は破綻し、帰国して父と一緒にずっと住み、レインのもとを訪ねたときには二八歳になっていた。

レインは、この症例の精神分析的解釈とレイン自身の見方とを対比している。精神分析的に解釈すれば、彼女はエディプス・コンプレックスに囚われていると言うことができる。彼女は父親に固着し、無意識的に父親にリビドーを向け、母親に敵意を向けている。そして、そのことについて無意識的罪悪感を抱いている。母親をあれほど献身的に看病したのは、母親への罪悪感を補償するためであり、母親の死によって恐怖に陥ったのは、無意識的願望が実現してしまったため、自分が殺したかのように感じたからである。夫に頼り過ぎ、夫に過大な保護を求めたのは、一人の女として一人の男に対したのではなくて、夫に父親代理を求めたからであり、結婚生活が破綻したのは、結局、代理では満足できなかったからである。そして彼女は最終的には父親と二人だけで暮すという目的を実現した。彼女は広場恐怖をもっていて、街のなかを一人で歩くのを不安がったが、これは、自分が売春婦であるという無意識的空想をもっていたので、その空想を実行してしまうのを恐れたためであり、また、この空想は、妻のある男、すなわち父親に性的願望を抱いている自分を象徴的に表現している。精神分析的にはこのように解釈されるであろう。レインは、このような精神分析的解釈を排し、彼女の人生の中心問題は彼女の「無意識」のなかに見出されるものではなく、「無意識的なもの」へとすりかえることはできないと主張する。問題は、無意識的なものではなく、見えるところにあると言うのである。すなわち、彼女の中心問題は、存在論的自律性の欠如、存在論的不安定にある。自分自身では生きているという確実感をもつことができず、夫であれ、母親または父親であれ、とにかく誰かにとって自分が必要とされるかぎりにおいてしか落ち着けないことに問題がある。彼女は、彼女を必要としている人の眼に自分が映っているかぎりにおいてしか、自分の存在の実感をもてない。だから、誰か知っている人がそばにいないと、彼女の存在は消えてしまう。彼女が異常に孤独を恐れ、街を一人で歩けないのはそのためである。街のなかでは誰も彼女のことを気にかけてくれないからである。母親の死が彼女に失望や悲しみではなく、恐怖を起こさせたのは、無意識的願望が実現したための罪悪感によるのではなくて、自分の存在を確認してくれ、それに意味を与えてくれる人を失ったからである。彼女の存在はつねに喪失の危機に瀕しており、彼女はそれを維持するのに精いっぱいで、とても母親の死を悲しんでいられる心の余裕はなかった。やもめになった父親と一緒に住んで、一日の大部分を父親のことを考えて過ごしているのも、父親へのリビドー固着のためではなくて、自分の世話を必要としている父親によって自分の存在の確認を得たいためにほかならない。売春婦であるという空想は、どこの誰にでも抱かれる女に身を擬することによって、無節操に誰にでもすがりつく不安定な彼女自身を表わしていることになろう。

このようなレインの了解的把握は、まさに彼女の立場、彼女自身の観点に身をおいて彼女の主観的体験を直覚的に追体験することによってしか可能ではない。これは、患者の主観的体験の裏に隠されている、患者自身気づいていない無意識的意味をさぐろうとするフロイドの態度と根本的に異なった態度である。

この意味において、レインは、フロイドの精神分析の伝統の延長線上にあるというよりは、むしろ、ときにはディルタイの了解心理学となって現われ、ときにはブレンターノの作用心理学となって現われた反応論的心理学の流れに位置しており、たがいにそれほど関係のなかったディルタイとブレンターノを一つの新しい反応論的心理学理論のもとに統合したと言うことができるであろう。主観的心理学が一人称の心理学であり、客観的心理学が三人称の心理学であるとすれば、精神分析は二人称の心理学であるということが言われるが、この分類に従うならば、レインの心理学は一人称の心理学であって、精神分析のように、患者と距離をおいてその行動を暴露的に解釈するという方法を取らずに、患者の心のなかに没入してゆく態度を取ることからも、それはわかるであろう。

レインの精神分裂病理論は、要するに、精神分裂病者の主観的観点から見たところの精神分裂病の理論である。もし、狂気でありながら一方で正気を堅持し、明晰な分析力と鋭敏な洞察力とを失っていない分裂病者がいたとして、彼がおのれの分裂病を、自分に感じられ、認知されるところの自分の心的過程を、他人にとってそれがどう見えるかということとを考慮に入れずに自分自身の観点から反省的内観によって把握し、体系化したとすれば、できあがったであろうような理論がすなわち、レインの理論であると言えば、あながち的外れではないであろう。念のため断わっておくが、主観的見方であると言ったからとて、間違っているという意味ではない。主観的見方を一方的で偏っていると言うなら、客観的見方も同じく一方的で偏っている。客観的ということと、公平で正しいということとをごっちゃにするのは、軽率な偏見に過ぎない。さきにあげた甲と乙との争いの例を思い出してもらいたい。乙の攻撃行動は、乙の主観的見方からすれば正当な反撃であり、甲の客観的見方からすれば意地悪なひねくれた性質の表現である。乙の攻撃行動に関して、乙は反応論的見方をしており、甲は実体論的見方をしているのであって、どちらか一方が正しく公平で、他方が間違っているわけではない。

精神分裂病者と精神科医（または、前者をおかしいと判断して後者のもとにつれてきた家族）とのあいだには、この乙と甲とのあいだにおけるのと同じような対立がある。両者はさまざまな問題について意見が対立している。たとえば、前者が正しいと思っていることを後者は根拠のない妄想と見なしている。そして、後者は、甲が乙の攻撃行動をいわれのないものと見なし、意地悪な性質という実体に原因を求めるのと同じように、前者の言動の原因を精神病という実体に求める。このときの心的態度はまったく同じである。甲が乙の攻撃行動を、意地悪な性質というものに実体化して、その実体を除去することによってやめさせようとしても効果がないのと同じように、精神科医が精神病者の異常な言動を精神病（脳の何らかの変化、脳内の異常な化学物質の存在など）というものに実体化して、その実体を除去することによってやめさせようとしても効果がないのは当然である。

意地悪な人とか、精神病者とかの判定は、他人の観点からの判定である。意地悪な人と他人から判定される者だって、自分では意地悪とは思っていない。これは、自覚が足りないとか、うぬぼれのために自分がわからないとかの問題ではなくて、どの観点に立つかの問題である。同様に、精神病者も自分を精神病者とは思っていない。彼がみずから精神病者と認めることがあるにしても、それは、本心から納得して言っているのではなくて、他人にそう言われるので、つき合っているのに過ぎない。だから、あんな突飛な言動をしながら、それでも自分をまともだと思っているのだから、これこそまさに精神病者である証拠であるという理屈は間違っている。正常者が自分は異常でないと言うことができる同じ権利をもって、精神病者も自分は異常でないと言うことができる。レインも言うように、精神病というのは他人から貼りつけられるレッテルである。他人から貼りつけられるしかないレッテルを、そのまま自分だと本心から信じる者がいたとしたら、それこそおかしい。

したがって、精神病者にとって精神病なるものは存在しない。レインが精神病は実在しないと言い、精神病や精神病質などの言葉を使うときにはカッコに入れているのは、精神病者の観点から語っているのである。レインがA・エスターソンと共同で書いた『狂気と家族』のなかには、一人の悩める人間が無理解な家族と精神科医とによって精神分裂病者に仕立てられてゆくさまがまざまざと描かれているが、これは精神病者自身の主観的観点から見たところの発病の経過である。客観的観点から見れば、このような見方は、被害妄想的、パラノイア的と判定されるであろう。もう一度強調しておきたいが、この二つの見方はいずれかが正しく、いずれかが誤っているというたぐいのものではない。また、両者を足して二で割った中間的なところに真理があるわけでもない。

客観的観点から得られた資料が科学的体系化に適するからと言って、それのみを唯一の正しい観点と見なし、一方の当事者である精神病者の観点を忘れていた実体論的精神医学の挫折は今や明らかである。少なくとも明らかになりつつある。さきに述べたように、精神科医を含めたいわゆる正常者と精神病者とのあいだには、さきの例の甲と乙とのあいだのように、対立と争いがあるのである。精神病の治療とはその争いの解決である。したがって、精神病者が治ったとき、いいかえれば変化したときには、彼の家族や精神科医など、彼の周囲の人たちも変化しているのでなければならない。甲がはじめから乙の観点を全然考慮に入れず、自分の観点のみが絶対に正しいと決めてかかって、自分に対する乙の行動を乙の悪い性質のみのせいにしていれば、乙をますます依怙地にし、争いをますますこじれさすだけであろう。同じようなことを従来の精神科医は精神病者にやっていたのである。精神病者にレインの本を読ませると、その被害妄想的あるいは自己中心的見方を刺激し、強めることを恐れて、読ませたがらない精神科医がいるそうであるが、こういう態度は、精神病者にその観点を捨てさせ、自分の観点を採用させることが治療であるという考え方が前提になっているのであろう。一般の争いの場合も、相手にその観点を捨てさせ、自分の観点を採用させようとするのは、もし成功すれば自分にとってもっとも安易で気楽な解決法であるが、実際にはもっとも成功率の低い解決法である。他者の観点に立てない自己中心性が精神病の一つの特徴であるから、レインの主観的精神病理論のみを正しいとし、従来の客観的理論をすべて捨て去るのも、誤りであるが、レインの理論が従来の理論の盲点となっていたところを突いたことは間違いない。精神科医は、精神病者と（同じ程度にではないにせよ）同じように自己中心的であったため、他者である精神病者の観点に立てなかったのである。いわゆる客観的理論は精神科医の主観的理論であった。

心理学者の解説はなぜつまらないか

わたしは心理学者のはしくれであるが、同じはしくれ同士が集まるとしばしば話題になることがある。それは、何か事件があると、事件の当事者（犯罪事件なら犯人）の心理について、えらい心理学の先生たちの語る解説なるものが、いかにも馬鹿げているということである。

犯罪なら犯罪の動機が利害打算や、普通の怨恨で説明がつかないとき、新聞や雑誌の記者が心理学者のもとへやってきて、犯人はどういう心理であんなことをしたのでしょうとたずねる。どの心理学者がどの事件について解説したものであろうと、その答えはだいたい似たり寄ったりである。あるいはごく少数の類型に分類できる。おもしろい卓見と思われるものには、めったにお眼にかからない。人間性について多少の洞察をもっている者なら、別に心理学者でなくても、誰でも言えるようなことしか言っていないのがほとんどである。

とくに一部の週刊誌などにのっている心理学者の解説には、腹を抱えて笑い出したくなるようなのがある。当人もふざけているのかもしれないし、読者も座興のつもりで読んでいるであろうから、実害はないであろうが、金を払って買った週刊誌でこんなものを読まされる読者に気の毒な気がしないでもない。犯人を異常性格者（変質者または精神病質者）と断定し、異常性格についての既成の分類項目を挙げて事足れりとしているのがある。状況につり合わない異常行動をする者を異常性格者というのだから、異常な犯罪を行なった者を異常性格者と断定するのは、趣味でよく旅行をする者を旅行家と断定するのと同じくらいたあいのないことだが、それでも解説したことになるのだから、気楽な商売である。本当のところは、異常性格とは何であるか、どのようにして形成されるのかについてほとんど何もわかっていないし、もちろん治療法はないし、そもそも、異常性格なるものは果たして存在するのか、むしろそれは観察者の無知と偏見がつくり出した神話ではないのかということさえ問題にされている。つまり、自分が理解できないことをする者を異常性格者というわけだから、理解力が浅薄であれば浅薄な心理学者ほど、彼にとっては世の中に異常性格者が多いことになる。また、甘やかされ過ぎて育ったからきびしい現実に耐えられず犯罪に走ったという解説があるかと思うと、きびしく育てられ過ぎたためにいじけて反抗的になり、犯罪に走ったという解説もあり、あるいはまた、子どものときまじめだった者がとてつもない犯罪をやらかすと、あまりにきまじめ過ぎたため、視野が狭くなり、思いこんだら他の見方を考慮する余裕もなく突っ走ってしまう性質ができあがり、その性質が犯罪とつながったと説明する人がいるかと思うと、逆に、かつて非行少年だった者が同じようなことをすると、長ずるに及んでますます非行の度が強くなったのだと説明する人もいる。どの程度以上が甘やかし過ぎで、どの程度以上がきびし過ぎるのか、また、どの程度以上がきまじめ過ぎで、どの程度以上がふまじめ過ぎるのかについての規準はまったくあいまいで、任意にどこにでもおけるから、この種の説明はあらゆる場合に適用でき、あらゆることを説明するが、結局、何も説明していない。そのほか、育てられた環境や、子どものときの性質などでうまく説明できないときには、遺伝とか素質をもち出してくる手もある。

　当然のことながら、心理学者も、適正な程度というものがわかっていて、甘やかし過ぎたからとか、きびし過ぎたからとか言っているわけではないのだが、その辺の事情をよく知らない人もいて、この種の説明を大まじめに受け取り、自分は誤った育て方をしているのではないかと気に病んだりする。この種の説明は、当たるも八卦、当たらぬも八卦とたいして違わないのだから、気にするには及ばない。

　この種の解説を新聞雑誌にのせたり、テレビでしゃべったりする心理学者のメンバーはだいたい決まっていて、当然、世間的には有名な人が多い。これは聞いた話だから確実ではないが、週刊誌の編集者の書いた「心理学的」解説に名前を貸して、賃貸料を取る人もいるらしい。しかし、記者がやってきていろいろのことをたずねるので、適当に「ああ」

とか「うん」とか答えていたところ、間もなく発売された週刊誌に、言った覚えのないことが自分の名前で出ていたということもあるから、いちがいにどっちがわるいとも言えない。

いずれにせよ、大久保清事件、浅間山荘事件、連合赤軍のリンチ殺人、テレアビブ空港の無差別テロ、バットによる課長撲殺、助教授の女子学生殺しなど、人びとが犯人はどんな心理であんなことをしたのだろうと不思議がらざるを得ないような事件が次々と起こるから、心理学的解説の需要は今後もつづくであろう。

自分の専門分野に関係のある事件についての解説を新聞雑誌にのせるのは、もちろん、心理学者だけではない。新しい画期的な判決があると法学者が解説するし、めずらしい先史時代の遺跡が発掘されると考古学者が解説するし、自然科学上の新説が現われると自然科学者が解説する。もちろん、心理学者以外の解説にもくだらないとしか思えないのもあるが、一般的に言って、わたしはそれらの解説を読んでそれらの判決、遺跡、新説の意義がよくわかるようになり、さすがに餅屋は餅屋だけのことはあると感心する。

わたしが、かねがね考えていた以上のような意見と感想を述べると、他の者が口をはさむ。われわれにとって心理学者の解説はつまらなくて、他の専門家の解説はそうではないのは、われわれが、かけ出しのはしくれにせよ、心理学者であるためかもしれない。一応、心理学者である以上、心理学のことは多少知っており、したがって、他の心理学者の解説がどこから理論を引っぱってきて、どの程度事態を理解した上で語ったものであるかについてだいたい見当がつくので、また相変わらず、わかっていないことは伏せておいてわかり切ったことばかりしゃべっているということがわかるのだが、他の専門家の解説は、同じ専門の人には馬鹿げた、わかり切ったことであっても、その専門を知らないわれわれは感心して聞いているのかもしれないではないか、と。

また別の者がすぐ反対して言う。ところが、そうではないらしい。というのは、心理学者でも何学者でもない友人から、心理学者というものはどうして、あんなわかり切ったくだらぬことしかしゃべれないのかと、いかにも不思議そうにたずねられたことがある。どうも心理学者以外の者にも、心理学者の心理学的解説は馬鹿げて見えるらしい、と。

心理学者のはしくれ同士が集まって、ジャーナリズムからお呼びのかかるえらい心理学の先生方の悪口を言い、彼らを馬鹿だとののしっているときには、みんな気分がいいので、たがいに「そうだ、そうだ、その通りだ」とすぐ賛成して意見がまとまる。そのときわれわれは、それぞれ自分はその馬鹿な心理学者の一人ではないつもりでいる。ごくわるく言えば、立派に着飾ってアメリカ兵と手を組んで歩き、自分は日本人でないかのような顔をして、みすぼらしい身なりの他の日本人を見下していた敗戦直後の「パンパン」の心境、もうちょっとましな例をあげれば、白人の仲間に入れてもらって自分は黒人でないかのように黒人の文化度の低さを非難するインテリ黒人の心境が、そのときのわれわれの心境にいささか似ていないでもない。馬鹿な心理学者をあざ笑っているだけでは、結局、天を仰いで唾するようなもので、責めは自分に返ってくる。ジャーナリズムからお座敷がかかるのが馬鹿な心理学者であるとすれば、お座敷のかからないわれわれは、さらにその上に輪をかけた馬鹿だということになりかねない。

そこでわれわれは一つの理屈を考え出す。ジャーナリズムの誘いに乗って、よく知りもせず、よく調べたわけでもない犯人の心理について得々としゃべるような心理学者は軽佻浮薄の輩であって、そういう輩がしゃべることだから、くだらないのは当たり前だという理屈である。彼らは心理学者の恥さらしであって、同類と見られてはわれわれが迷惑すると、誰かが怒る。これには、やっかみ半分の気持がまじっているが、実際のところ、われわれの知っているえらい先生のなかで、そういうことをしゃべる先生としゃべらない先生とをくらべてみると、しゃべらない先生のほうが学者としてはるかにまじめで、学問的にすぐれている。こういう理屈を考え出してわれわれは、おのおの自分は将来の「しゃべらないえらい先生」の一員だという気になる。

しかし、この理屈は弱い。新聞や雑誌の記者や編集者に頼まれてしゃべったり、書いたりする人が軽佻浮薄の輩とはかぎらない。かりに軽佻浮薄であるとしても、軽佻浮薄な人がみんな頭がわるいとはかぎらない。また、もしかりに、新聞雑誌に得々と解説をのせるような学者はみんな軽佻浮薄で頭がわるいとしても、とくに心理学者の解説がつまらないことの説明にはならない。もしそうであれば、他の専門分野で新聞雑誌に解説をのせる人も同じく頭のわるい軽佻浮薄な者ということになり、彼らの解説も同様につまらないものでなければならないことになる。

かくしてわれわれは、つまらない解説をしゃべる馬鹿な心理学者を、自分とは無縁な赤の他人と見なしてせせら笑っているだけではすまなくなる。誰かが悟り切ったように言う。馬鹿な解説をする心理学者だって自分が馬鹿なことを言っていると知っているのだ。だが、結構いい小遣い銭になるので、ついしゃべってしまうのだ、それを馬鹿だの阿呆だの責め立てては可哀そうではないか、と。わたしが反論する。馬鹿なことを言ったり、したりする者を馬鹿というのであって、自分が馬鹿なことを言っていると自分で知っていたって馬鹿でないことにはならない、馬鹿なことを言っている馬鹿な自分のほかにそのことを知っている馬鹿でない自分が存在すると思うのは大いなる錯誤だ、それは醜女《しこめ》が自分が醜女であることを知っていたって美人になるわけではないのと同じだ、それに小遣い銭欲しさにしゃべったからとて、すぐれた才能の持主なら、つまらない内容にはならない、と。

われわれの議論は心理学者全般の質に及ぶ。わたしは意地悪なので、心理学者であるみんなの気分を害するようなことをわざわざ言う。そもそも心理学者なんかになろうとする者は学者としての資質に劣る者なのではないか。そういう者が何でもいいから何とか学者になろうと思うとき、心理学を選ぶのがいちばん楽で手っとりばやいのではないか。物理学や化学の精緻な体系を前にすると気がひるんで手も足も出ない者でも、心理学はまだ若い科学で、その諸体系は不完全でスキだらけなので、どこからでもつけ入ることができそうな気がするのではないか。したがって、馬鹿が心理学者になっているのだから、そのしゃべる解説が馬鹿げているのは当たり前だ、と。

実際、独創的な理論をつくって心理学の発展に多大の貢献をした者は、もともと心理学者でなかった者がほとんどである。W・ジェイムズは心理学者である前に、解剖学者、哲学者であった。I・P・パヴロフは生理学者であった。S・フロイドは神経学者であった。J・B・ワトソンは動物学者、C・L・ハルは機械技術者、J・ピアジェは認識論学者であった。はじめからの心理学者は影が薄い。

わたしはよく知らないが、日本の心理学者には、はじめ何か別の分野の学者であって、のちに転じて心理学者となった人はほとんどいないらしい（心理学が哲学の一部門であった関係で、はじめに哲学をやっていて心理学者になった人はいるが）。これは、日本人によく見られる（外国人によく見られるかどうかは知らないが）、他人の領域に口を出さない礼儀正しさ、あるいはよそ者を入れない派閥根性のためかもしれないが、とにかく、ほとんどはじめからの心理学者ばかりらしい。

そのせいかどうかは知らないが、日本の心理学の水準は、国際水準とくらべるとかなり劣るようである。幕末から明治のはじめにかけてヨーロッパの諸学問がどっとはいってきて以来、はじめのうちこそ外国の学者の説の紹介にあけくれたが、現在、心理学以外の分野では、理論物理学をはじめ、日本の学者の研究が外国の研究とくらべて、あるいは抜きん出、あるいは肩を並べている学問はたくさんある。ところが、心理学ではそういう話はまず聞かない。日本人の論文が外国の学界誌にのるのが、まだ自慢の種になるほどである。日本の心理学界では、まだ外国の説を紹介する段階がつづいているようで、わたしも心理学の本を何冊か翻訳したりしているのであまり口幅ったいことは言えないのだが、正直なところ、日本では、外国の一人か二人の学者の説を紹介し、解説するほかは何もしていない人（外国の学者の説をそれと断わって紹介するのはまだましな方で、なかにはもっとひどいのがいて、わたし自身の経験を話せば、大学院の学生だった頃、心理学教室のある教授に外国文献の翻訳を頼まれたので仕上げて提出すると、そのうちその教授が出した著書に、わたしが翻訳したそのままの文章が、引用文としてではなく、出ていたということがあった。この教授は今でもときたまテレビに出て「心理学的解説」をやっている）、あるいは外国の学者のつくった心理テストを紹介し、多少改変するほかは何もしていない人も、立派に心理学者として通用する。「心理学でどんなことを研究なさっているのですか」とたずねられて、「はい、ピアジェを研究しています」と答えても、それほどおかしくない雰囲気である。こうしたことを考えると、心理学者の心理学的解説がおもしろくないのは、学者としての心理学者の質に原因があるという説には、一理あるとわたしが主張する。

さらにわたしがおっかぶせるように言う。だいたい心理学者には、挫折した自然科学者と、挫折した文学者しかいない。前者は本当は自然科学者となり、厳密な科学的方法論にもとづいて真理を探求したかったのだが、そのためには才能が足りなくてやむを得ず、蝙蝠《こうもり》も鳥のうちなら、心理学も自然科学のうちだというわけで、心理学でもやろうかということになったのであり、後者は人間の心の世界に興味をもち、文学者となってそれを芸術的に描き出したかったのだが、その才能がなかったので、とにかく心理学なのだから心の問題を扱う点では変わりはないとみずからを慰めて心理学をやることになったのだ。そういうはじめの志望が尾を引いて、前者はネズミを走らせたり、猫の頭をこじあけて電極をつけたり、皮膚電気反応を調べたりする実験心理学や生理心理学に走り、後者は個人個人の心の特殊なあり方を問題にする性格心理学や臨床心理学に走る。この両種の心理学が同じ心理学という名がついておりながら、まったく別の学問のように方法も対象も異なり、無関係なのはそのせいかもしれぬ。実際、臨床心理学者には、昔、詩を書いていた者や、売れない小説を書きためていた者が案外いる。とにかく心理学界は、才能がなくて初志に挫折した者のたまり場だ、と。

　そこまで言われると、わたし以外の者はいささか鼻白む。そこで、われわれのなかの気のやさしい者がしらけた雰囲気を救うために別の理屈を考え出す。心理学者の心理学的解説がつまらないのは、心理学者の質に原因があるのではなく、学問としての心理学そのものに問題があるのではないか。つまり、他の学問は素人には近づけないようなことを対象としている。物理学者の語る素粒子の世界などは素人の想像もつかない世界である。考古学者が集めている古代の遺物などは素人の日常生活に縁もゆかりもない。法学者が知っているたくさんの法律や判例、そのもとになっている歴史的あるいは思想的背景を素人は知らない。しかし、心理学者であろうとなかろうと人間は誰でも、ものごころついて以来、自分の心の動きを体験し、観察し、周囲の人びとの行動をその心理と結びつけて考察してきている。したがって、どんな素人でも多かれ少なかれ心理学者なのだ。心理学ではプロとアマの差が決定的ではないのだ。したがって、プロの心理学者がたとえば犯人の心理を解説しているのを読んだとき、素人でも自分なりの心理学と照らし合わせて、それを馬鹿げているとか、つまらないとか判断することができる。それに、学問としての心理学の研究と、人の心を読み取る直観的洞察力の養成とは違うのだから、そういう点では、直観力のすぐれた素人より劣っている心理学者はいっぱいいて不思議はない。要するに、心理学では、プロの水準が低いのではなくて、アマの水準が高いのだ。したがって、心理学者の解説が素人にも馬鹿げて見えるとしても、それは心理学者が学者として劣っているからではなく、心理学の本質上、どれほどすぐれた心理学者であろうと、素人に感嘆されるような解説をしゃべることがそもそも無理なのだ、と。

この説はわれわれの自尊心を満足させる。わたしも妥協して、まあ、そういうことにしておこうということになる。ただ、未練がましくひと言余計なことをつけ加える。それがわかっているなら素人に笑われるような解説なんかしなきゃいいのに……と。

心理学無用論

日本にも心理学という学問があって、日本心理学会の会員を心理学者とすると、三千人ぐらい心理学者がいる。心理学専攻の学科を設けている大学がたくさんあり、設けていないところでも、心理学関係のいくつかの講義のない大学はない。実に大勢の日本人が教養あるいは専門として心理学を勉強あるいは研究しているわけだが、明治維新後一世紀以上過ぎたわけだし、ここらあたりでそろそろ、なにゆえに、そしてなんのために、われわれは心理学という学問をもっているのかを反省してみてもいいのではなかろうか。

およそ学問というものは、ある問いかけがあって、それに対する答えとして出発したものである。その答えがまた新しい問いを生み、それが一段高いレベルでのまた新しい答えを生んでゆくというのが学問の発達であり、答えを体系化したものが理論である。そして、どの学問においても、最初の問いかけは、月はなぜ満ちたり欠けたりするのかとか、物体はなぜ落下するのかとか、人間はなぜ病気になるのかという、日常的な素朴なレベルのものであり、そのレベルの問いかけと、専門的レベルの問いかけとは、抽象化あるいは特殊化の程度が異なっているだけであって、質的には同じ延長線上にあるものである。

　ところがここに、日常的レベルの問いかけと専門的レベルの問いかけとが全然無関係で、異質である学問がある。それが心理学である。早い話が、ある学問においてどのようなことが研究されているかは、専門外の素人でもだいたいの見当はつき、もしむずかしくてよくわからないにしても、そのむずかしさは意外なむずかしさではない。わからないならわからないなりに、なぜそういうことが問題になっているかは納得できるところがある。しかし、心理学に関しては、素人が思ってもみないようなことが研究されているのである。物理学は物質の原理を研究する学問であると、素人は思っている。まさにその通りである。物理学という文字に嘘はない。そして、心理学は人間の心の原理を研究する学問であると、素人は思っている。ところがこれが大違いである。

　わたしもその一人だったが、心の原理を学ぶつもりで大学の心理学科にはいった学生ははじめに愕然とする。心理学の主流はいわゆる行動主義心理学であって、ネズミに餌をやったり、電気ショックを与えたりして、ネズミが右へ走ったとか左へ走ったとかいう実験をやっている。人間相手の実験でも、二つの物体の重さの差がどの程度以下になれば弁別できないようになるかとか、無意味綴と有意味語とでは記銘や忘却の度合にどのような違いがあるかというようなことをやっている。そのほかに臨床心理学というものもあるが、やっていることは主としてテストで、なにやらわからぬ図版を見せて、なにに見えるかを聞いたり、一定の質問に答えさせて、被験者の反応を分類し、その性格を診断したりしている。いっこうに人間の心というものが出てこない。わたしのことを言えば、人間はなぜ恋愛するのか、自殺するのか、ある人が大嫌いで無暗に癪にさわるのはなぜか、なぜ人間にだけ性のタブーが存在しているのか、悲しむというのはどういうことかというような日常的な素朴な疑問をいっぱい抱いて心理学科にはいったのだが、心理学はそういう問題とは無関係であった。そういうことはアカデミックな問題ではなく、「科学」としての心理学の対象外であり、そんなことを聞くと、場違いな馬鹿げたことを聞く奴だ、現代科学たる心理学を何と心得ているかと笑われそうであった。

とにかく心理学とはそういうものなのだ。ネズミがどっちに走るかを研究するものなのだ。なんでも偉い学者の言うところによると、ネズミの行動の研究を一歩一歩積み重ねてゆけば、いつの日にかそのうち人間行動の理解に到達するそうだ。それが納得できないのはまだ勉強が足りないからなのだ。なかには失望して心理学科を去る学生もいたが、わたしは、生来ものぐさだったためもあって、なんだか変だと思いながらも、反論するほどの自信はなく、結局ずるずると大学院まで十年近く心理学科に籍をおいていた。そして、心理学というものが根なし草の学問であり、とんでもない錯誤から出発した現代の愚行の一つ、羊頭狗肉のインチキ学問ではないかと気づいたときは、すでに手遅れで、今さら商売替えもできず、わたしはある大学の心理学の教員として飯を食うようになってしまっていた。

後世の人は、現代の心理学を、現代人が昔の占星術や錬金術を見るのと同じように見るのではないかと思う。占星術は星の運行と人間の運命とがつながっているという迷信、錬金術は卑金属を合成して貴金属をつくることができるという迷信から出発していたが、現代の心理学は人間を物理化学的反応体として扱うことができるという迷信から出発している。言うまでもなく、迷信に囚われているときには迷信と気づかない。疑う者は軽蔑と反感を買う。しかし、この迷信が崩れれば、現代の心理学の全体系が崩れるのである。占星術が滅びて天文学が、錬金術が滅びて化学が生まれたが、現代の心理学もいずれそのうち滅びるであろう。それが滅びたあとにどのようなものが生まれるであろうか。

現代の心理学が迷信から出発しているにしても、西欧の歴史においては、そのような迷信が生じたのはそれなりの思想的背景がある。生気論と機械論、目的論と因果論、観念論と唯物論、先験論と経験論、創造説と進化論など、多岐にわたるさまざまな思想の闘争の歴史があり、人間は物理化学的反応体であるというテーゼも、その闘争のなかから必然的に生まれてきたテーゼの一つであって、そういう思想の歴史を背負っている西欧人としては、このテーゼの真偽はその世界観の存亡にかかわる重大な問題であり、いずれ決着をつけねばならない。そのために、それが真であるとの仮定に立ち、莫大な努力を払って研究しなければならないとしても、やってみるだけの値打ちのあること、いやむしろ、やらないではすまされないことである。それが結局、途方もない浪費だったことがわかるとしても、それは必要な、と言ってわるければ、避け得ない浪費である。現代の心理学が、人間の心に関する日常的な素朴な問いかけから切り離されているのは、西欧においても日本においても同じだが、西欧においては、少なくとも上述のように、日常的レベルでは無意味でも、思想的レベルでは避けて通れない問題とかかわっているのである。はっきり言えば、心理学は、自然科学の一部門であると自称しているけれども、そして一見いかにも科学的方法論にもとづいているように見えるけれども、その正体は、科学ではなく、形而上学である。かつて西欧人は、イエスが神であるか人間であるかを争って血を流したが、現代の西欧人は、人間が物理化学的反応体であるかどうかをめぐって必死の研究をつづけている。そのいずれの問題も、西欧人にとっては、生死にかかわる重大な問題であった（または、重大な問題である）が、要するに形而上学的問題に過ぎず、非キリスト教徒にとってイエスがなんであろうがどうでもいいのと同じように、非西欧人にとっては、人間が物理化学的反応体であるかどうかはたいした問題ではない。もちろんわたしは、人間をそう見るのは現代の神話の一つであると思っているが、それは、有神論に反対して無神論を主張する者のようにやむにやまれぬ内的必要性からそう主張しているというよりは、宗教に無関心な者を強いてどちらかに分類すれば無神論者になるというぐらいの意味で、そのような見方に賛成しないというに過ぎない。

つまり、現代の心理学は、日本においては、日常的レベルの問いかけから切り離されているだけでなく、思想的に決着をつけないではすませられない問題ともかかわりがないのである。おそらく、幕末から明治にかけて西欧の諸学問をどっと輸入したときに、ついでに心理学も輸入してしまったのであろう。西欧に追いつくために、西欧人のやっている学問はなんでもやろうとしたのであろう。それがわれわれ自身の日常的問いかけに答え得るものであるかどうかを考えるゆとりはなかったのであろう。もちろんある程度の選択はしたけれども、心理学は一見科学風なので、形而上学と気づかれずに、近代諸科学のなかにまぎれこんでしまったのであろう。

もちろん、心理学だけでなく、物理学でも医学でも数学でも、またその他の学問でも、とにかく西欧に生まれ育った学問が西欧の思想に基盤をもっているのは当然のことである。しかし、心理学以外のそれらの学問は、日常的レベルの問いかけの延長線上にあり、そして、物体はなぜ落下するかとか、人間はなぜ病気になるかとかの日常的問いかけは、西欧でも日本でも変わりはなく、日本人ももっていたし、もしもっていなかったとしてもたやすくもち得るから、それらの学問は、西欧の学問がはいってくる以前の日本でも、萌芽の段階にせよ存在していたものもあり、ある程度の発達をとげていたものもあり、数学のように西欧に劣らぬ水準までいっていたものもある。いずれにせよ、日本において、それらの学問は日常的問いかけとつながった。そこがつながれば、根をもったということであり、根をもてば枝々に花が咲き、実もなろうというものである。もちろん、全般的に言えば西欧に劣ってはいるけれども、それらの分野では、日本においても世界的学者がでるし、ときには西欧を抜きんでた研究業績や技術水準に達する。そういうこともだんだんめずらしくなくなってきている。

しかし、日本の心理学者では、世界的水準に達した者はかつて一人もいない。日本で生まれた理論も心理テストも一つもない（翻案や修正はあるが）。外国の学界誌に日本の心理学者の論文がぼつぼつ出るようにはなっているが、ご存知のように、学界誌というものには三流、四流の論文しかのっていないものである。それを、日本の心理学もだんだんと世界的になった証拠だと喜んでいるのだから世話はない。

日本の心理学者は、おおまかにわけると次の三種類になるように思われる。第一は、外国の心理学者の理論の紹介しかしない人である。明治のはじめ頃ならそれもやむを得なかったが、今だにこの手合いがいる。彼らは、いわば輸入業者に過ぎないのに、この日本では立派に一流の心理学者として罷り通るのだから、あきれるほかはない。外国のある心理学者が教祖様で、当人は熱心な信者であるといった感じの人がいる。その種の人の学術的（?）著書には、教祖様のご高説しか書いていない。もとの説を適当に並べかえたり、かえってわかりにくくまとめてあるところが、翻訳書と違うだけである。第二は、きまじめで良心的な人で、重箱のすみを針でほじくるようなこまかい研究テーマをコツコツと根気よく追っている。この種の人が外国の心理学者の行なった実験の追実験をしたりすると、もとの実験よりはるかに詳細で精確なデータを積みあげる。そういう意味では外国の水準を越えて進んでいるわけであるが、それはあくまで、あちらの人が敷いたレールの上をあちらの人より余計に走ったということであって、自分でレールを敷くわけではない。あまり生産的でないとわたしは思うが、しかし、今のところ、わが国の心理学を支えているのはこの種の人たちである。第三は、心理学の研究を放擲《ほうてき》してしまって、一般向けに、『根性』とか、『人に好かれる法』とか、『子どもの知能ののばし方』とか、恥を知る心を捨てさえすれば心理学など全然知らない馬鹿でも書ける（あるいは馬鹿しか書けないと言うべきか）内容の本を書いたり、センセーショナルな事件の犯人の心理を知ったかぶりに解説したりするいわゆるタレント教授である。この種の人たちは、もはや研究者たることをやめている（または、はじめからそもそも研究者ではなかった）のだから、心理学者と言えないかもしれないが、社会的地位としては一流または二流または三流大学の心理学の教授をやっているので、世間的には心理学者であることは間違いない。以上の三つの範疇に属さない者もいないではないが、その数はきわめて少ない（せめて数人はいると思いたいが）。

　しかし、彼ら個人を非難あるいは嘲笑したところで、どうにもならない。問題は、もっと深く、なぜ日本の心理学者がそのような三つの範疇にわかれてしまうかということにある。なぜ外国の学説の紹介者は紹介専業になってしまうのか、なぜ一般向けの解説者は解説専業になってしまうのか、他の学問においてはそんなことはないのになぜ心理学においてのみ、大学《アカデミック》心理学といわゆる俗流心理学との区別があるのかということにある。本来なら、たとえば、まじめな研究者であることと、一般向けに専門的立場からいろいろな問題に答えることとは相容れないことではない。いやむしろ、さっきから繰り返し述べているように、学問というものは日常的レベルの問いかけに答えることから出発したものだから、まじめな研究者ほど、一般向けの解説もうまくやれて然るべきである。ところが、わが国の心理学においては、この二つのことは相容れないのである。心理学の研究は日常的問いかけと切り離されたところで行なわれているから、要するに、研究を放擲し、学者としての良心を捨てた者しか一般向けの解説者になれない。そして、心理学の専門知識は応用できないわけだから、その解説は、不可避的に、馬鹿でもやれるようなレベルのものにならざるを得ない。それを横眼で見ながら他方では、きまじめで良心的な心理学者が、日常的問いかけとかかわりのないこまかい専門知識をせっせせっせと積みあげているというわけである。

なぜこういうことになったか。要するに、心理学が、科学ではなく形而上学だからである。日本に世界的心理学者が一人も出ないのも、独自の心理学理論が一つも生まれないのも、努力が足りないためではなく、また頭がわるいためでもない。それは、根のない枯れた樹に実がならないのと同じであって、絶対に起こり得ないことなのだ。心理学の研究は、大いなる浪費である。すでに述べたように、西欧人（アメリカ人を含めて）には、その浪費をやらざるを得ない歴史的事情がある。西欧においては、心理学は、日常的レベルの問いかけには根をもっていないにしても、少なくとも、世界観的レベルの問いかけに根をもっている。そして、西欧人は、その浪費、その挫折を通じておのれの世界観的問題に対する一つの解答を見出し、その思想を一歩前進させることができるであろう。しかし、日本人までが彼らの形而上学につき合って、貴重な時間とエネルギーを浪費することはない。自分の判断でやって失敗し、大損したのなら、その失敗から学び、一つ賢くなることができる。しかし、他人がやっているからと言ってそのまねをして大損したのでは、損のしっ放しである。

もしできるとしても、まだまだ先のことであろうが、日本人が日本の心理学を築くつもりなら、科学の仮面をかぶった形而上学たる西欧の心理学を捨て、日本人の日常的問いかけから出発しなければならないであろう。そのためには、一般の日本人が心理学というものになにを期待しているかを知り、それを汲みあげなければならないであろう。その期待を、心理学を知らない無知な大衆の軽率な誤った期待だとして無視し去るのは、とんでもない思い違いである。そこにしか、学問は根をもち得ないのである。大衆の期待を無視する医学なんてものが考えられるだろうか。それを無視して成り立ち得ているところに、西欧から輸入したこれまでの心理学がまさに形而上学にほかならなかった、なによりの証拠がある。

わたしとしても、自然科学、社会科学を問わず、西欧の近代諸科学が日本にもたらした大いなる利点を評価することにかけては人後に落ちるものではない。しかし、西欧のいわゆる科学と称するもののなかには、形而上学の尻尾を引きずっているものもあるのだ。その尻尾まで一緒くたに輸入して、「きまじめに良心的に」研究することはないのだ。節約の時代になったことだし、もうそろそろ、無駄な浪費はやめようではないか！　日本の心理学ができるまでは、日本の大学から心理学の講義を追放しようではないか！（あまり利口でない心理学者たちを除いて、一部の心理学者は以上のようなことに気づいているのではないか。そして、会社を休めば自分が無用な人間であることがばれ、首になることを恐れて無欠勤をつづけるサラリーマンのように、大学の教壇に立って、懸命に心理学を講じているのではなかろうか。当人はそれで給料がもらえるからいいものの、おもしろくなくてかつ無益なことを聞かされる学生が気の毒でたまらない）。

自己について

ナルチシズムを説明するために、いまさらギリシャ神話をもち出すこともあるまいが、ナルチシズムの概念は、精神分析者のあいだでも、もっとも混乱している概念の一つである。フロイド自身、はじめとあとでは、見解が変わってきている。はじめ、ナルチシズムは、自己色情期と対象色情期のあいだの過渡的な一段階であった。ナルチシズムは、自分と似ている対象を愛すること、また、その対象と同一視したところの自分を愛することであった。のちに、自己色情とナルチシズムの区別が消え去り、人間の性的・心理的発達の最初の段階にナルチシズムが仮定され、その原型は胎内生活にあることになった。

しかし、以前のナルチシズムの概念は、捨て去られたわけでなく、二次的ナルチシズムと名づけられて、一次的ナルチシズムと対比され、発達の一段階というよりは、人間の人格における一つの構造的なものとなった。フロイド以後の精神分析者には、この後期の考え方を受け容れている者もあり、前期の考え方に近い者もあり、一次的ナルチシズムの存在を否定し、最初の段階に対象愛を仮定している者、あるいは、そもそもナルチシズムという概念を全面的に否定する者もいて、まったくばらばらだが、それらさまざまな理論のこまかい検討をしてもおもしろくないだろうから、わたしは、自分の考え方がどの立場に立っているとか、誰の理論に近いか遠いかということをいっさい抜きにして、勝手にわたしのナルチシズムの概念を述べることにする。

まず、ナルチシズムは人間に特有の現象であり、感覚運動器官がきわめて未熟な状態で生まれてくるという人類の特異な生物学的条件に由来すると思う。生まれおちたとき、人間の幼児は、現実を知らず、対象を認識できない。現実と非現実（幻想）の区別、自己と対象の区別は存在しない。あるいは、現実は非現実の、対象は自己のなかに含まれ、渾然一体となって不分明な全体を形成していると言ってもよい。この状態が、ほとんどそのままの形で、生後ほぼ一年間つづく（不完全な形では、ある意味で一生つづくと言える）。

長期にわたってこの状態がつづく結果、人間の衝動生活と人格構造に、永久に消えない特殊な歪みが生ずる。すなわち、人間においては、そのナルチドー（別に新語をつくる趣味はないが、精神分析には、性本能のエネルギーを呼ぶのにリビドーなる用語があるけれども、個体保存本能のエネルギーを呼ぶ適当な用語がないので、かりにナルチドーと呼んでおく）は、まずはじめに、（現実と区別されていない）非現実の幻想のなかの（対象と区別されていない）自己と結びつく。本来なら、現実的自己（以下、現実我と呼ぶ）の保存のために使われるべきナルチドーが、非現実的自己（以下、幻想我と呼ぶ）の保存の方向へ逸脱する。わたしは、ナルチシズムを、幻想我の保存にナルチドーが向けられている状態であると定義する。それと対比して、ナルチドーが現実我の保存に向けられている状態がエゴイズムである。

まだ現実を知らない幻想の世界における、対象と区別されていない自己は、現実的諸条件に制約されていないから、あらゆることが可能である。つまり、全能である。また、知らないことの存在を知らないのだから、全知である。また、対象の存在、他者の存在によって限定されていないから、この自己は、無限に開かれた世界のいたるところに遍在する唯一無二の存在である。要するに、それは、神の原型である。

しかし、人間の幼児は、遅かれ早かれ、不本意ながらも現実を発見することになる。人間にとって、現実とは、まずはじめ、おのれの全知全能性を傷つける憎むべきもの、否認したいものとして現われてくる。幻想我とくらべて、現実我はなんと無力でみじめで、限られた存在であろうか。だが、現実は否認しようもない。

幻想我と現実我、ナルチシズムとエゴイズムは根本的に対立する。ここに、人間存在の克服しがたい永遠の分裂と葛藤の源泉がある。人間はみんな結局はエゴイストであるということが言われるが、人格発達の立場から言えば、これは誤りであって、人間は、エゴイストである前にまずナルチシストであり、発達の結果、不本意ながらエゴイストになるに過ぎず、しかも、この発達はつねに不完全にとどまり、個人差が非常に大きく、現実我を知らなかった。つまりエゴイズムが存在していなかったかつての完全なナルチシズムの状態を回復したいあこがれが消滅することはない。（ついでながら言うと、エゴイズムは人間同士の醜い争いを惹き起こす悪徳としてさんざん非難されるが、実際には、ナルチシズムの方が始末がわるい。ある限度以上の争いは双方の不利益になるから、エゴイスト同士は妥協と協調が可能であるが、ナルチシスト同士は、ともに利害打算を無視するから、うまくいっているあいだはいいが、いったん争いになると歯止めがなく、とことんまでいってしまう）。

本音を言えば、人間はむしろ、幻想我こそ保存したいのであり、現実我の保存は、厄介で面倒な、気が進まないがやむを得ない仕事なのである。幻想我への執着を思い切ることは不可能である。したがって、幻想我と現実我の対立を最終的に解決するには、むしろ、現実我を消滅させる方が容易である。つねに幻想我の邪魔をし、その足を引っぱり、いちいちうるさい条件をつける現実我を消してしまえば、高揚した全能感と無限の至福につながる幻想の自我像を永久に保存することができる。現実我を消し去るとは、つまり自殺することである。自殺にはさまざまな動機がからんでいようが、この動機がいちばん強いと思う。動物が自殺しないのは、幻想我と現実我の分裂がないからである。とくに鬱病患者の自殺は、この動機に発するものであって、抑鬱感情とは、無限の高みにのぼった幻想我の観点からみじめな現実我を見たときの感情であると思う。三島由紀夫は、派手な仕方で現実我を滅ぼして、幻想我としてのその名の不滅化を計ったのであろう。虜囚の辱かしめを避けて死を選ぶのも、同じ動機からであろう。この意味においても、自殺は個体保存本能と何ら矛盾しないのであって、ただ、保存される自己が幻想の自己であるという点に特異性があるだけである。

これほど追いつめられた劇的な場面でなくても、われわれは日常生活のあらゆる場面で、幻想我と現実我の葛藤を経験し、その調整に苦慮し、あれこれ迷い、ときには一方を、ときには他方を優先させ、絶えず揺れ動いている。名を捨てて実を取ったとき、恥を忍んで嫌な上役に頭をさげたとき、降伏して命乞いをしたとき、われわれは現実我を選んだのであり、そのとき、なおざりにされた幻想我は、耐えがたい屈辱感となって心に傷を残す。逆に、誇りを持して利害打算を無視したとき、見栄を張って気前よくふるまったとき、食わないで高楊子を使うとき、われわれは幻想我を選んだのであり、そのときには、現実の損害と苦痛は避けがたい。

幻想我と現実我の葛藤の最終的解決法は自殺しかないが、一時的解決法、気休め的解決法はいろいろとある。酒を呑むのも一つの方法である。酔っぱらえば、現実我は忘れ去られてナルチシズムが高揚し、全能感が刺激されて何でもできるような気になり、自己と他者との境界がぼやけて、世界は無限に開けてき、みんな自分の仲間と感じられてくる。しかし、酔いがさめるまでのことである。宿酔《ふつかよ》いの苦々しさは、生理的要因もあろうが、主ないかと思う。

として、せっかく追っ払った現実我がまた図々しく立ち戻っているのを見た苦々しさでは

すでに述べたように、ナルチシズムは、自己と対象との区別が成立する以前に形成されたものであるから、自己と対象の混同をその本質的条件の一つとして含んでいる。幻想我は容易に他者と混同される。この条件を利用して、幻想我と現実我の葛藤を解決する方法もある。対象を幻想我と同一視し、対象にナルチシズムを投影するのである。ベアトリーチェに対するダンテ、ロッテに対するウェルテルの恋愛のような、片想い的形態の恋愛はこの範疇にはいるであろう。対象が幻想我と同一視されると、それまで自己の内側において演じられていた幻想我と現実我の葛藤は、その場面がずらされて、理想化された、近づきがたい神々しい存在としての恋人と、その愛にあこがれながらも愛されるに値しないつまらぬ存在としての自分との対比という形を取る。幻想我のあらゆる属性が恋人に付与される。恋人は唯一無二の存在であり、この世のものならぬ美しさを具えている。その価値は無限であり、恋人のためなら、どのような犠牲も惜しくない。恋人に捧げる愛は、いっさいの現実的考慮を越えた無条件、無償、無限の愛である（もちろん、幻想のレベルで）。しかし、内的葛藤の解決法としてのこの種の恋愛は、非常にあぶなっかしいバランスの上に立っており、脆く崩れやすい。恋人が離れていってしまっても、近寄ってき過ぎても、この種の恋愛は破綻する。幻想我と同一視された恋人に拒否され、見捨てられた現実我は

絶望と劣等感の地獄に落ちるであろう。恋人が近づいてきて現実のレベルで自分のものになれば、もはや幻想我と同一視することは不可能となり、外在化されていた葛藤はふたたび内面に押し戻されて、もとのもくあみである。そのいずれになっても困るので、この種の恋愛者は、恋人が去っていってしまいそうになるとあらゆる努力を払って引き寄せようとし、近づいてきそうになると、のぞき見しているところを見つかって相手の女が近づいてきたときの窃視症者のように、あわてて逃げ出す（実際、片想者と窃視症者の心理構造上の類似は疑う余地がない）。トリスタンとイズー、あるいは春樹と真知子の物語は、たびたび「外的」邪魔がはいって二人を引き離し、一定の距離に保たないと、恋愛というものが成り立ち得ないことを示している。しかし、実際には、遠くも近くもない一定の距離を保つという、そのような綱渡りのような芸当が長いあいだボロを見せずにうまくゆくということはまずないので、この種の恋愛は、遅かれ早かれ挫折せざるを得ない。

幻想我と同一視し、それを投影する対象は、別に人間である必要はない。むしろ、なま身の人間でない方が、失敗の危険が少ないし、相手にも迷惑をかけないですむ。幻想我を投影した方は、むしろ相手のために献身しているつもりだが、投影された方は、そこにつけこんで利用する気でもないかぎり、迷惑この上ない。おとななら、適当にあしらって放っておくことができるが、たとえば、よくあることだが、親が子どもに幻想我を投影した場合、子どもは親に全面的に依存しているので、そうもできず、自分に投影された親の幻想我に何とか合わせようと無理な努力を強いられる羽目になる。その結果、自己疎外が生じ、末は精神病者、神経症者、犯罪者、あるいは少なくとも不適応者になることは必定である。人に迷惑をかけたくなければ、何らかの抽象的存在を選んだほうがよい。神でも、何らかの主義、理想、理念でもよい。万世一系の天皇をいただく大日本帝国でもいいし、階級なき共産主義社会でも、アラブの大義でもよい。イデオロギーの歴史は、ある意味で、幻想我の集団的投影の歴史である。幻想我をあるイデオロギーと同一視した者は、そのイデオロギーのために身命を投げうつのを惜しまなくなる。幻想我と同一視された理念にナルチドーが全面的に集中していれば、現実我の消滅、すなわち自分の死は何ら恐怖ではない。死の恐怖とは、ナルチドーの対象の滅亡に対する恐怖だからである。ナルチドーの対象とは「自己」にほかならず、すべてのナルチドーが集中している理念の永遠性を信じていれば、「自己」は永遠に不滅である。この状態が、いわゆる法悦の境地であろう。キリスト教の殉教者は歓喜にふるえながら十字架にかけられたであろうし、八紘一宇《はっこういちう》のための聖戦を信じていた特攻隊員（もちろん、強制された者を除き）は、（幸運にめぐまれて）敵艦に体当たりするとき、死の恐怖を感じなかったであろう。死の恐怖の強さは、現実我に配分されているナルチドーの量に比例する。二・二六事件の将校は銃殺される寸前に「天皇陛下万歳」と叫んだが、それは、天皇に投影されている彼らの幻想我の方へできるだけ多くナルチドーを流しこむことによって、現実我に残存するその量を少なくし、死の恐怖を軽減しようとしたのであろう。拷問で殺されたレジスタンスの闘士がますます固くフランスの栄光を信じたのも、同じ動機からであろう。（ついでながら言うと、はじめにすぐ屈服する者は別だが、信念をもった者が相手の場合、いきり立って相手の肉体＝現実我をさらに虐待し、ますますみじめな状態に突き落とすというのは、もし相手をいじめることではなく、屈服させ、白状させることが目的だとすれば、拷問の方法として実に拙劣である。相手は、みじめな肉体＝現実我からますますナルチドーを引きあげて信念＝幻想我に注ぐようになり、ますます拷問に屈しなくなるであろう。別に拷問者に助言するわけではないが、相手の肉体＝現実我へのナルチドーの配分をふやすことが成功の鍵であろう）。理念のための自己犠牲は、失われたかつての純粋なナルチシズムの状態（まだ現実我を知らなかった時代）を、未来において回復しようとする企てである。したがって、それに調子を合わせるために、さまざまなイデオロギーは、個人の生活史を集団の歴史のレベルに引きのばし、失われた昔の至福の時代（エデンの園、原始共産制、神代など）と、未来の理想の世界（至福千年、共産主義社会、王道楽土など）を設定してある。ナルチシズムの投影の対象としての理念も、前述の恋愛の場合の恋人と同じように、実現不可能であることが決定的に明らかになる（恋人に決定的に拒否される）こともなく、また、実現する（恋人が愛を受け入れる）ことも決してないものが望ましい。個人の生存の時間的スケール内で実現不可能性が証明されたりするようなものだと、敗戦によって大東亜共栄圏の夢が破れて腹を切らざるを得なくなった皇国主義者たちの例からもわかるように、信奉者に及ぼす被害が大きい。

恋人やイデオロギーのほかにも、ナルチシズムはさまざまな対象に投影される。事業や学問的業績、出世や冒険も対象になる。ヨットで世界一周をした者は、ナルチシズムを横のレベルで世界に拡散したのであり、困難を克服してヒマラヤに登った者は、ナルチシズムを縦の方向に八千何百メートルか高揚させたのである。彼らは、日常の枠を越えたその成果に、幻想我の実現を垣間見る。他人から見れば、そんなものがナルチシズムの対象になるのかと吹き出したくなるようなものだって、当人は心ひそかにそこに幻想我の拠りどころを見出している。吹き出す方だって、目クソ鼻クソを笑うのたぐいであって、自分のことはわからないだけのことである。隣りの家にはピアノがないのに自分の家にはあるとか、親戚に偉い人がいるとか、かつて追いすがってきた男（女）を捨てたことが一度あるとか、三日競馬をつづけて三〇万円すったとか、先祖が武士だったなどのようなことも、人によってはナルチシズムの対象となり得るが、このような馬鹿げたことでもそうなり得るということは、われわれが、適当な対象がなければ不適当なものでもぜいたくは言っておれないほど、それを絶対不可欠に必要としていることを示している。テレビの画面では、連日連夜、幻想我の代表選手である仮面ライダーやミラーマン、あるいは水戸黄門や銭形平次が、善玉（現実我）をみじめな状態に突き落し、不当に虐待している悪玉（現実原則）をやっつけているが、十年一日のごとき同工異曲の物語が決して飽きられることがない。人びとはこれほどまでに、幻想我の実現をはばんでいる現実の世界を恨んでいるのである。易者が「あなたには埋れた才能があります」と言えば、たいてい誰の場合でも当たるそうだが、われわれは、当然花を咲かせるべきなのにまだ咲かせていないナルチシズムを心に秘めている。ぼろ（現実我）は着てても、心は錦（幻想我）である。昔、戦さに負けて敗走した敗軍の軍用金など、隠匿されて見失われた埋蔵金の物語が決してあとをたたず、ときには、古文書を頼りに多大の費用をかけて本気でそれを掘り出そうとする人が現われるのも人びとの埋れたナルチシズムがそこに投影されるからである。男性の場合で言えば、たとえばペニスは、そのナルチシズムの重要な拠点である。いざとなればスルスルとのびて強敵を打ち倒す孫悟空の如意棒や、こすればあらゆる夢が叶うアラジンのランプは、明らかにペニス・シンボルだが、これらは、ペニスとナルチシズム的全能感との結びつきをおもしろいほどはっきりと物語っている。不能者の苦しみは、性的快感が得られない不満に由来するのではなく、何よりもまず、ナルチシズムを傷つけられた屈辱の苦しみであり、ある種のドン・ファンの女漁りは、性欲が人一倍強いためではなく、傷つけられたナルチシズムを回復しようとするあがきと見ることができる。ペニスのひとふりで世界を支配することが、男どもの見果てぬ夢である。そう言えば、武器という武器はみんな、ペニスに形が似ている（？）。

芸術は純粋なナルチシズムの世界である。そこでは、ナルチシズムが公然とその表現を許され、ナルチシズムがナルチシズムであるがゆえにとがめられるということがない。ここに芸術の世界の特異性がある。恋愛の場合にせよ、イデオロギーの場合にせよ、それを支えているナルチシズムは、ナルチシズムであることを隠さねばならず、建前として現実的であることを強要されている。恋人に、「わたしはあなたを愛しているのではなく、あなたに投影したわたしの幻想我を愛しているのです」と言うことはできない。イデオロギーは、建前としては、あくまで現実を解釈し、あるいは変革するのに役立つものでなければならない。日常生活のなかでナルチシズムにかられてうぬぼれたほらを吹けば、人びとの嘲笑と軽蔑を買う。しかし、現実原則にいささかもしばられる義務のない芸術という領域が設けられているのである。それは、ほかのところでは許されないことが許されているおとなの遊園地である。芸術は、人間存在における幻想我と現実我の葛藤を、前者の保護のための特別な禁猟区を設けることによって解決しようとする試みである。自殺と同様、人間のみに芸術が可能なのも、幻想我と現実我との分裂があるからであり、そもそもわれわれが非現実の世界に関心をもち得るのも、この世に生を享けて最初に知った世界が非現実の世界だったからである。

さらに、芸術という禁猟区は、幻想我の保護のためのものであると同時に、それを閉じこめておくためのものでもある。この禁猟区の外に迷い出てきた幻想我という野獣は撃ち殺さねばならないのである。幻想我は、現実の世界で「まじめな」目的を追求しているわれわれの背後に忍び寄り、まぼろしの甘い餌で釣ってわれわれを道に迷わせ、破滅に引きずりこむ結婚詐欺師である。キリスト教の救済の幻想のために、幾多の血が無駄に流された。大東亜共栄圏の幻想に釣られて、三〇〇万人の日本人が死んだ。精神病者は、言うまでもなく、現実の世界に割りこんできた幻想の犠牲者である。精神病者の誇大妄想こそは、われわれのうちなる幻想我のもっとも正直な姿なのだ。われわれがそれを嘲笑するのは、それが薄気味わるく、恐ろしいからであり、身に覚えがあるからである。

この危険な幻想我に、現実の「まじめな」世界に割りこまれては困るのである。それを滅ぼすことができないとすれば、かつて売春婦を赤線地帯に閉じこめたように、一定の区域に閉じこめるほかはない。そして、芸術というこの禁猟区とそれ以外の区域との境界をはっきりさせ、この禁猟区の住人、すなわち芸術家を、自他ともに許す公認のほら吹きとして隔離しなければならない。はじめからほら吹きとわかっていれば、真実と称して幻想を売る宗教家やイデオローグのような危険はない。芸術家を「まじめな」人たちと区別するには、一見正反対の二つの方法がある。第一の方法は、芸術家を「まじめな」人たちの下におく方法である。かつて役者は河原乞食とさげすまれ、文士は卑賤遊惰の徒と見なされ、文学は男子一生の仕事にあらずと考えられたが、これがその方法である。第二の方法は、逆に「まじめな」人たちの上におく方法で、芸術家は特権を付与され、何か特別な価値、日常性を越えた高尚な価値を具現する者として尊敬され、恐れられる。

しかし、言うまでもないが、幻想我と現実我との葛藤の解決策として、芸術も決して万全の策ではなかった。いくら禁猟区に閉じこめようとしても、幻想我はあらゆるスキを見つけて区域外へ忍び出てくる。というのも、現実的であることを僭称《せんしょう》するのが、幻想我の本質だからである。現実から遮断され、ナルチシズムの無用性、無償性、無条件性にもとづく美的価値をまとわせられるだけでは、幻想我は満足しない。芸術は、一種特有な手段で幻想我と現実我との葛藤を解決しようとしてきたが、それは失敗だったようである。少なくともかつて人びとは、この手段の有効性を信じていたが、その信念はゆらいでいる。もはやこれからは、それが信じられていた時代のような傑作は、芸術のどの領域においても生まれないであろう。それと同時に、芸術家は恐ろしい存在でなくなり、さげすんだり祭りあげたりして遠ざける必要はなくなった。「まじめな」人たちの仲間に入れても安全だということになったのである。幻想我と現実我との葛藤を解決する別の手段である宗教は、かつて大部分の人びとの心をつかみ、絶大な勢力をもっていた。それが今では、滅びてしまってはいないものの、昔日の栄光を取り戻す気づかいはなく、ほそぼそと散発的な生命を保っているに過ぎない。芸術も、滅びてしまいはしないであろうが、同じような運命を辿るであろう。

だが、葛藤解決の手段としての芸術の有効性が疑われても、この葛藤は依然として存続しており、ほかにこれと言って有効な手段もない。さきに述べたように、決定的に有効な手段は、現実我を消し去る自殺しかないのである。自殺しないとすれば、人間は、幻想我と現実我の分裂を抱えて、あれこれ一時的な解決法でごまかしながら、四苦八苦して生きてゆくほかはないであろう。

自己嫌悪の効用——太宰治『人間失格』について

人によって頻度または強度の差はあろうが、誰でもときには自己嫌悪にかられることがあるであろう。広い世界にただ一人、いちばんかわいいはずの自分を人間はなぜ嫌悪するのであろうか。何のためにか。他人に嫌悪されたのなら彼から遠ざかればすむが、自分に嫌悪されてしまった自分はどこへ逃げ出せばいいのだろうか。どうして人間は自分を追いつめるようなそんなひどいことを自分に対してするのであろうか。

わたしは長いあいだ、この種の疑問に囚われていた。フロイドの死の衝動または破壊衝動をもち出して、自己嫌悪はそれが自己に向けられた場合の諸形態の一つであると言ってみたところで、何の説明にもならない。他の人びとの場合と公平にくらべてみたわけではないが（そんなこと、できるはずもない）、わたし自身としては、相当自己嫌悪が強いほうではないかと思っていた。酔っ払ってはしたないことを口走ったり、ひょっとしてという助平根性を出して虫のいいことを頼んで断わられたり、つい（?）卑怯未練なことを仕出かしてしまったり、愚にもつかぬことを自慢してしまったりしたあと、わたしは激しい

（？）自己嫌悪に陥り、頭痛と称して丸一日、ふとんをかぶって寝込んでいたりした。そして、何のための自己嫌悪かという問題を考えることで、かろうじて自己嫌悪に耐えていた。以下は、自己嫌悪に陥ったときの折にふれての断片的考察を「ものぐさ精神分析」を書くこの機会に一応まとめてみたもので、わたしの自己嫌悪に関するわたし自身のものぐさな考察であり、他の人の自己嫌悪について同じことが言えるかどうかは知らない。読者諸賢よ、あなたはよく自己嫌悪を感じますか、もしそうなら、あなたの自己嫌悪の場合はどうでしょうか。

まず、自己嫌悪という以上、自分を嫌悪する自分と、自分に嫌悪される自分とが存在するわけである。存在するものはすべて合理的であるとまでは言わないが、正当な理由にせよ不当な理由にせよ、それなりの何らかの理由があるから存在していることは間違いない。では、「嫌悪される自分」が存在する理由は何であろうか。嫌悪されるのは、つねに、現実に自分が行なったある行為である。それらの行為を考察してみると、つねに、自分の何らかの欲求を満足させたか、または満足させる可能性のあった行為であることがわかる。虫のいいことを頼んだのは、ひょっとしてもし承諾してもらえたら、うまい汁にありつけるからである。卑怯未練なことを仕出かしたのは、ある利益または快楽を、それを得る正々堂々とした手段がないにもかかわらず、あきらめ切れなかったからである。あとから「はしたない」とか「愚にもつかぬ」とか判断するとしても、それを口走ったり自慢したりしていた時点では、いい気分だったのである。すなわち、それらの欲求は、現実の行為を惹き起こす力のある現実的欲求である。いいかえれば、「嫌悪される自分」とは、まがうことなき現実の自分である。

それに反して、「嫌悪する自分」には、どこを探しても現実的基盤が見つからない。自己嫌悪は、嫌悪された行為の再発を阻止する力をもっていない。酒に手を出しては後悔して禁酒を誓い、また酒に手を出すアル中患者と同じように、自己嫌悪の場合も、あれほど激しく自分を嫌悪しながら、同じような場面になると、また同じような行為を繰り返すのである。本来なら、嫌悪は、嫌悪の対象の排除あるいは消滅の方向に作用する力をもっているはずのものである。それなのに、その力がないとすると、自己嫌悪の場合の嫌悪は、果たして本当に嫌悪なのかと疑わしくなってくる。少なくとも自己嫌悪は、現実の自分に基盤をもっていない。「嫌悪する自分」とは、いわば、架空の自分であり、架空の自分に発するものであるがゆえに自己嫌悪は、現実の自分に対して影響力をもち得ないのである。

自己嫌悪とは、つまり、「架空の自分」が「現実の自分」を嫌悪している状態である。ではこの「架空の自分」は何の必要があって存在しているのであろうか。「架空の自分」とは、要するに、はしたないことを口走らない自分、卑怯未練なことを仕出かさない自分である。いいかえれば、人にそう思ってもらいたいところの自分、自分でそう思いたいところの自分である。すなわち、「架空の自分」は、社会的承認の必要と自尊心とに支えられている。「架空の自分」なんかない方が、「現実の自分」の欲求を自由に満足させることができて都合がいいわけだが、それでは、社会的承認を失い、自尊心が傷つく危険があるわけである。

以上のことから、次のように結論できる。すなわち、自己嫌悪は、その社会的承認と自尊心が「架空の自分」にもとづいている者にのみ起こる現象である。つまり、たとえば、無能な人間が自分を有能だと思いたがるとき、あるいは、卑劣漢が自分を道徳的だと思いたがるとき、その落差をごまかす支えとなるのが、自己嫌悪である。ここで自己嫌悪の効用が明らかになる。いやらしい欲望をもったとき、当人は二者択一に直面している。そんないやらしいことはしないという高級な水準の社会的承認と自尊心を断念し、その欲望の満足を得るか、それとも、その欲望の満足を断念して高級な水準の社会的承認と自尊心を維持するかの二者択一である。この二者択一に直面して、いずれをも断念したくない、花もダンゴも欲しいという欲張りが使う詐術の一つが自己嫌悪である。彼は、現実のレベルでその欲望を満足させ、その満足を味わったところの自分を非自己化する。すなわち、別のレベルに「真の」(実は架空の)自分をおき、現実の自分の行為を「真の」自分には関係も責任もない行為と見なし、あたかもどこかほかのところから襲いかかってきたもののように、その行為を「真の」自分の立場から嫌悪する。その嫌悪が強ければ強いほど、「真の」自分はますます高潔となり、現実の自分はますます「真の」自分から切り離され、遠ざけられる。その行為は、たしかに自分がやったことには違いないが、そのとき自分は「どうかしていた」のであり、「ついやってしまった」のである。つまり、「真の」自分から発した行為ではないというわけである。かくして彼は、いやらしい欲望の満足を味わうことができ、かつ、高潔な自分のイメージを維持することができる。オルガスムに達しているあらゆる客観的徴候を示しながら、冷感症であると言い張るシュテーケルの婦人患者たちと同じように、自己嫌悪の場合も、現実のレベルでの欲望の満足は、しばしば承認される。自分は「気が弱いので」、「意志が弱いので」、「お人好し過ぎるので」、つい相手に「引きずられた」に過ぎず、そのため損害と苦痛を蒙っていこそすれ、何かの快楽や利益を得たなんてとんでもない、現にこれほど後悔と自己嫌悪に苦しんでいるのではないかというわけである。しかし、相手に「引きずられる」というのは、相手の責任において、すなわち、「真の」自分には責任のない形において、現実の自分の欲望を満足させる一方法である。彼は実は、自分の欲望に「引きずられ」ているのであり、主体的に遂行したのでなく「引きずられた」という感覚があるのは、その欲望を非自己化しているからである。

自己嫌悪は一種の免罪符である。自己嫌悪は、嫌悪された行為の再発を阻止するどころか、促進するのである。ある「欠点」または「悪癖」などについて当人が自己嫌悪をもっているかぎり、その「欠点」または「悪癖」は治らないと見てよい。自己嫌悪によって恥や罪は洗い流されるので、いくらその行為を繰り返しても、「真の」自分の手が汚れる心配はないからである。自己嫌悪とは、自己自身に対する偽善である。欲望の満足を得た現実の自分に関する責任と罪を免れさせてくれるこのような便利な手段を、どうして手放すことができようか！

自己嫌悪がある程度、苦痛なことはたしかである。しかし、他者を嫌悪するような具合に自己を嫌悪することは決してできない。自己嫌悪をよく考察してみると、たとえば、自分のあるいやらしい行為を嫌悪しているとき、そのいやらしさの肝心なところはすっぽり抜けており、「どうかしていた」自分の行為として許せる範囲内の、むしろ末梢的な点が主として嫌悪の対象となっている。行為そのものの中心的要素が問題にされていたとしても、それには、それを悪いことは悪いが許せないでもないといった程度まで正当化する口実がくっつけられている。自己嫌悪は、たとえて言えば、強盗殺人を犯した犯人が強盗だけをしおらしく白状するのに似ている。本当は強盗も殺人もすべて否認したいのだが、自分がその家にいた動かぬ証拠があがっており、とてもその線を押し通せないとあきらめて、進んで罪を認めるしおらしさをことさらに見せつけ、一歩退いた線で防備を固めようというわけである。自分のある面を嫌悪するのは、はるかにもっと嫌悪すべき別の面を隠すためである。自己嫌悪の強い者は、そのゆえをもって、自分は自分の悪いところをも客観的に見て、責めるべきところは責める「良心的な」人間だと考えがちであるが、実際には、自己嫌悪の存在そのものが、彼がその逆の人間であることを証明している。自分を客観的に見ることができると信じることができるのは、おのれを知らない者のみである。彼は、ある行為を嫌悪すべき行為であると判断し、しかも、その行為をやめようとせず、しかも、その行為をつづける自分を非自己化してその責任を回避するという二重の不誠実を犯している。たとえば、若い頃、革命家を志し、過激な運動をやって何度か留置所にぶちこまれ、ついに挫折して、今は廃品回収業となり、「古新聞、古雑誌がございましたら……」と叫ぶ自分の姿をさかんに自嘲している男がいる。彼がその自嘲によって言いたいことは、廃品回収業は世を忍ぶ仮りの姿なのだ、おれは本当は革命家なのだ、ということである。しかし、過去はどうだったにせよ、現在は「革命家」ということこそ架空の観念であり、彼は廃品回収業以外の何者でもない。もし彼が、依然として革命を信じ、本当に一時の便法として廃品回収業をやっているのであれば、自嘲は必要でない。そして、彼は廃品回収業としても失格である。本来は廃品回収業でないつもりだから、どんな職業の人も当然もっている仕事に対する誇りと誠実さを彼は欠いており、したがって、その仕事は必然的に無責任ないいかげんのものとなる。さらに彼は、廃品回収業としても失格であるくせに他の廃品回収業を軽蔑し、自分が彼らより一段高級な人間であるかのような錯覚をもつ。その錯覚を支えているのが自嘲ないし自己嫌悪である。

　自己嫌悪は、容易に他人への嫌悪と軽蔑に転化し、また、それを支える基盤となるのである。自己嫌悪は、内的葛藤の状態であり、内的緊張を高める。その緊張の解消のために、嫌悪が必然的に他人に投影されるようになる。差別と偏見の心理的基盤はここにあると、わたしは思う。たとえば、人びとが便所の汲取人を軽蔑するのは、排泄行為をする現実の自分の姿に嫌悪を感じ、自分のその側面を非自己化し、抑圧しているからである。その自己嫌悪が汲取人に対する差別と偏見を支えている。そういうわけで、人びとにとって必要不可欠なことを行なう者が、そのためにかえって差別と偏見の犠牲になるという、実に割の合わないことになる。ユダヤ人に対する偏見の一因は、ユダヤ人が社会の維持のために必要な金銭を扱う仕事を分担したことにある。モーパッサンを地で行ったように、ナチの占領から解放されたフランス人は、ドイツ兵相手のフランス人娼婦の頭を丸坊主にしたが、それは、占領下のフランス人にとって必要であった、ドイツ兵の機嫌を取るという仕事を彼女らが遂行したからであり、フランス人が、そういう屈辱的なことをしなければならなかった現実の自分に嫌悪を感じ、自分のその側面に対してみずから責任を取ることを回避して自己嫌悪を彼女らになすりつけたのである。その卑劣さは、ドイツ兵に体を売った行為の比ではない。

要するに、自己嫌悪ほど卑劣なものはない、というのがわたしの結論である。

はじめに断わったように、これはわたしの自己嫌悪に関するわたし自身の考察であって、他の人の自己嫌悪に当てはまるかどうかは知らないが、少なくとも、太宰治が『人間失格』のなかで描いている葉蔵の自己嫌悪には当てはまると思う。

「恥の多い生涯を送って来ました」ではじまる葉蔵の手記に一貫して流れているのは自己嫌悪の感情である。彼は、わあっ！ と叫び出したくなるほど烈しい自己嫌悪にかられる。

「……自分は、わざと出来るだけ厳粛な顔をして、鉄棒めがけて、えいっと叫んで飛び、そのまま幅飛びのように前方へ飛んでしまって、砂地にドスンと尻餅をつきました。すべて、計画的な失敗でした。果して皆の大笑いになり、自分も苦笑しながら起き上ってズボンの砂を払っていると、いつそこへ来ていたのか、竹一が自分の背中をつつき、低い声でこう囁きました。

『ワザ。ワザ』

自分は震撼しました。ワザと失敗したという事を、人もあろうに、竹一に見破られるとは全く思いも掛けない事でした。自分は、世界が一瞬にして地獄の業火に包まれて燃え上るのを眼前に見るような心地がして、わあっ！ と叫んで発狂しそうな気配を必死の力で抑えました。」

「……冷汗三斗の、生涯わすれられぬ悲惨なしくじりがあったのです。……中略……突然、れいの咳が出て来て、自分は袂からハンケチを出し、ふとその血を見て、この咳もまた何かの役に立つかも知れぬとあさましい駈引きの心を起し、ゴホン、ゴホンと二つばかり、おまけに贋の咳を大袈裟に附け加えて、ハンケチで口を覆ったまま検事の顔をちらと見た、間一髪、

『ほんとうかい？』
ものしずかな微笑でした。冷汗三斗、いいえ、いま思い出しても、きりきり舞いをしたくなります。……中略……検事のあんな物静かな侮蔑に遭うよりは、いっそ自分は十年の刑を言い渡されたほうが、ましだったと思う事さえ、時たまある程なのです。」

わざわざ解説するまでのことはないと思うが、まったくささいなことに実に激しい自己嫌悪を感じている。これは、女を何人もだまして弄んでは捨て、不幸のどん底に突き落としていながら、そのことについては何とも感じず、このあいだハエを一匹殺したことで激しい自責の念に囚われているある強迫神経症患者の場合に見られるのと同じ防衛機制であろう。これによって、本当に嫌悪すべき面を隠すことができ、かつ、ささいなことにこれほど自己嫌悪を感ずるということで、葉蔵が過度に「良心的」であることが印象づけられる。

そんなささいなことよりも、はるかに嫌悪すべき行為を葉蔵はたびたびやっているのだが、それらの行為は、人を喜ばせずにはいられない「サーヴィス」精神とか、「雰囲気の興覚めた一変」が恐ろしくて耐えられない「自分の哀しい性癖」とか、「多くの女性に……つけ込まれる誘因の一つとなった」（傍点、引用者）……「誰にも訴えない、自分の孤独の匂い」とか、いわば彼の主体的意志からはずれたところにあって、彼が全面的責任を負わなくてすむような傾向のせいにされており、いわば、その場の気分や相手に引きずられたためであり、彼は、さきの場合とは逆に、それらの行為にほとんど嫌悪を感じておらず、唖然とするほどあっさりと自分を許している。ツネ子と入水心中をして、自分だけが助かったときも、彼は「死んだツネ子が恋しく、めそめそ泣いて」いるだけである。自分はマルクス主義なんか信じていないのに、そのような顔をして、腹のなかでは馬鹿にして「同志」たちとつき合うという侮辱的なことをしていながら、それを、「日蔭者」に対する「自分でうっとりするくらい優しい心」のせいにしている。知り合ったばかりのシヅ子のところにころがりこんで男めかけみたいな同棲生活をはじめ、彼女の衣類までもち出して酒にかえ、間をおかず今度は京橋のスタンド・バアのマダムのところにころがりこんで、彼はそれを「謂わば差し当っての必要に応じて、いくぶん図々しく振舞う事を覚えて来た」と説明するだけである。

　自分に対してはそのような甘ったれた見方をしていながら、彼が他の人を見る眼はぞっとするほど冷酷できびしい。よくもこれほど人間を冷たく見ることができるものだと驚くほかはない。ある女「同志」について彼は次のように描く。

「……その頃、自分に特別の好意を寄せている女が、三人いました。……中略……もうひとりは、女子高等師範の文科生の所謂『同志』でした。このひとは、れいの運動の用事で、いやでも毎日、顔を合せなければならなかったのです。打ち合せがすんでからも、その女は、いつまでも自分について歩いて、そうして、やたらに自分に、ものを買ってくれるのでした。

『私を本当の姉だと思っていてくれていいわ』。

そのキザに身震いしながら、自分は

『そのつもりでいるんです』。

と愁えを含んだ微笑の表情を作って答えます。……中略……或る夏の夜、どうしても離れないので、街の暗いところで、そのひとに帰ってもらいたいばかりに、キスをしてやりましたら、あさましく狂乱の如く興奮し、自動車を呼んで、そのひとたちの運動のために秘密に借りてあるらしいビルの事務所みたいな狭い洋室に連れて行き、朝まで大騒ぎという事になり、とんでもない姉だ、と自分はひそかに苦笑しました。」

かりにも自分に好意を寄せてきた女に対して、葉蔵はこのような見方ができるのである。その上、朝まで大騒ぎしたということに、あたかも彼自身の意志は加わっていないかのようである。そのほか、友人の堀木や、世話になっているヒラメに対する彼の見方も恐ろしいほど冷酷で嘲笑的である。

わざわざ指摘するまでのことはないと思うが、彼は相手に与えた苦しみや侮辱や損害のことは少しも気にかけておらず、ただ、自分が相手にどう思われるか、どう思われたかということだけが気になるのである。つまり、彼は自分のことにしか関心がなく、人間としての相手の存在において彼の関心を惹くのは、彼についてどう思っているかという側面だけなのである。

奥野健男氏によれば、「この作品は、ある性格を持って生れた人々の、弱き美しきかなしき純粋な魂を持った人々の永遠の代弁者であり、救いである」そうだが、わたしに言わせれば、『人間失格』は、この上なく卑劣な根性を「持って生れ」ながら、自分を「弱き美しきかなしき純粋な魂」の持主と思いたがる意地汚ない人々にとってきわめて好都合な自己正当化の「救い」を提供する作品である。

セルフ・イメージの構造――主観と客観の逆比例の法則を提唱する

わたしはわかり切っていることだと思っていたのだが、何カ月前か、『生きるのが下手《へた》な人へ』という本が出て、ほぼ二〇万部とか三〇万部とか売れたということを聞き及び、その人たちはわざわざ自分の金を払ったのだろうから、まさか全員がふざけて、からかうつもりでその本を買ったとは思えないので、世の中には、本気で自分のことを生きるのが下手だと思っている人が大勢いるらしいということを知り、大多数の者には、言うまでもない、わかり切ったことを言っていると思われるかもしれないが、あえてこの文を書くことにした。

人間は誰でも自分について、おれはかくかくしかじかの性質だとか、このような性格だという一定のイメージをもっている。自分は生きるのが下手だというのも、このようなセルフ・イメージの一例である。ところで、わたしがわかり切っていることだと思っているのはこの点なのだが、このセルフ・イメージは、当人の客観的性質の反映ではなく、他の人びとに対する当人の期待ないし要求の反映なのである。いいかえれば、当人のセルフ・

イメージから判明するのは、彼がどんな人間かということではなく、彼が他の人びとにどんなことを期待ないし要求しているかということであり、セルフ・イメージは、その期待ないし要求を正当化する根拠として必要不可欠なものである。

前記の『生きるのが下手な人へ』という本によると、生きるのが下手な人とは、「どうしても他人と調子を合わせてゆけぬ人」「うまく立ち回れずいつも恥をさらしてしまう人」「働いても働いても金のたまらぬ人」「一生けんめいやるわりには人によく思われぬ人」「人に頼むことが苦手でいつも自分でやってしまい、くたびれ果てる人」「おべんちゃらの言えぬ人」「騙されても騙されても人を騙す側に回れぬ人」「してやられてばかりいてもその相手を悪く思えぬ人」「どうやらいつも抜けている人」等々、この世知辛い人生では、まず落第生、劣等生、無能者、不器用、と片づけられてしまいそうな人のことであると定義されている。また他の個所では、「ずばり言わせてもらうなら、生きるのが下手な人間ほど、神さまや、仏さまに近いと私は思う。……（中略）……生きることがなんと下手だなあ、と思っている人よ、あなたはなんといっても、生きることのうまい連中にくらべると、私利・私欲・私心に走ることが少ないはずである。これが多かったら、下手であるはずがないのだ」と、生きるのが下手な人がえらくもちあげられている。

この本では、自分は生きるのが下手だと思っている者をそのまま、実際に生きるのが下手な者と決めてかかっているが、両者はまったく別の人間である。この本の著者の表現を借りて、「ずばり言わせてもらうなら」、生きるのが下手な者は欲のない者であるが、自分は生きるのが下手だと思っている者とは、欲の深い者である。「私利・私欲・私心に走るということ」の多い人間である。まず彼がどうして、自分は生きるのが下手だと判断するに至ったかを問わねばならない。そういう判断は、「他人と調子を合わせて」、「人に上手《じょうず》にものを頼み」、「おべんちゃらを言い」、「人を騙す側に回り」、「うまく立ち回って」いればもっとうまい汁を吸うことができたはずなのに、自分はそういうことができないので、いつも損ばかりしているということが暗黙の前提になっている。言うまでもなく、個人が、自分はあることができないということに気づくのは、そのことをやりたい欲望があるからにほかならない。その欲望がないなら、そもそも自分にはそれができないということが視野にはいってこない。したがって、自分は人一倍生きるのが下手だと思っている者とは、うまく立ち回ってうまい汁を吸いたい欲望が人一倍強い者である。そういう欲望が強いため、彼は、うまく立ち回らなかったので吸いそこねたうまい汁のことが気にかかり、何とか自分の気持が鎮まるような説明を考え出さざるを得ない。『生きるのが下手な人へ』という本は、その種の人のそういう自慰的傾向に実にうまく媚びており、著者によれば、著者自身は「生きるのが下手な人の最たる者」だそうであるが、本当に生きるのが下手な人がこのような本を書くはずはなく、まさにこの著者こそは、自分は生きるのが下手だと思っている人の典型である。

自分は「人によく騙されやすい」というセルフ・イメージに関して言えば、こういうセルフ・イメージをもっている者は、その理由として、「自分は人が好過ぎるから」とか、「人をすぐ信用するので」ということを挙げたがるけれども、こういう自己判断からその主観的要素をぬぐい取って冷静に考えてみれば、そこからわかることは要するに、相手に対する彼の期待と、彼が相手から得る現実の利益とのあいだに大きな落差があるということだけである。彼の期待が正当であって、それを裏切る相手が不当なのか、それとも、彼の期待が不当に過大であって、裏切って当然なものなのかは、一概に言えず、公平な第三者（そんなものが存在するかどうかは保証の限りではないが）の判定に待たねばならないであろう。しかし、世の中には人を巧妙に騙す悪い奴がいるとしても、われわれがこの人生で無数の人たちと接してゆくなかで、そういう悪い奴とめぐり会う確率は、各人だいたい同じだろうから、自分のことを「とくによく人に騙されやすい者」と思っている者とは、人に不当に過大な期待をもち、かつ、自分の期待は正当であると頭から決めてかかる傾向の強い者であると言って間違いない。「一生けんめいにやるわりには人によく思われぬ人」というのも、同じようにその主観的要素をぬぐい取ってみれば、「人に評価される以上に自分は一生けんめいにやったと思いたがる人」である。彼の「一生けんめい」な努力に関する彼自身の評価が正しいか、人の評価が正しいかは、また別問題である。

そもそも、自分は「人が好い」、「人を信じやすい」、「気前がよい」、「気が弱い」、「寛大である」、「生きるのが下手だ」といった判断は、自分は背が高いとか低いとかの判断とは本質的に異なるのである。背丈の高低ならば、集団の平均を取ってみて、その平均とくらべて、自分は一般より背が高いほうだとか低いほうだとか言うことができる。しかし、性格の判断に関して一般規準は存在しない。というより、当人の欲するいかなる点にも、一般規準をおくことができる。周りのほとんどの人から、あんなけちなしみったれた奴はいないと思われているのに、当人は、自分は気前が好過ぎていつも損ばかりしていると思っている場合が間々あるが、こういうことがあり得るのは、彼が、自分よりさらに極端なけちさを想定し、それを一般規準だと考えることができるからである。おそらく彼としても、そのけちな傾向を一〇〇％は発揮しておらず、おおいに抑えているつもりなのであろう。その「抑えた分」が、彼にとっては「気前が好過ぎた分」であり、それを抑えなかったとすれば蒙らなかったであろう損失を蒙ったことが、彼の言うところの「いつも損ばかりしている」ということなのであろう。そして、観点を変えて言えば、「気前が好過ぎていつも損ばかりする」ので、そのような「無駄な損失」を避け、「正当な自分の利益」を守ろうとする彼の努力が、はた眼には、「けちなしみったれた行動」と映るのである。さきの場合と同様、この場合も、彼の判断が正しいか、はたの者の判断が正しいかは一概には決められない。ある人がどの程度けちかという判断は、その人に対する判断者の要求にも左右されるからである。いいかえれば、要求の大きい者、欲張りな者ほど、人をけちだと判い「気前が好過ぎていつも損ばかりしている」と思っている者について確実に言えることは、彼が、人に利益を与えることを自分の損得という尺度で考える人間だということと、自分のことを「気前が好い」と思いたがっているということである。そのセルフ・イメージが、彼が気前が好いことの何の裏づけにもならないことは間違いない。

われわれは任意にどのようなセルフ・イメージでももつことができる。したがって、われわれのもっているセルフ・イメージは、われわれの実感の反映ではなく、われわれ自身にとってもっとも好都合なセルフ・イメージである。さきにわたしが、セルフ・イメージは他の人びとに対する当人の期待ないし要求の反映であり、それを正当化する根拠として必要不可欠なものであると言ったのは、この意味においてである。たとえば、自分はこの子のために身を犠牲にしてつくし、大変な苦労をしてこの子を育ててあげたと思っており、それを自分の子に言って聞かせたがる親がときどきいる。親が子どもを育てるについては、経済的な面でも、時間的、精神的その他の面でも、もしその子がいなかったとすれば実現したかもしれない多大の可能性を不可避的に断念せざるを得ず、したがって、もし親が自分は身を犠牲にしてこの子を育てたと思いたいとすれば、そういう自己判断を支持する事実は、どの親でもゴマンと見つけることができる。そして、世の中には赤ちゃんを殺してコインロッカーに捨てる親もいるのだから、そういう親を比較の対象としてもってくれば、赤ちゃんをコインロッカーに捨てなかった親ならどの親でも、もしそう思いたければ、自分は人一倍子どものためにつくしたと思うことができる。要するに、問題は、そういう自己判断に根拠があるかないかということではなく、その親がどうしてそう思いたがるのかということである。いいかえれば、自分は子どものために身を犠牲にしたという親の判断は、子どもに対するその親のどういう期待ないし要求を正当化するのに必要か、と問わねばならない。答えは明らかである。子どもを犠牲にし、利己的に利用したい欲望の強い親ほど、自分は子どものために身を犠牲にしたと思いたがるのである。「自分は子どものために多大の自己犠牲をした」というその親の主観的感覚に嘘があるというのではない。おそらく彼は、彼自身が本当に、子に対する親のサービスとしてはこの辺が当然の一般的な線だと思っている線以上には、子どものためにつくしたのであろう。そして、この「一般的な線」が非常に低いところにおかれているのである。つまり、子どもを愛している親なら、別に何とも思わず、当たり前のこととしてすることをしただけで、この種の親は「多大の自己犠牲」をしたと思うことができるのである。たとえば、夫と仲が悪く「何度も離婚しようかと迷ったが、おまえのためを思ってがまんした」と、ことあるごとに娘に言い、娘が思い通りにならないと「おまえのために一生がまんしつづけてきたわたしの言うことが聞けないのか」と怒る母親がいたが、彼女は敵対的で不安定な夫婦関係がこれまでどれほど娘を傷つけ、苦しめてきたかということに思い及ばず、かえってそのことで娘に恩を着せているのである。

「自分は人のために献身的に尽しては裏切られ、それでも人を信じたい気持を捨てることができず、懲りずにまた人のために尽しては裏切られる」と言ってぼやく人がいる。当人は、恩知らずの人の世の薄情さとエゴイズムを嘆いているが、前記の親の場合と同様、エゴイストなのは当人であって、彼は、人に対して一段優位に立てる恩人という立場で臨み、人を利用し、支配したい欲望が強過ぎるのである。繰り返し「裏切られる」のは、世の人びとが薄情なためではなく、おそらく彼に非がある。彼が、失敗しても懲りずに「捨てることができない」のは、「人を信じたい気持」ではなく、「人を利用し、支配したい気持」であろう。なぜ「捨てることができない」のかと言えば、それはその気持をありのまま認識せず、「人を信じたい気持」という立派なものにすり替えているからである。つまり、自己批判を、本来向けるべき「人を利用し、支配したい気持」のほうに向けず、的外れなところに向けているので、デキモノの薬をデキモノの上にぬらず、健康な皮膚の上にぬりたくっているようなもので、何の効果もないわけである。人が彼を「裏切る」のは、彼の支配欲に耐えられなくなって、逃げ出すのである。「人に小恩を施せば感謝されるが、大恩を施せば恨まれる」と、一見、人間性をうがったようなことを言う人がいるが、このような考え方をする人も、前記の人と同類であり、わたしに言わせれば、人に大恩を施せば大いに感謝されるのであって、人に大恩を施したと思うことが人の恨みを買うのである。

相手は、そう思うことによって彼が何を正当化しようとしているかを見抜くのである。

人間は自分を正当化せずにはいられない存在である。人間は自己正当化によってかろうじて自己の存在を支えられており、自己正当化が崩されれば、自己の存在そのものが崩れるのである。したがって、相手に対して不当な要求をもち出す場合、不当な要求を不当と知ってもち出すということは、なかなかできるものではない。まずそれを正当化する必要がある。そして、正当化の根拠としてよく用いられるものの一つが、セルフ・イメージである。いやむしろ、セルフ・イメージとは正当化の体系であると言ったほうがいい。この正当化の必要が大きければ大きいほど、当人のセルフ・イメージは、他の人びとが見るところの彼のイメージとずれてくる。「わたしはよく人に誤解される」と言う人がいるが、こうした発言は、このずれの主観的知覚を表わしており、自分は自分を正解しているということが暗黙の前提となっているが、このような前提には何の根拠もない。

たとえば、攻撃欲の強い人はどうするであろうか。私利・私欲のために人に危害を加えたり、一時の激情にかられて攻撃的行動に出ることは、道徳的にきびしく禁止されており、人びとの非難と軽蔑を買い、自己弁護しようにもその余地がない。人に対する攻撃が許されるのは、その人が悪人であり、攻撃が正義のためである場合だけである。したがって、攻撃欲を正当化するためにもっとも都合がよいのは、「正義の味方」というセルフ・イメージである。いまさら、ナチスのユダヤ人虐殺の例をもち出すまでのことはないであろう。

それは、邪悪なユダヤ人を駆除し、清く正しく美しい世界を建設するためであった。かの有名なる大久保清でさえ、その言葉のはしはしから察するに、男を利用して面白く遊んだだけで逃げようとするずるい女どもに「義憤」を感じていたらしい。常識によれば、悪人が悪事を働くのであるが、歴史が証明する通り、この世の悪事のほとんどは、「正義感」にかられて「悪人」に「正義の鉄鎚」を下す「正義の味方」がやらかしたものである。歴史は、善の名でなされなかった悪をいまだかつて知らない。われわれは、「天に代りて不義を討」っているつもりのときに、いちばん悪いことをする。「正義感」にかられているとき、それはサディズムが興奮しているのである。「正義の味方」を自称している個人または集団を見かけたら、恐れて近寄らないのが無難である。そのうちこちらが悪人にされて、そのサディズムの餌食になるのがオチである。こう言ったからとて、わたしは、正義というものはすべてインチキのごまかしであるというような、ニヒリズムだかシニシズムだか知らない見解に組しているのではない。現実に不正は存在し、それに対して勇敢に戦っている者はいる。しかし、彼が自分が現実に直面している問題と取り組んでいるだけであり、「正義感」にかられてもいなければ、自分のことを「正義の味方」とも思っていないであろう。彼の行動は、客観的現実に正当な根拠をもっているので、その正当化のために「正義の味方」というセルフ・イメージのような主観的なものにすがる必要がないのである。ベトナム戦争においても、自由と世界平和の正義のために戦っていたのはアメリカで、ベトナム人は、他人が自分の家に押し入ってきたので追い出そうとしていたに過ぎない。

正当化の必要な（いいかえれば不当な）欲望が存在するかぎり、そのためのセルフ・イメージは存続しつづける。論理的説得や客観的反証はなかなか利かない（もちろん、全然無効でもないが）。たとえば、はた眼から見れば、しばしば攻撃的行動に走っているのに、自分はおとなしくて平和的だというセルフ・イメージをもっている者に、その攻撃的行動を指摘すると、たとえば次のような反論が返ってくる、「わたしは本来おとなしいのだが、あまりおとなし過ぎるので、そこをつけこまれ、かさにかかってくる人がいるから、やむを得ずついカッとなってあんな行動に出てしまったのであり、あれは本来のわたしではない」と。そして、「本来の自分」はおとなしい人間だというセルフ・イメージだけは微動だにしない。

これまで挙げてきたさまざまな例からもわかるように、ある不当な欲望を正当化する必要があるとき、そのためにつくりあげられるのは、それと正反対のセルフ・イメージである。うまく立ち回ってうまい汁を吸いたい欲望を正当化するためには、自分は生きるのが下手だというセルフ・イメージ、子どもを犠牲にし、利己的に利用したい欲望を正当化するためには、自分は子どもに対して自己犠牲的な親であったというセルフ・イメージ、けちでしみったれた行動を正当化するためには、自分は気前が好過ぎるというセルフ・イメージ、邪悪な攻撃的サディズムを正当化するためには、自分は正義の味方であるとか、おとなし過ぎるというセルフ・イメージが必要であり、いちばん都合がよいのである。つまり、セルフ・イメージと、客観的な姿とは、逆比例の関係にある。早い話が、傲慢な者ほど自分を謙虚だと思っており、謙虚な者は自分を傲慢だと思っている。被害者意識が強い者ほど、周りの人たちにとっては恐ろしい加害者となる。人の気持に無理解で無感覚な者ほど、自分は人の気持がわかり過ぎるほどよくわかり、そのためについ、要求される前に自分からゆずってしまい、無理してゆずったということすらわかってもらえなくてよく馬鹿を見るなどと思っており、思いやりのある者とは、人の気持というものがいかに理解しがたいかを知っており、自分がつい気づかずにどれほど人の気持を傷つけているかについてつねづね空恐ろしい思いをしている者である。同様に、虫が好くて図々しい者ほど、自分は気が弱いと思っている。また、すばらしいと自惚れている自分の姿こそ、他者の眼にはもっともみにくい姿である。これは、単に不当な欲望の正当化のためばかりではなく、内観による自己判断は、その視点のおき方のゆえに、不可避的にそうならざるを得ないのである。つまり、けちでしみったれた人とは、きわめてけちでしみったれた水準に普通の一般的規準をおく人のことであり、その「一般的規準」から判定すれば、彼自身は必然的に「気前が好過ぎる人間」となるのである。そして、自分がどの水準を一般的規準とし、どの視点に立っているかということは、人間のもっとも自覚しにくいことの一つである。

したがって、セルフ・イメージは、その場で取ってつけた泥縄式の言いわけとは違って、当人のヴァイタルな欲望のみならず、（しばしば無意識的な）内面的思考過程に根深い根拠をもっており、他人にはいかに馬鹿げて見えようとも、ちょっとやそっとの説得には屈しないのは、そのためである。そのセルフ・イメージの不当性を非難されれば、当人は心の底から心外に思うであろう。当人としては、それを裏づける事実を無数にもっている。たとえば、自分は気が弱過ぎると思っている人は、気が弱過ぎたために失敗した苦い思い出をたくさんもっている。その思い出の事実そのものに嘘はない。誤りがあるのは、その事実の解釈の仕方である。

セルフ・イメージがどれほど客観からずれているからと言っても、当人の「客観的な姿」について何の情報も提供しないということはない。まず、前述したように、両者のあいだには逆比例の関係がある。平静な心で自分を反省してみて、自分はこうこういう人間だと思えるとき、他人の眼にはちょうどその正反対の姿が映っていると考えて間違いはない。次に、たとえば、もろもろの歪曲過程を経て伝わってきた情報からもとの正しい情報を推定するときのように、自己判断にありがちな誤りを消去してゆけばよい。さきにときおり述べたように、主観的解釈の要素をぬぐい取るのである。たとえば、自分は人に甘く見られ、よくつけこまれると思っている人の場合、その主観的解釈の要素をぬぐい取って事実だけを抽出すれば、彼についての他人の評価は彼自身の評価より相当低く、他人は彼にとって不当と見える、受け容れがたい要求を出してくるということがわかるであろう。それが、彼には自分は甘く見られていると感じられるわけである。すべての場合がそうだというわけではないが、ほかの情報ともつき合わせて、彼はたぶん、自己評価に関して、他人の態度をどの程度容認すべきかに関して葛藤があり、つまり、彼は、一面では高い自己評価を求めており（だから、低く評価されると、甘く見られたと怒る）、他の面では低い自己評価を是認していて（その是認が、彼についての他人の低い評価を誘い出すのである）、そこに葛藤があり、その点が不安定な人であると推定できる場合もあるであろう。

自我構造の危機——青年期について

人間は児童期から青年期を経て成人期に至ると一般に考えられているようであるが、これは、言うまでもなく、動物としての人間の普遍的な自然的過程ではなく、社会的、文化的過程である。人間は、放っておけば、オタマジャクシがカエルになるように自然に、子どもからおとなになるわけではない。個人によってはいつまでも児童期または青年期にとどまっているような人もいるし、とどまっていても、社会的不適応は招くかもしれないが、動物としての生命に別状はない。もし、カエルにならないオタマジャクシがいれば、死んでしまうであろうが、つまり、オタマジャクシは、動物として生きつづけるためにはカエルにならざるを得ないが、人間の子どもがおとなになるのは、社会的に強制されるからに過ぎず、子どもからおとなへの「成長の内的動因」のようなものは存在しない。われわれはみんな、いやいやながらおとなになるわけで、もしいつまでも子どもでいられるのなら子どもでいたいのである。では、なぜいやがる人びとを強制的におとなにしなければならないのであろうか。それは、社会体制を維持するためである。要するに、おとなとは、ある社会体制を維持するのに必要な自我構造をもっている人のことである。

したがって、当然のことながら、社会体制が異なれば、それを維持するのに必要な個人の自我構造も異なってくるわけで、あらゆる文化、あらゆる時代に普遍妥当的な「おとな」という規範は存在しない。それぞれの文化にそれぞれの「おとな」という規範があって、この規範に叶っていない人が「子ども」というわけである。したがって、ある文化のなかでその社会体制を維持するのに直接には有用でない、または役立たない人たち、たとえば神経症者や精神病者や犯罪者が、その文化における「子ども」と共通な、いわゆる「子どもじみた」傾向をもっているのは、言葉の定義上、当然のことであって、「雨の降る日は天気が悪い」と言うのと同じであり、「小児的傾向」と「神経症的傾向」などとを別個のものとして並べ、そのあとから両者のつながりを問題にするのは、問題の立て方が間違っている。また、同じ理由から、ある文化の規範から見れば、別の文化における正常なおとなが、自分の文化における子どもや神経症者などに似ているように見えるのも、当然のことである。

このように、おとなになるのは自然的な過程でなく、いやいやながら一定の規範を受け容れさせられることであるから、社会体制というものは、内部的なことだけを問題にすれば、子どもからおとなになる過程がたいして手間ひまがかからず、無理がなく、容易であればあるほど、ある意味においては優れているわけである。もし、ほかの文化、ほかの社会と全然関係をもたないのなら、この内部的条件だけによって、ある社会体制の優劣、適不適を問題にすればよい。必要もないのにわざわざ、その維持のために必要な自我構造を個人が獲得するのに多大の無理や困難を要するような社会体制なんかつくることはないであろう。それは、外敵がいないのに、莫大な軍備をするのと同じく馬鹿げている。しかし、必ずしも敵対的な関係でなくても、ほかの文化、ほかの社会といろいろと関係をもたざるを得ないこともしばしばあり得るから、その場合には、ある社会体制の適否は、内部的条件だけでなく、ほかの社会との関係においてうまくやってゆけるかどうかの外部的条件も考慮に入れて判断しなければならない。

ところで、子どもからおとなになる過程、児童期から成人期のあいだに青年期という過渡期がはさまるのは、この過程に多大の無理や困難が伴っている社会体制、もっとくわしく言えば、児童期において家族という環境によって形成される自我構造と成人期に必要とされる自我構造とが多かれ少なかれ構造的に異なっていて、そのあいだで自我構造を根本的に組みかえなければならない社会体制においてである。したがって、社会によって、われわれの社会における青年期に相当するものが存在しない場合もあるし、存在する場合も同じようなものであるとはかぎらない。

いわゆる未開社会においては、青年期のようなものは存在しないようである。未開人たちは、イニシエーションの儀式を経て、子どもからすんなりとおとなになるようである。

もっとも、イニシエーションの儀式には、参加者をいろいろと困難な試練にかける、長期間にわたるものがあり、この期間が彼らの青年期であると言えば言えるが、彼らは、子どもとして属していた集団からいったん出て、イニシエーションの儀式によって子どもであることをやめ、おとなとしての役割をもって同じ集団へ戻ってゆくのであって、その手続きは慣習によって決められており、いわゆる文明社会における青年期と同列に扱うことはできないであろう。

日本においても、明治以前には青年期は存在していなかったと思われる。武士階級においては元服、農村においては若者宿への加入が、日本におけるイニシエーションの儀式であった。それがおわれば、そのままおとなの社会に組み込まれたわけで、名を改めたり、髪型を変えたりしておとなとしての自覚をもてばそれでよかったのであり、自我構造の組みかえをやらなければはいってゆけないほど、おとなの世界は子どものときの世界からかけ離れていなかった。日本に青年期というものが見られるようになったのは、士農工商の身分制度が崩れ、明治国家という近代的体制が成立し、個人がこの体制のなかでの自分の位置をある程度自由に選ぶことができるようになってからである。

ヨーロッパにおいても事情は同じであって、カトリック教会の権威が衰退し、神を中心として秩序立てられた調和的宇宙観が崩れ、封建制が倒れ、近代国家が成立してのち、青年期という現象が生じたと思われる。

要するに、青年期とは、人間がその発達過程において必ず通る一段階ではなく、特定の歴史的、社会的条件のもとに起こる特殊な現象なのである。青年期そのものが、児童期から成人期への過渡的段階であるというより、歴史の過渡的段階の一時的産物であると言えるであろう。つまり、人間が生まれてはじめに接する家族という世界の直接的延長線上に、おとなになってから接する社会が形成されていないような社会体制が問題であるわけである。理想を言えば、はじめに家族のなかで形成された自我構造そのままでもって社会に適応できるなら、もっとも楽で望ましいわけで、「誰でも青年期には迷い、悩むものだ」とあきらめてしまうより、なぜそのような青年期がいわゆる文明社会において存在しているかを問題にすべきであろう。

実際、いったん形成された自我構造を組みかえるというのは大変な作業である。自我というものは、種子から芽が生えてくるように、個人のなかから生じてくるものではなく、まずはじめ、親との関係のなかで形成される。個人の存在全体のうち、親に認められた面だけが自我となる。子どもの自我とは、親が自分の子どもはこのような子どもだと思っているところのものである。親が認めないような面は子どもの自我には組み入れられず、排除される。子ども自身、そのような面が自分にあるとは自覚しない。したがって、子どもの自我は不可避的に多かれ少なかれ片寄った一面的なものであるが、家族という世界、親との関係においては、この片寄った自我によって適応が可能となるわけである。

自我は、いったん形成されれば、当人にとっては自分の存在全体であり（客観的にはその一部に過ぎないが）、当人にとっての世界は自我を要《かなめ》として構造化され、この世界のなかで自分が自分であることの根拠は自我にあり、周りの人たちとの関係は自我を起点としているわけだから、この自我を組みかえるということは、非常に不安な、困難なことで、失敗するのが例外とは言えないほどである。一般に青年期に発病する精神分裂病は、その失敗の一つの結果である。精神分裂病とは、それまで親との関係で形成されてきた自我をいったん崩して、新しい自我を形成したものの、その新しい自我は人びとに認められない妄想的自我に過ぎないから、それもまた崩れ、自我を形成しようとする試みが次々と挫折して、悪くすれば人格崩壊に至るものである。精神分裂病まで至らなくても、神経症、非行、自殺など、さまざまな不幸な現象が、青年期における自我の組みかえの失敗の結果として生じてくる。この組みかえに多かれ少なかれ成功していわゆる正常なおとなになり得た人の場合でも、その青年期は、疾風怒濤の時代であり、とめどなく迷い、悩み抜き、恥かしい愚行を重ねた記憶のない人は少ないであろう。

もちろん、すべての人がそのような青年期を経るわけではない。たとえば、父親にかわいがられて育てられた女の子がいるとする。すべてのことは父親が決めてくれるし、どんな望みでもできるかぎり叶えてくれる。つねに父親の保護のもとにあり、自分一人の力で見知らぬ他人と争わなければならないようなことは起こらない。何か困ったことがあれば、父親に頼めばすべてうまく解決してくれる。彼女においては、このような父親との関係に適応できるような片寄った自我が形成されるであろう。そのうち彼女は、父親の選んでくれた男と見合結婚し、夫が父親と同じように、彼女を保護し、かわいがる男であれば、彼女は自我を組みかえる必要はなく、青年期の葛藤と混乱などは知らずに一生を送るであろう。また、男の場合でも、農家や商家に生まれて、別の世界を知らず、そのまま家業を継ぐという一生ならば、青年期はたいした困難もなく過ぎるであろう。

とくに日本の場合を考えてみよう。言うまでもなく、明治以前だからと言って、自我構造の形成、子どもからおとなへの移行がすべてうまくいっていたわけではない。現在なら精神病、神経症と呼ばれるような現象はもちろんあったし、うまくおとなの社会にはいることができず、はぐれ者、ならず者になってしまう例ももちろんたくさんあった。親に一方的に依存していい児童期と、自分の力で世の中を生きてゆかなければならない成人期とでは、周囲の世界そのものはそんなに変わらなくても、個人のおかれる立場が違うわけで、自我構造のある種の転換は必要であり、それにまったく困難がなかったわけではないであろう。しかし、この転換は、かつて親にしてもらったこと、教えられたことを今後は自分の子どもに対してやったり、教えたりするとかの、いわば方向の転換に過ぎず、児童期において善であり、価値があるとされていたことを、成人期では悪であり、無価値と見なさなければならないというような、根本的転換が要求されていたわけではない。

　ところで、明治国家は、天皇を家長とし、国民を赤子とする家族主義思想を中心に据えており、従来の伝統からまったく切り離されたところに築かれた体制ではないとは言っても、一応はヨーロッパの立憲君主制を範とし、法的、経済的その他の面でかなりヨーロッパの制度を取り入れていた。また、個人主義、自由主義、民主主義、合理主義などのヨーロッパ思想もはいってき、国の庇護のもとに資本主義も急速に発達して、その結果できあがった近代日本の社会体制は、従来の伝統的家族のなかで形成された自我構造のちょっとした手直しで適応できるような体制ではなかった。天皇制の場合と同じように、企業なども、ヨーロッパの企業にはない終身雇傭制や年功序列制を採択して、擬制家族集団となり、冷酷な資本の論理の衝撃をできるだけやわらげ、従来の自我構造にできるだけ抵触しないよう努力を払ったが、当然のことながら、限界があった。

　何よりもまず、明治国家は、欧米の列強に対抗するために大きな無理をしてつくりあげた体制であるから、富国強兵が国是であり、国民各自がその自我構造をたいして組みかえずに楽に適応できるように配慮するゆとりはあまりなかった。明治の改革は上からの改革であり、当然のことながら、その影響は、社会体制のもっとも変わりにくい土台である家族関係、親子関係までにはほとんど及ばなかった。したがって、そのなかで形成される個人の自我構造は、依然として従来のままであり、個人は、さきにあげた例のように、親の決めてくれた男と見合結婚するとか、そのまま何も迷わず家業を継ぐとかの場合は別として、この社会体制のなかに新たにみずから自分の場所を見つけ、「立身出世」するためには、親子関係のなかで形成された自我構造を根本的に組みかえる必要があった。日本における青年期はここにはじまったのである。

日本人にとっての青年期は、ある意味では、ヨーロッパ人にとっての青年期より困難できびしいかもしれない。ヨーロッパの近代国家は、ヨーロッパ人の近代的自我の成立と相俟って成立したのであり、他国の脅威に対抗するために無理してつくりあげたのではないから、ヨーロッパ人においては、親子関係のなかで形成される自我構造と、社会体制の維持のために必要な自我構造とがそれほど異質でかけ離れてはいなかったと考えられるからである。

いわゆる近代的自我とは何かという問題は簡単には答えられないが、あえてごく簡単に言えば、要するに、唯一絶対の神への信仰に支えられた自我である。人間は、この広漠たる宇宙のなかに、自分以外の存在とまったく何のつながりもなく孤立しているという状態に耐えることは本質的に不可能であって、何らかの支え、何らかのつながりを必要不可欠とする。中世においては、宇宙は、神を中心としてすみずみまで秩序立てられ、調和していた。自我は、この調和的宇宙のなかに定められた安定した場所をもっていた。この調和的宇宙観が崩れ、安定した場所を失った自我は、神と直接つながり、神に直接支えられるという形で、ふたたび安定を見出した。これが近代的自我である。ヨーロッパ人が強固な近代的自我を確立し、個人主義に徹することができたのは、唯一絶対神への信仰に支えられていたからである。ヨーロッパ人は、神とともにあるがゆえに、孤独な個人としての自我をもち得たのである。ただ、この近代的自我は、中世的自我と異なり、世俗の社会体制のなかに定められた場所をもっていなかった（中世においては、神の秩序のなかの自分の場所と、社会のなかの自分の場所とは同じことであったが）。定められた場所がないということは、自由に自分の場所を選び、見出し、あるいはつくり出さなければならないということであり、ここにヨーロッパ人は青年期というものをもつに至ったのである。ヨーロッパの近代国家は、神を中心とする調和的宇宙が失われたのちに、その後釜として成立したと考えられる。

ふたたび日本の問題に戻れば、日本には、神は八百万もいるわけで、唯一絶対神は存在しないから、日本人がヨーロッパ的な近代的自我を確立することは、はじめから不可能であった。明治以来、多くの知識人が、いわゆる「封建的な」家との絆を断ち、近代的自我の確立をめざして悪戦苦闘を重ねたが、ことごとくみじめな失敗におわっている。ヨーロッパ人における、耐えがたい孤独の不安を解消する支えとしての神（これは、必ずしも古典的な神でなくてもいいわけで、神への信仰が薄れ、神は死んだということであれば、神の代わりに、何らかの普遍的な絶対的原理、何らかの至上の絶対的存在でもよい）に相当するものが、日本人においては、土《ど》居《い》健《たけ》郎《お》氏の言葉を借りれば、「甘え」を基調とした人びととの和、血縁を擬制とする集団への所属であって、「家」との絆を断つ問題は、ただ単にこの父親あるいはこの母親を見捨てればよいといった問題ではなく、自我の存在の根底にかかわる問題であるから、そう事は簡単ではないのである。それでも近代日本人は、無理してつくりあげた近代日本を維持するために、その維持に役立つような近代的自我を確立しようと努力しつづけた。

小此木《おこのぎ》啓吾《けいご》氏は『モラトリアム人間の時代』のなかで、いつまでもおとなになろうとしない現代の青年のことを語っているが、そのような青年がふえてきたのには、それなりの必然性があるように思われる。はじめに述べたように、もともと「おとな」というものは社会体制を維持するために必要な社会的規範であり、おとなになるのは内的、自発的過程ではないのだから、おとなになることを強制する外的な力がゆるめば、そのような青年がふえるのは当然のことである。明治以来の軍国主義的近代日本は、太平洋戦争の敗北によって瓦解し、その廃墟のあとに、今度は軍事力ではなく経済力こそ国家の礎《いしずえ》であるとばかりに日本人が必死になってつくりあげた経済大国日本は、一応の安定した水準に達し、いわゆる豊かな社会が実現した。

思えば幕末のペリー来航以来、近代日本は、日清、日露の両戦役と第一次大戦に勝利を博して多少のゆとりができたいわゆる大正デモクラシーの時代をわずかな例外として、内外の危機にさらされつづけてきた。近代日本人は最大限の無理な努力を強いられつづけてきた。そうしなければ国家が支えきれなかった。現在ももちろんいろいろ危機がないわけではないが、今や三十数年にわたる平和を享受し、この社会体制は必死になって無理をしなければ支えきれないほど危機に瀕しているようには見えないし、また、必死になって追求しなければならないような重要にして不可欠な国家目標があるようにも見えない。また以前には、「おとな」になることを強いるための餌として、「おとな」にならなければ一人前扱いされず、金がかせげないとか、性的満足が得られないとかの条件が設けられていたが、今や、子どもの権利が尊重され、子どもだからと言って半人前と見て軽く扱うのはよくないことだとされているし、ちゃんとした職業に就かなくても気ままなアルバイトで喰うには困らないし、男も女も正式の結婚をしなくても手軽にセックスの相手は見つけられるし、「おとな」にならないと得られない特権はますます少なくなってきている。そうとなれば、すでに述べたように近代日本の「おとな」の規範は日本人にとって多分に無理のあるものなのだから、無理しておとなになることもないという風潮が一般的になるのも理由のあることであろう。

いつまでもおとなになろうとしない青年は、かつての軍事大国、今の経済大国をつくりあげた「おとな」の規範の立場に立つ者の眼には、無責任でだらしなく、自分勝手でいいかげんで、浮わついていて、役立たずの当てにならない人間のように見えるであろう。そういう非難はたしかに当たっている。しかし、近代日本の「おとな」の規範を絶対的なものと考えるのも間違っているであろう。

どのような社会体制であれ、それを支えるおとなたちは必要であり、人間は自然に自発的にはおとなにならないのだから、何らかの「おとな」の規範は必要である。現代の青年たちがおとなになりたがらないとしたら、この問題は、現代の親子関係のなかで最初に形成される自我構造と、現代の「おとな」の規範に合致する自我構造との両面から考察すべきであろう。この二つの自我構造のあいだにギャップが少なければ少ないほど望ましいのである。葛藤と苦悩と混乱の青年期というものは、なしですませることができるなら、ないに越したことはない。

近代以前においては、家族はおおむね大家族であり、社会と切り離されておらず、社会の一環、あるいはむしろ、社会そのものであった。子どもは親だけの専有物ではなく、社会と直接つながっている家族全体のものであった。このような条件のもとでは、すでに述べたように子どもは比較的スムースにおとなになることができた。現代の家族、とくに核家族においては、この条件は失われている。家族は、生産の場でも教育の場でもなく、どこか遠いところへ働きにいって帰ってくる夫の休息の場であり、妻が社会から切り離されて閉じられた自分の小世界を築く場である。日本の親は、ヨーロッパの親にくらべて、伝統的に子どもを甘やかし、よくかわいがるが、かつてはそこに、社会の未来の一員としての子どものためというブレーキがかけられていた。今やこのブレーキがこわれ、親たちは、子どもを自分の小世界の付属物としてけじめなく甘やかす傾向がある。このような親子関係のなかで形成される自我構造は、どのような社会体制であれ、それを支える「おとな」の自我構造と大きく隔たったものになるであろう。

他方、すでに述べたように、現代の「おとな」の規範は、そのようにけじめなく子どもを甘やかす親子関係ということがなくても、もともと日本人にとっては無理なところのあるものだから、この規範を検討し直すことも必要であろう。青年期の問題は、社会体制はどうあるべきか、それを支えるのに必要な「おとな」の規範はどうあるべきか、家族はどうあるべきかなどの問題と多角的につながる問題である。

詩人のなりそこね

不粋で泥くさいわたしを知る友人なら、こんなことを聞くと、とたんに吹き出すかもしれないが、昔はこのわたしにすらも、本気で詩人になるつもりであった時代があった。ところが、アナクロニズムもいいところであって、わたしのなりたかった詩人というのは新体詩人なのであった。新体詩人になりたかったというようなことを言えば、明治生まれかと誤解されそうだが、これでも中学へはいったのは敗戦後である。ちょうど学制が旧制から新しい六・三・三制へ切り換えられる境い目で、旧制中学最後の生徒、つまりはいった中学がそのまま高校になり、高校二年生になるまで下級生がいなかった年代である。

その中学というのは、香川県丸亀市にある、丸亀藩六万石の居城、丸亀城の外堀と内堀のあいだにあった汚ない木造校舎の学校であった（現在は丸亀高校となっており、とっくの昔に木造校舎は鉄筋に変わり、お城の堀は埋められている）。同級生にM・Hという碁の強い男がいた。わたしは碁は弱かったが、彼がときおり口ずさむ詩に心を惹かれ、家が近くだったこともあって、たちまち仲良くなり、わたしは彼からいろいろなことを学んだ。

彼が教えてくれたところによると、世の中にはゲーテとかハイネとかそのほかたくさんのえらい詩人がいるのであった。日本でいちばんえらい詩人は島崎藤村であった。学校をさぼってはお城にのぼって草の原に寝ころび、あるいは学校から歩いて十分ほどの静かな瀬戸の海にボートまたはてんまを浮かべて、二人はそれぞれ自分の好きな詩を朗読し合って時を過ごした。敗戦直後で、とくに田舎のことで本が少なく、どこかの古本屋でだれかの詩集を売っているということがまだ情報として価値があった。萩原朔太郎の詩集を誰かがもっているということを噂に聞き、二人ともその人を全然知らないのに、紹介者もなく訪ねていって、貸してくれと頼んだこともあった。名前はおぼえていないが、その人は心よく貸してくれた。

　しかし、詩の場合だけではないだろうが、人のつくったものを読んでいるだけでは、そのうちつまらなくなる。われわれもおのおの詩をつくりはじめた。今から思えばおかしいが、彼のつくる詩も、わたしのつくる詩もいわゆる新体詩であった。別に変だとは思わなかった。詩というものは、文語でちゃんと七五調なり五七調なりの形を踏むものだと思っていた。もちろん、口語の散文詩の存在は知っていた。だが、そういうものは詩ではないと思っていた。われわれは、おのおののつくった詩をほめ合って、甘い考えをもっていてはいけない、詩では食えない、詩人になるためにはほかに仕事をもっていなければならないと、本気でいましめ合った。

そのうち、われわれの中学は高校となり、そのとき近くの女学校と合併して、一応男女共学となった。一応というのは、頭の古い教師の意見が勝を占めて、残念ながら、男女混合クラスというのはできず、同じ学校ながら、男子組と女子組にわかれたからである。これもM・H君がやりはじめたのだが、彼はある女子生徒に自分のつくった詩を捧げたのである。その詩というのが、もちろん七五調で、相手の女子生徒の名前を頭によみこんだものであった。せっかく詩まで捧げたのに、彼の思いは遂げられなかったが、わたしは彼のまねをやりはじめ、そのうち、相手の女の子が好きだから詩を捧げるのか、詩を捧げたいから誰か好きな女の子を探すのか、それとも詩をつくりたいから誰でもいいそれを捧げる相手を探すのかわからなくなった。結果的にはわたしは、大勢の女子生徒に詩を乱発して大いに顰蹙《ひんしゅく》を買った。

もちろん、それらの「詩」は記録してあったわけでもなく、すっかり忘れてしまって、残念ながらお見せすることはできないが、たとえば、ここに山口百恵という名の女子生徒がいたとすると、次のような詩をラヴレターのあいだにはさんで送りとどけるのであった。

や　さしき君がほほゑみに
ま　ことの恋を知りし日は

く　れゆく春の夕もやに
ち　りゆく花を惜しみつつ
も　のわびしさを眼にためて
も　の言ひ恥づるくちびるを
え　きなく求め悔いしとき

そして、その女の子の反応がかんばしくないと、次のような憎まれ口をまた詩にして送った。

齢三十を過ぎし山口百恵、ひとり寝の淋しさをかこちて歌へる

や　がては朽ちる命なら
ま　たといふ日のなきものを
く　れなゐ匂ふ春の日に
ち　ぎりを交す人もなく
も　ゆる思ひは尽きざれど
も　はや三十路の秋暮れて

　そのうち、わたしにとってショッキングなことが起こった。地方の詩の同人雑誌があって、わたしは、自分のつくった詩のなかでわりあいうまくできたと思うものを選んで投稿したのであったが、相手の人は親切な人で、ボツにして放っておくということをせず、わざわざ原稿を送り返してくれ、今どきこのような七五調の詩は詩ではありませんという注意書きまで添えてあった。わたしは恥ずかしさに消え入るような思いで熱をさまさせられ、書きためてあった詩をすべて破り捨てて（もちろん、その頃の詩は覚えていないが、ある一篇の最初の三行だけが妙に記憶にひっかかって残っている。それはたしか、「唖は双手を弄しつつ／何を語らむその瞳／われまた今日のさすらひを／……」という文句であった）、詩人になるのをあきらめた。かくして、新体詩人としてのわたしの才能の芽は摘みとられてしまったのであった。M・H君も詩人になる気はいつの間にか放棄したらしいが、彼が放棄した理由は知らない。そして、彼もわたしも、別に打ち合わせたわけではないのだが、大学は心理学科へ進んだ。二、三年前、あるところにわたしは、心理学をやっている連中には意外と詩人のなりそこねが多いと書いたことがあるが、これはM・H君とわたしのことだけを言っているのではなく、大学へはいってから、心理学科の教員や学生のなかに、この種のモト詩人がたくさんいることを発見したからであった（モト新体詩人はいなかったが）。

　心理学で刷り込み（imprinting）と呼ばれる現象がある。鳥類によく見られるもので、雛は生まれるとすぐ親鳥のあとを追うようになるが、人工的に孵化した場合、人間でも犬でも猫でも、最初に会った動物のあとを追うようになり、いったんそうなってしまうと、あとから同種の鳥が現われても見向きもしない。最初の出会いが一瞬にしてその後の行動形式を決定するのである。詩に関して、わたしの場合はまさにそれであって、今だにわたしは、新体詩を刷り込まれていて、ときには詩集をひもとくこともあるが、読むのは主として藤村で、そのほかはせいぜい晩翠、泣菫、有明あたりまでであって、それ以後になると詩と感じないのである。感じないのだから、どうしようもない。何となくうしろめたくて気恥ずかしいのだが、藤村の新体詩を読んでいると非常に気分がいいのである。

　そして、意識的には詩人なんかに全然劣等感はもっていないつもりだが、どこか心の隅に、詩人になりそこねたという思いと、新体詩しか詩と感じないのはどこかおれの感性がおかしいのではないか、抜けているのではないかというひけめがあって、詩人という人種の前に出るとおたおたしてしまい、逆にえらく攻撃的になったりする。

　十年ほど前、フランス政府招聘の留学生として渡仏したとき、同じ留学生だった、かの有名なる（その頃はまだそれほど有名でもなかったが）大詩人、天沢退二郎氏とたまたま同じ船室で横浜からマルセーユまで一カ月あまり一緒に寝起きすることになった（四人部屋で、われわれ二人だけではなく、ほかに同じく留学生の仏文学者と画家がいたが）。そのときが初対面だったが、わたしは彼を詩人と知って、嫉妬と羨望のあまり情緒障害を起こし、酔っ払っては、詩を書くのはいかにつまらぬことであるかを繰り返し論証しようとしたので、彼は辟易したらしい。彼が詩を書くのをやめなかったところを見ると、わたしの論証は説得力がなかったようだが。その後もたまに彼に会うことがあるが、今でも彼と会うと何となく緊張するのである。そして、わたしには欠けていて彼には恵まれているところの詩的感性なるものにずれたことを言ってしまったのではないかと気にしたりする。わたしは、芸術というものに無縁な男で、絵画にも音楽にも小説にも全然感性がなく、映画は誰かがこれはすばらしいと言えばああそうかと思うだけ、音楽はどんな音楽（流行歌を除く）を聞いても雑音としか聞こえず、小説は決心して読みはじめてもたいてい途中でやめてしまうのだが、これらの方面に対して感性を欠いていることにはあまり劣等感はないらしく、それらの方面の芸術家の友人に会っても別に緊張は感じないところを見ると、やはり、意識的に思っているよりは、詩人になれなかったことを気にしているらしい。

　そしてわたしは、昔の見果てぬ夢を追っているつもりは全然ないのだが、習癖は残っていて、その後もときどき手持ち無沙汰なときに、外国の詩を七五調に訳したり、自分で新体詩をつくったりする。それらはたいていその場かぎりで捨ててしまうのだが、たまたま原書に書き込んでいたために残っていた訳詩と、主として、狂児が愉快に語り合う狂児愉快（教授会）に出席中につくった最近の自作を、恥ずかしながらここに披露させてもらうことにする。とんでもないアナクロニズムの詩を読んでもらうのははなはだ気の毒であるが、しかし、読者諸賢よ、案ずるなかれ、特攻隊の出撃ではないが、これはわたしが「詩」を公表するわが生涯の最初にして最後である。

COLLOQUE SENTIMENTAL

Paul Verlaine

Dans le vieux parc solitaire et glacé
Deux formes ont tout à l'heure passé

Leurs yeux sont morts et leurs lèvres sont molles,
Et l'on entend à peine leurs paroles.

Dans le vieux parc solitaire et glacé
Deux spectres ont évoqué le passé.

——Te souvient-il de notre extase ancienne ?
——Pourquoi voulez-vous donc qu'il m'en souvienne ?

——Ton cœur bat-il toujours à mon seul nom ?
Toujours vois-tu mon âme en rêve ? —Non.

——Ah ! les beaux jours de bonheur indicible
Où nous joignions nous bouches ! —C'est possible.

——Qu'il était bleu, le ciel, et grand, l'espoir !
——L'espoir a fui, vaincu, vers le ciel noir.

Tels ils marchaient dans les avoines folles,
Et la nuit seule entendit leurs paroles.

感傷的対話

ポール・ヴェルレーヌ

寒くわびしき古庭に
人影二つ過ぎゆけり

脣ゆるみ眼はよどみ
語るは低き声なりき

寒くわびしき古庭に
むかしを偲ぶ影薄く

――過ぎし夢路を忘れしか？
――なにゆゑ捨てぬ想ひ出や？

――わが名を呼べば胸鳴りて
わが身を夢に見るや君？――否

——口を合せし過ぎし日よ
えも言はざりし仕合せよ——さもあらむ

青空高く夢多き
日は去りゆきて暗き空

からすむぎ辺のつぶやきを
聞く人もなく夜は更けて

さて次は自作の詩。

忍び寄る死の眠るがごとく

流るる川の
流れのふちへ
あなたの誘ふ

かなたの国へ

むなしき春の
倦怠《けたい》に沈み
あなたの語る
過ぎにし日々を

みどりの草の
しとねは濡れて
名残りの悔いに
しばしためらふ

忍び寄る死の
眠るがごとく
あなたの声の
遠くに聞こゆ

怨念

学びの友の語らひを
うつろひやすき夢と見て
女の恋の囁きを
偽り多き花と見て

世の賑ひに背を向けて
爪に火ともすわが暮し
汗かき恥かき義理かきて
貯めにし金が五万両

今や世に出し生業《なりはひ》は
人も蔑む高利貸し
人の恨みを糧《かて》として
築きし財が五億両

たとへこの身は地の底の
罪の業火《ごふくわ》に焼かるとも
思ひ知らさむわが胸に
澱みて深き怨念を

片想ひ

和光大学人文学部人間関係学科のある女子学生に捧ぐ

いまだ十九の春浅き
穢れを知らぬをとめごの
黒髪匂ふ花の香に
乱れて熱きわが心

許されぬ身の恋ゆゑに
生命《いのち》を染めし悲しみを
君に伝ふるよしもなく
涙に溶かすすべもなし

もとより恋の苦しみを
忍ぶ宿命《さだめ》は変らねど
せめては君がひとときの
情《なさけ》にわれをとどめかし

ふたたび春のめぐりきて
去りゆく君がうしろ背に
断てぬ想ひを身に責めて
別れを嘆くほかなきか

別れ

かくも激しき恋の火に
燃えにし夜は思はざり
いつかふたりのゆく道の
別れて遠く離るるを

かくも苦しき別れとは
逢ひ初めし日は思はざり
ひとり寝る夜のむなしさに
耐へて涙のとめどなし

よどみに浮ぶうたかたの
消えては留む跡もなく
宿命はかなきわが恋の
過ぎては残る影もなし

ひとたび君の去りゆかば
また逢ふときのこぬものを
ゆきてかへらぬ過ぎし日の
みれんの糸をいかにせむ

流　浪

春は桜の
花散る頃に
風に吹かれて
故郷《くに》を出る

朝《あした》東に
夕《ゆふべ》は西に
明日はいづこの
空の下

夏の街中
一膳飯を
貰ひ歩いて
日は暮れる

夜は山中
猫の子もをらぬ
こんやどの樹の
下で寝る

秋は落葉を
集めて焼いて
煙消えゆく
空を見る

空のかなたにゃ
幼いときの
心やさしい
姉が住む

冬は雪降る
一本道を

ほつれ草鞋に
　破れ蓑

流れ流れて
落ちゆく先は
三途の川の
　向ふ岸

　みれん

悔いて及ばぬ
　きのふの夜に
夜に崩れた
　男意地

すがる姿を
　哀れと思ふ

思ふ心に
身は添はぬ

恋のみれんの
涙に濡れて
濡れて明けゆく
春の夜

女心を
流れる雲に
雲にたとへて
あきらめて

水漬く屍　草むす屍

ふるさとはるか南《みんなみ》の
珊瑚の海を朱に染め

波に漂ふ死屍に
ミッドウェイの風重し

寄せてはかへす白波の
かへす渚に朽ち果つる
折り重なりし死屍に
ガダルカナルの日は熱し

飢ゑに苦しみ熱に泣き
敵にまみゆることもなく
むなしく散りし死屍に
蛆虫巣喰ふニューギニア

マキン・タラワはすでに墜ち
明日はペリリューかテニアンか
地に満つごとき死屍に
潮のごとき血は流る

樹々薙ぎ倒し岩砕き
山をも崩す艦砲に
吹き飛ばされし死屍に
留む形《かた》なきサイパンよ

インド征覇の夢破れ
雨にぬかるむぬかるみの
果てしも知らず死屍に
死屍つづくインパール

レイテの沖の屑と成り
ルソンの谷の塵と化す
恨みは永久《とは》に消えねども
消えし命は朝の露

（追記）文中に出てくるM・H君とは、友人の森岡博史氏で、わたしは忘れていたのだが、彼の記憶によると、中学生のわれわれが突然訪ねていった相手の人は、滝口とかいう、中央でもある程度名の知られた詩人で、われわれが借りた朔太郎の詩集とは、『虚妄の正義』だったそうである。

我発見被殴打的根本原因

僕は小学生の頃、よく教師に殴られた。その頃はまだ戦争中で、体罰はめずらしくはなかったが、それにしても僕はひときわよく殴られる生徒であった。教師がどう言おうが、自分の好きなことしかせず、その上わるいことには、いつもふざけていて教師をからかう癖があったためらしい。学校から突然いなくなったりするし、集団の規律を乱すのである。お灸を二十個所以上すえてこないと、遠足につれていってやらないと言われ、どうしてもつれていってもらいたかったのか、それともそのような条件をつければ、僕が参加しないだろうという教師の予想を裏切りたかったのかは思い出せないが、その通りしたことがある。教師は、遠足の途中で僕が突然いなくなったりすると困ると思ったらしい。授業中、教師が「かげひなたがあってはいけません」と説教したので、すかさず僕は、「それじゃ、かげでもひなたでも怠けていりゃいいんだ」と叫んだ。みんなはドッと笑ったが、その言い方が嘲笑的で癇に触ったらしく、教師は大いに怒り、僕は木刀を数本敷いた上に正座させられた。戦争がおわり、民主主義の世の中になってからでも、中学生の僕は依然として教師に殴られた。柔道五段か六段かの体育の教師をからかって殴り飛ばされたこともある。このときは、本当に文字通り、体が吹っ飛んだ。

大学生のときはさすがに教師に殴られたことはないが、さて今度、自分が大学の教師になると、学生に殴られるようになった。まじめであるべき場面でふざけてからかう癖は、三ッ子の魂何とやらで治らないらしい。学費値上げ反対闘争の学生にも殴られたし、誰かよく知らない学生に「おまえの説は気に入らぬ」と言って殴られたし、大学のコンパで女子学生とふざけていると、「ふざけ過ぎる」と言って男子学生に殴られたり、殴られないまでも胸倉をつかまれたりした。殴られて口が腫れあがり、数日、めしを喰うのが痛かったこともある。

とにかく僕は、学生のときは教師を殴ったことがなく、教師のときは学生を殴ったこともないのだが、学生のときは教師に殴られ、教師になると学生に殴られ、その逆の目に会いつづけているわけで、それはひとえに僕が終始一貫、確乎不抜としてふまじめであるためらしい。しかし僕は、伊達や酔狂でふまじめをやっているわけではないから、殺されれば別だが、殴られたぐらいで、「はい、そうですか」と、ふまじめをやめるわけにはゆかないのである。

（追記）「学生に殴られたなんて、本当の話じゃないでしょう」と言ってきた読者がいた。僕が「本当の話でないことを、なぜ書いたと思うんですか」と反問しても、その読者は「学生が殴りかかってきそうな雰囲気になったぐらいのことが実際にあって、それを〈殴られた〉と書いたんでしょう」とまだ疑っていたが、これは本当の話である。

忙しい人とひまな人

いつも忙しがっている人がいる。こちらが聞きもしないのに、口癖のように「忙しい、忙しい」とつぶやいている。断わり切れずに引き受けた講演があるとか、何とかの雑誌に何日までに何枚の原稿を書かねばならないとか、今、書きおろしをどことかの出版社から頼まれていて、せっつかれているとか、学会の発表のためにどうとかこうとか、しょっちゅう言っている。そういう人を見るとわたしは、腹の底から馬鹿にしたくなる。「この人はよほど劣等感が強いのではないか。自分が何の役にも立たず、世の中から求められない恐怖が強過ぎるので、自分にはあちこちから頼まれている仕事がいつもいっぱいあることを強調せずにはいられないのではないか。そのため、無理矢理に仕事をつくって忙しがっているのではないか」とつい思ってしまう。

学生時代、わたしはひまであった。世の中に自分以上にひまな人がいるとは思えないほどひまであった。毎日、朝か昼か知らないが、いやもう夕方になっているときもあったが、眼が覚めると、「さて、今日は何をするかな」と考えて、結局、何もすることはないのであった。このまま、ふとんのなかでわたしが何日じっとしていたとしても、それで誰が困るわけでもなかった。世の中の運行に毛ほどの差し障りもなかった。わたしが起き出すのは、腹が減るからであった。もちろん、学生だから、本は読んだし、それから、これは学生だからというわけではないが、呑みにいったりもしたが、とにかくわたしのやることはすべて、やらないならやらないですむことばかりであった。退屈と言えば退屈であったが、わたしは生来、怠け者なので、退屈というのは、別にたいして苦痛ではなかった。というより、することがなくてもたいして退屈しないという特別な才能に恵まれていた。

　そうは言っても、大学院へ進み、修士課程からさらに博士課程となってくると、ときには翻訳の下請けや調査の手伝いなど、仕事が回されてくるようになった。ひまだったわたしは、頼まれた仕事はすべて選り好みせず二つ返事で引き受けていた。もちろん、たまにしかないそのような仕事で、忙しい思いをするなんてことはなかった。

　博士課程を了えても職がなく、さらに二年ほどぶらぶらしていたが、あまりぶらぶらしているのも何なので、それに、親が残してくれた金がそろそろ底をつきかけたので、旅費から生活費から学費からすべて支給してくれるというフランス政府給費留学生なるものの試験を受けてみたら、運よく受かった。それで、フランスの東端、ドイツとの国境あたりのストラスブール大学というところに三年足らずいた。ストラスブール大学を選んだのは、教えを受けたい先生がそこにいるとかいないとかの理由からではなく、はじめ、フランスの留学生試験を受けようか、ドイツの留学生試験を受けようかと迷い、ついにフランスの方にしたのだが、ドイツにも未練があったので、それなら国境付近の大学がいいと思ったからである。

フランスでは、またまたわたしはひまであった。講義に出ても、ろくにわかりはしなかったので、そのうちあまり出席しなくなった。たいてい昼過ぎまで寝ていた。しかし、一時以前には起きなければならなかった。一時に大学食堂の昼食時間がおわるので、それに遅れると、安いめしにありつけないからであった。大学食堂は政府の援助で経営されていて、一食百円ぐらいであった。それに遅れ、街のレストランで食事をすると、最低数百円はかかるのであった。それでもわたしは、昼食時間に間に合わないことがたびたびあった。

まったく、することがなかった。女の子にもてでもすれば、ひまがつぶれるのだが、どういうわけか、もてなかった。学会に出席するというと、毎月の給費のほかに、往復の旅費と宿泊費を特別支給してくれるので、あちこちの学会誌をあさっては、パリで開催される学会を見つけ、この学会に出席することが自分の研究にとっていかに重要であるかを説明した文書を添えて大学当局に申請し、何度かパリに遊びに行った。

フランスから帰ってきたあとも、相変わらずわたしはひまであった。非常勤講師ぐらいしか職はなく、ひまにまかせて翻訳ばかりやっていた。不見転《みずてん》芸者と同じで、出版社から翻訳を頼まれると、内容を見もせずやはり二つ返事で引き受けていた。

ひょんなきっかけで、わたしは四十近くになってやっと今の大学で定職にありついた。しかし、定職と言っても、大学の教師というのはひまな商売で、半年は休み、残りの半年だって、授業をするのは週二日、気が向かなければ休講というわけだから、学生時代とたいして変わらなかった。

ところが、頼まれた仕事はすべて引き受けても依然としてひまであったわたしが、最近、そうもいかなくなった。すべて引き受けていたら、時間が何倍あっても足りない。わたしは、忙しい目に会うのが大嫌いだから、ひまな状態を堅持するためには、しょっちゅう仕事を断わらなければならない羽目になった。しかし、わたしはこれまでかくも長い間、ひまな人でありつづけてきたので、「忙しいから」という理由で仕事を断わることが何となくできない。「忙しい」と言ったりすると、わたしが馬鹿にしている忙しがり屋に似てくるような気がして、いやなのである。そこで、忙しいかひまかということになれば、わたしはつい「ひまですよ。ひまでひまで困ってますよ」と言ってしまう。これは嘘ではない。今だって、わたしはひまなのである。絶世の美女が二人きりでどこかへ旅行しようと言って来れば、いついかなるときでも、一年や二年のひまはすぐつくれる。しかし、おこがましいことを言わせてもらうなら、以前のひまな状態と違って、現在のひまな状態は、何回も仕事を断わるという、気の弱い（？）わたしにとってはかなり気の重いことをやってつくったひまな状態なのである。要するに、忙しいかひまかは個人の趣味の問題であって、誰だって忙しくなりたければ忙しくなることができるし、ひまでありたければひまであることができる。その証拠に、殺人的に忙しい重要人物が急死したりしても、世の中は別にどうということもなくつづいていっている。ところが、わたしがひまだと言うと、相手によっては、わたしがつき合う気になっていると誤解するらしい。ひまだと言っているわたしがつき合わないと、相手は意外な顔をする。これは、人がひまなら、そのひまは自分のために割いてもらえると決めこむ者が間違っているのであろうか。それとも、一言「忙しい」と言えばいいのに、わざわざ誤解されそうなことを言うわたしが悪いのであろうか。いずれにせよ、わたしはこれからもずっと、ひまな人でありつづけたいと思っている。とにかく、わたしとしては、しなければならないことが何もなく、ひまでゴロゴロしている時間のほうが、つまらぬ仕事に追いまくられている時間よりもはるかに貴重なのである。後者の場合なら、すぐ仕事を放り出して気軽につき合うかもしれないが、前者の場合は、邪魔されずにそのままゴロゴロしていたいから、まずつき合うことはないのである。わたしは人のために割くためにひまで自由な時間をつくったわけではないのだから。

一期一会

早稲田の文学部に入学し、田舎から出てきて東京で下宿生活をはじめた頃のことであった。昭和二十七年である。

下宿は武蔵野市吉祥寺にあった。酒を呑むのはたいてい新宿であった。ぼくは呑み出すとなかなか切りあげることができないほうで、しばしば帰りは終電か終電近くになった。

あるとき、例によって新宿ですっからかんになるまで呑み、浅川（当時は高尾駅のことを浅川駅と呼んでいた）行の終電に乗った。ところが、途中で眠り込んで吉祥寺を通り過ぎてしまい、気がついたら、終点の浅川であった。帰りの電車賃がない。電車賃があったとしても、もう上り電車はない。どうしようかととまどっていたとき、プラットホームで騒ぎが起こった。「スリだ、スリだ」と叫びながら、二、三人の男が一人の若い男を追っかけている。結局、その若い男はつかまえられ、駅員室へつれていかれた。だが、しばらくすると、その男は駅員室から出てきて所在なさそうに改札口のあたりをぶらぶらしている。同じく所在なかったぼくは「どうしたんですか」と彼に話しかけた。そばにもう一人、十代のなかばと思われる少年がいた。

どうしてそうなったか、よく覚えていないが、われわれ三人は駅前のまだやっていた赤ちょうちんへ呑みにいった。

さっき追いかけられていた若い男は本物のスリであった。さっきはちょっとドジったが、あんなことはめったにないと、呑みながらスリの腕前を自慢した。十代の少年は（わたしも十代の少年であったが）、ついこのあいだ家出をしてきたばかりで、当てもなく東京中をあちこちうろついているとのことであった。ぼくは金がなく、スリも、しくじったためか金がなく、呑み代は家出少年が払った。

三人は、呑み屋で看板までねばり、駅のベンチで始発まで待って、揃って新宿へ出た。浅川を発ったときは、空が白みはじめていたが、新宿へ着いたら、もうすっかり朝になっていた。三人は、新宿駅の東口あたりのバラック（当時その付近は、ビルらしいビルは一つもなく、数十軒のバラックがところ狭しと並んでいた）で朝めしを食べた。これも家出少年のおごりであった。

スリはおごられてばかりいるのをすまながり、時計を質に入れてその金でこんどはおれが酒をおごると言い出した。どうせスリ取った時計だからとのことであった。ところが、スリは身分を証明するものをもっていなかったので、質屋がＯＫしなかった。そこで、はからずもぼくがお役に立つことになった。ちゃんとした早稲田大学の学生証をもっていたからである。

その時計はいい時計だったらしく、かなりの金を借りることができた。三人は朝っぱらからまた酒を呑みはじめた。そこでどんな話を交わしたかは忘れてしまったが、とにかくぼくは、友人との約束か何かがあったのであろう（授業なら、さぼっただろうから）、その日は大学へいかなければならなかったので、しばらく呑んだのち、二人と別れた。別れ際に家出少年が、全然金をもっていないのでは困るだろうと言って、三百円（この金額ははっきり覚えている）恵んでくれた。

この少年とは、そのあとしばらくしてから、新宿駅の構内でバッタリ会った。今度は二言、三言、言葉を交わしただけですぐ別れた。それ以来、会っていない。スリとは二度と会わなかった。二人とも気のいい人たちであった。盗品を売るのに学生証を使ったぼくに、警察からの呼び出しはこなかった。

わたしの原点

　他人がわたしのことなどにたいして関心をもってくれるとは思わないが、わたしとしては、なぜわたしが心理学に、ついで精神分析に興味をもち、結局、精神分析的観点から歴史を理解することをめざすに至ったかの動機なり背景なりを、この書を機会に、説明しておきたい。もちろん、こうしたことがらについての当人自身の説明は、犯罪者の自白と同じように、合理化や弁解や省略で歪んでいるものだが、それはわたしとしてはどうしようもない。

　精神分析なんかに興味をもったということからたやすく推定できるように、わたしは神経症であった。その主症状は、強迫観念と強迫行為であった。つまり、強迫神経症だったわけである。発病はたしか中学一年生のころで、最初の症状は、実際には金を借りていない友人に金を借りているという強迫観念が、自分では馬鹿げているとわかっているのに、頭にこびりついて離れないというものであった。その友人に「借金」を返さないかぎり、気持が落ち着かない。友人はわたしに金を貸した覚えはないので、わたしが返そうとすると、当然のことながら変な顔をする。そこを何とかごまかし、「君は忘れているのだ。絶対間違いなく僕は借りたのだ」などと言って友人に金を受け取ってもらうと、はじめて安心できる。しかしまた、しばらくすると同じ強迫観念が浮かんでくるのであった。これをはじめとして、さまざまな強迫症状に襲われた。男らしい点などどこにもないかわいらしいある女子生徒が、実は女ではなく男なのではないかとの強迫的疑念が念頭を去らず、性的好奇心からではなく（少なくとも主観的には）、スカートをまくってペニスがないことを確かめてみたくなったり（実行はしなかったが）、自分の死ぬ時期が決まっていて、そのときが刻々と近づきつつあると思って恐ろしくてたまらなかったり、ある本を読みはじめて、たとえばその本の発行日が二年前であることに気づくと、この二年間にこの本に説かれていることを覆すような重大な真理が発見されたかもしれない、この本の内容は今やまったく時代遅れかもしれないという強迫観念が何の根拠もなく浮かんできて、本が読めなくなったりした。また、道を歩きはじめると、用もないのにどんどんまっすぐ進まねばならず、踵を返すには相当重大な決心がいるということもあった。

　こうしたことが重なって、わたしは自分がおかしいのではないかと思いはじめた。そう思える理由はまだほかにもあった。いつの間にか消え失せてしまったが、やはり中学生のころ、たびたび幻覚を体験した。夜、眠ろうとして電気を消すと、部屋のなかにはわたし一人しかいないはずなのに、ふとんの周りを人がひそかにめぐりはじめる。畳のミシミシという音が聞こえ、その微妙な揺れが体に伝わってくる。まさに人がいるとしか思えないので、起きあがって電気をつけるのだが、当然のことながら、誰もいない。これもまた、眠ろうとしてふとんにはいったときによく起こったことだが、突然、体が浮きあがって天井に達し、天井のあたりをしばらくさまよったのち、開けてあった窓から外に出て空中を浮遊し、街の家々を上空から眺め、また窓を通って帰ってくるのである。もちろん、わたしの体がふとんのなかから少しも動いていないことは頭ではわかっているが、身体感覚として実に生々《なまなま》しくそう感じられるのである。夢を見ていたのではなかった。その途中でいつでも眼をあけて、自分の存在を確かめることができたから。ただ、この幻覚に関しては、いわゆる入眠時幻覚と区別しがたいときもあった。入眠時幻覚ではないと断言できるのは、夜中に一人だけ起きて机の前にすわっていたときに見た幻覚で、すぐ前の窓のすりガラスをふと見ると、そこに色鮮やかに絢爛豪華な舞踏会の光景が写っていた。派手に着飾った大勢の男女が入り乱れて整然と踊っていた。わたしは長いあいだ、その美しさに見とれていた。音楽は聞こえず、無声であったが、それでも、とても幻覚とは思えず、窓の外で実際に舞踏会が開かれているかのようであった。だが、窓を開けると、眼にはいってきたのはもちろん夜の闇だけであった。

もう一つおかしいと思ったことは、ときどき猛烈な抑鬱に襲われることであった。抑鬱の最初の発作のときのことは、今でもよく憶えている。やはり中学生のときで、ある本屋にはいって、ふと手にとって開いた本から、タコツボでうつ伏せになって死んでいる二人の日本兵の写真がいきなり眼にとび込んできた。その本はたしか、ロバート何とかというアメリカ人記者の書いた『硫黄島』という本であった。わたしははげしいショックを受け、家へ帰って寝込んでしまった。数日間、何をする元気もなかった。ただ、その二人の日本兵が可哀そうで可哀そうでたまらず、むやみやたらに泣きつづけていた。その本はもちろん、その他の戦記物を買ってきて読む勇気はとてもなかったが、敗戦直後のことでもあり、日本の負け戦さの話や記録写真は、いやでも耳や眼にはいってくる。わたしはそのたびごとに抑鬱の発作を起こすのであった。これも、おかしいと言えばおかしなことであった。太平洋戦争がはじまったのは、わたしが小学二年生のときで、おわったのは、六年生のときであった。戦争中、小学生のわたしは戦争に無関心であった。同年齢の友人に聞くと、戦争の経過をその当時の記憶としてよく知っていたと言う者がたくさんいるが、わたしは、アッツ島玉砕、サイパン玉砕などがわずかに記憶に残るのみで、対米英宣戦布告の日の記憶はないし、真珠湾攻撃、マレー沖海戦、シンガポール陥落、それから、ガダルカナルもインパールもすべてあとから知ったことである。さすがに終戦の日の晴れた空は覚えているが、とくに何の感情も感じなかった。また、わが家は軍国主義にも国家主義にも縁がなく、わが町、善通寺町は空襲を受けず、遠い親戚の一人を除き、家族や親戚に戦死者も戦傷者も出していない。わたし個人は、戦中戦後を通じてたいしてひもじい思いをしたこともなく、直接的には何ら戦争の被害を受けていない。焼跡も闇市も知らない。逆に、戦争にまつわる個人的思い出としては、二、三十キロ離れた高松市の夜空を彩った、花火のように美しい空襲の光景を、わが家の火の見櫓《やぐら》のてっぺんに登って見た思い出、敗戦直後、わが町にあった捕虜収容所の捕虜たちに向けて米軍機から投下した荷物のいくつかが落下傘から外れて砕け散ったのを、餓鬼仲間と一緒に目ざとく見つけて、チョコレートやタバコをせしめた愉快な思い出ぐらいしかない。それなのに、あの二人の日本兵の死骸の写真を見た日から、戦争の話がこのようなはげしい情緒反応を起こすようになったのは、解しがたいことであった。

要するに、中学生のわたしに、強迫神経症と幻覚症状と鬱病とが一挙に襲ってきたのであった。幻覚についてはあまり苦しんだ記憶はなく、その場で少々気味のわるい思いをしたに過ぎないが、強迫症状にはほとほと手を焼いた。これからやろうとすることがことごとく禁止されて何もできない。本を読もうとすると、この本を読んではいけないという強迫的禁止がかかる。女の子と仲良くなろうとすると、彼女は男ではないかとの強迫観念に遮ぎられて近づけない。逆に、全然やりたくもないことをやるように強制される。そして、それに追い討ちをかけるかのように抑鬱の発作が起こってきて、何をする意欲をも失わせるのであった。

これらのいわば観念的または感情的悩みのほかに、もっと現実的レベルの悩みがあった。

わたしは両親（というよりむしろ母）の期待と自分の志望との板挟みになっていた。わが家は何代かつづいた興行師で、当時は劇場を一つもっているだけであったが、昔は田舎のちょっとしたやくざのようなものだったらしい。家のなかには、刀や銃を仕込んだ仕込み杖など、その時代の名残りの品がたくさんあった。いつか父と天井裏の掃除をしていたら、実弾つきの短銃がでてきたこともあった。父の話によると、父の少年期ぐらいまでは喧嘩出入りがあったらしい。誰がわたしに話して聞かせたかは忘れたが、父が家業を嫌い、怠けて遊んだので、わが家は落ちぶれたそうである（しかし、自分の家は今は落ちぶれているが、昔はよかったというたぐいの話はあちこちでよく聞く話なので、どこまで本当かは保証の限りではない）。そしてわたしも、この家業が大嫌いで、跡を継ぐ気になれなかった。ところが、母はこの商売が大好きで、わたしが跡を継いで大いに活躍することを期待していた。というより、そう決めてかかっていた。家の実権は母が握っていた。父と違って、母は猛烈な働き者で、決断力に富み、支配欲の強い女であった。この母は、近頃のいわゆる教育ママとまさに正反対で、わたしが勉強したり、本を読んだりしているといい顔をしないのであった。たとえば、戦後はじめて売り出された、十数万円もしたホンダのオートバイとか、ギターなどをわたしが欲しがると気軽に買ってくれたが、五百円あまりだった研究社の『英和大辞典』は、紙に何やらごそごそ字が書いてあるものに金を使うのはもったいないと言って、なかなか買ってくれなかった（実際、わが家には、わたしが自分で本を買うようになるまで、『キング』とか『婦人倶楽部』のような雑誌を除き、本らしい本は一冊もなかった）。ところが、息子のわたしはどういうわけか無性に本好きで、まだはっきり形をなしてはいなかったが、将来は本を読んで暮らせるような仕事につきたいという抑えがたい望みをもっていた。母の期待とわたしの望みは相容れなかった。わたしは中学にはいったころから、家業を継ぐのは嫌だと言いつづけたが、母も頑固で、今は夢みたいなことを言っているが、そのうちおとなになれば気が変わると言ってあきらめなかった。この一点を除けば、母は何でも息子の言うことを聞く甘い甘い親で、幼いころからわたしを猫可愛がりに可愛がった。わたしは、一方では自分がどうなっても母のためにつくさねばならないと感ずると同時に、他方では母の盲愛に真綿で首をしめられるような息苦しさを覚えた。母は、わたしが嫌だと言うたびに、目の前がまっくらになったかのような、地獄にでも突き落とされたかのような悲しそうな顔をするのであった。その顔を見ると、とても母の期待を裏切る勇気はでず、かと言って、家業を継ぐことを考えると、今度はわたしがお先まっくらの気持になるのであった。そして、母（そして父）とわたしとのあいだには、おたがいに口にしてはならない公然の秘密があった。わたしはひとりっ子だが、それは当然で、実はいわゆるもらい子であって、母の兄夫婦がわたしの生物学上の両親であった。子どもが生まれなかったのは、母のせいらしい。われわれは、おたがいに実母であるかのごとく、実子であるかのごとくふるまっていた。このことが、母とわたしとの関係に内在する葛藤をますますこじらせ、陰湿なものにし、その解決の可能性を決定的に遮断した。

　そのほか、自分ではどうにもならないさまざまな悪癖があった。たとえば夜尿癖で、恥ずかしい次第だが、小学校の高学年まで頻繁な夜尿がつづき、まれにはなったがそれ以後もかなりの年齢まで治らなかった。それから酒癖もわるく、酒を覚えたのは中学生のときだったが、いったん呑みはじめると酔いつぶれるまでとまらないのである。酒というものを最初に口にしたときが酔いつぶれた最初であった。手元にある小学校の同窓会の記念写真を見ると、わたし以外の者はみんなきちんとした姿勢で写っているのに、わたしだけが酔いつぶれてぶざまな格好をさらしている。また、何というか、突然いなくなる癖があり、小学生の頃、学校から突然いなくなって、よく教師になぐられたが、いくらなぐられても治らないのであった。わたしとしては何も悪いことも変わったこともしているつもりはなく、ただ、何となくおもしろくなくなったので、その辺をぶらつきに行っただけであった。また、性格的にもいろいろと問題があり、たとえば、極端に攻撃的な傾向と極端に卑屈な傾向とがあって、つねに葛藤していた。これらはすべて、神経症的症状の一環であった。

　あれやこれやで精神的に半身不随だった高校時代が過ぎ、わたしは、家を継ぐとも継がないともあいまいなまま、決定を四年先にのばすという形で大学に進み、心理学科を選んだ。心理学をやろうと思ったのは、そこにわたしの心的葛藤の解決があるかもしれないと思ったからだが、大学で教わる心理学は全然そういうことと関係がなかった。それに、大学卒業後、大学院に残って心理学者になるという道はとても許されそうになく、また、一年生のとき蜘蛛膜下出血という脳出血の一種になって死にそこない（偶然とは思えないのだが、脳出血が起こったのは、いろいろ考えあぐねた末、ほかに道はないと結論し、家出をして親子の縁を切ろうと決心した日の翌朝であった。そして、入院したわたしは家出をして独立するどころか、親の助けがなければ何もできないのであった）、短命だと思い込んでしまったこともあって、大学の講義にはほとんど出席せず、一方ではやけのやんぱちで遊び歩きながら（たまたま飲み屋で隣りになった人に泊めてもらったり、友人の下宿を泊り歩いたり、駅のベンチや武蔵野の林に寝たりして三ヵ月ほど、東京無宿をつづけたこともあった）、他方では何やらわたしの問題に解決の糸口を提供してくれそうな精神分析関係の本を手当たり次第に読みふけっていた。そしてわたしは、東京にいれば、父母を見捨てているといううしろめたさに責められて心は故郷に引き戻され、大学の休暇で故郷にいれば、正体のよくわからない落ち着きのなさに駆られて今すぐにでも東京へ帰りたくなり、いずれにいてもつねに引き裂かれていた。

　そうこうするうち、大学の卒業が近づき、やはり故郷《くに》へ帰って家業を継がざるを得ないと絶望的な気持になりかけたころ、母が蜘蛛膜下出血で急死した。人びとの言によると、過労のためということであった。わたしは母を殺したというはげしい罪悪感に囚われ、卒業後、父は求めなかったにもかかわらず、自分から申し出て家業を継いだ。しかし、もともと肌に合わないことが長つづきするはずはなく、取引の相手にいいようにあしらわれて大赤字を出し、一年後、今度は父の了解のもとに東京へ舞い戻って大学院へ進んだ。その後、何年も経ずして父も、血のつながりのない息子に見捨てられた形でやはり脳出血で死亡し、その結果わたしは、数年間遊んで暮らせるほどの金を手にすることになった。結局、わたしは、親の労働の成果を喰いつぶして大きくなり、親の死後もそれを勝手に使って自分の好きな道に進んだ鬼子であった。

それからわたしは、以前よりいささか体系的、計画的に精神分析を研究しはじめ、それをもとに本格的に自己分析に取りかかった。幻覚はとっくになくなっていたが、強迫症状と抑鬱の発作はまだつづいていた。それまでわたしは、そうした症状からむしろ逃げ気味で、もっぱら抑えにかかっていた。精神分析の本を読み、その理論は学んでも、それを自分の問題とは表面的にしか結びつけなかった。親子関係の問題は親子関係の問題として悩み、それとは別のところで、強迫症状に苦しんでいた。両者の関連に気がつかなかった。強迫症状は、長い年月のあいだにいろいろなものが現われたけれども、最後には「本を読んではいけない」という強迫的禁止一本にしぼられていた。そのたびになぜこの本を読んではいけないかのもっともらしい理由がくっついているのであった。しかし、ある日ふと、この強迫的禁止はわたしが自分と無縁な世界の人間となるのを望まなかった母の声がわたしの心に内在化されたものではないかと気づいたとたん、あれほど頑強だった強迫症状がまるで嘘のように消えてしまった。これは、いったん気づいてみれば、なぜこれまでこんなことに気づかなかったのかが不思議なほど簡単なことであった。だが、これに気づき得るためには、その前にまず、母とわたしとの関係の徹底的分析が必要であった。それがなされていないうちは、たとえ他人からそういうことを示唆されたとしても、受けつけなかったであろう。つまり、あれほどわたしを可愛がった（たとえば、大学の休暇で帰省すると、母はわたしのために山海のご馳走をつくり、自分はお茶漬けですましているのであった）あの母の愛情の欺瞞性、わたしをとりこにしようとした（母自身、無意識的な）その手の内が読めてきたということであった。いいかえれば、わたしが母について抱いているイメージ、私の母親像は、わたしの自発的、主体的判断にもとづいて形成されたものではなく、母がわたしを支配し、利用するためにわたしに植えつけたものであることがわかってきたのであった。わたしは、母が二十年の歳月をかけてわたしの心の襞の奥深く植えつけたこのイメージとそれを支える諸観念の体系を一つ一つ論理的反証を加えながら丹念に剝がしていった。すると、やさしく献身的、自己犠牲的で、どんな苦労もいとわず、何の報いも求めず、ただひたすらわたしを愛してくれていた母というイメージの背後から、ただひたすらおのれのために、わたしがどれほど苦しもうがいっさい気にせず、あらゆる情緒的圧迫と術策を使ってわたしを利用しやすい存在に仕立てあげようとしていた母の姿が浮かびあがってきた。要するに、母は自分の都合のことしか言わなかった女であった。母のこの姿こそ、わたしの場合の「抑圧された真実」であり、わたしが神経症という代価を払って否認しつづけてきたところのものであった。そしてそれと同時に、それまであれほど母を愛し、慕っていた感情の厚いメッキがはがれて、その底から母への、もしまだ生きていたらたたき殺してやりたいほどの憎悪が噴出してきた。しかし母はすでに亡く、もう一度殺すわけにもゆかず、私は晴らしようのないこの恨みをもて余した。かつて死に目にも会えず母が急死したとき、何も親孝行をしてあげられないうちに死なれてしまったと、通夜のあいだ中、相手かまわず取りすがって嘆いたわたしが、今、ある夜更けに一人、自分の部屋でアルバムから母の写真をすべてはがし、恨みをこめて引き裂き、灰皿のなかで燃やしつづけていた。

　そして、抑鬱の発作に関しても、日本の負け戦さの話がこの発作を起こすのなら、とことんまで起こしてやれという気になって、それまで恐くて手が出なかった戦争の記録を読みはじめた。マレー沖海戦、シンガポール攻略、第一次ソロモン海戦など、日本が圧倒的に勝った戦闘、あるいはせいぜい珊瑚海海戦のように五分にわけた戦闘の記録ならすらすら読めるのだが、みじめな敗北を喫した戦闘の記録はなかなか読む気になれず、本を買ってきても積んでおくだけになった。平気な人は平気だろうから、こんなことを言えばおおげさだと笑われるだろうが、これではならじとわたしは、一日二十ページなら二十ページは必ず読むと決め、苦行僧のお勤めのように、ミッドウェー海戦、ガダルカナル、インパールなどの惨敗の記録を、いやがって横を向きたがる眼を無理に押さえつけて本のページの方にねじ向けて遅々としてではあるが読んでいった。それはあまりにも愚かで、あまりにも悲しい物語であった。案の定、憂鬱になり、ときにはとめどなく涙が出てき、頭のなかを、アジア、太平洋の各地で死んだ日本兵の水漬く屍、草むす屍のイメージが魑魅魍《ちみもう》魎《りょう》のようにかけめぐるようになった。

　はじめわたしは、抑鬱の発作を一つの病的現象としてとらえ、わたしの何らかの無意識的コンプレックスに関連づけ、わたし個人のレベルで解決しようとしたのだったが（もちろん、いかなる問題にもいろいろなレベルがあるから、この問題も、わたし個人のレベルで扱うこともできる。このレベルで見れば、抑鬱の発作は、母への憎悪の抑圧と関係があり、この抑圧の解消を通じて解決する方向が考えられた）、そのうち、この問題に関しては、強迫症状の問題を解決した道と違った道を進むことになった。わたしは、戦争の諸事実の悲惨さに印象づけられ、これらの事実を前にして憂鬱になるのは当然ではないかと思うようになり、わたし個人の抑鬱の発作をどうかする問題なんか吹っ飛んでしまった。わたしは、戦争の記録を読んでゆくうちに、日本軍の作戦および戦闘のまずさと、そしてそのまずさが決して無知や無能や怠慢によるものではなく、神経症的あるいは精神病的とも言える異常反応のせいであることに気づき、なぜそうなったか、ひいてはなぜあの戦争が起こったかと考えるようになり、それを原点として、わたしの関心は、日本人の精神構造へ、それを生み出した日本近代の歴史へ、転じてさらにアメリカの歴史へ、ついには人類一般の歴史へと向かい、おこがましいことながら、歴史というものは精神分析によって解けないものだろうかと思いはじめているのである。

誰でもそれぞれ自分の原点をもっているのではなかろうか。これはわたしの勝手な想像で、間違っていたらお詫びするが、たとえば公害学者の宇井純氏の頭のなかには、水俣病でみじめに死んだ老女や、やせこけて体の利かなくなった少年のイメージがかけめぐっているのではなかろうか。

あとがき

本書は、一九七五年の一年間、「ものぐさ精神分析」と題されて『ユリイカ』に連載されたものを中心とし、そのほか『現代思想』などに掲載されたものを集めたものである。最初に発表した形のままのものもあるが、「言語の起源」、「心理学者の解説はなぜつまらないか」、「ナルチシズム論」、「自己嫌悪の効用」、「セルフ・イメージの構造」、「詩人のなりそこね」、「わたしの原点」などは大幅にまたは少々加筆、訂正、削除を行なった。

ひとつにまとめて通読してみると、あちこちで同じようなことを繰り返し書いていることに気づく。とくに「性の倒錯とタブー」と「エロスの発達」は内容的に重複した部分が多い。どちらかを削除しようかとも思ったが、何となく未練があって両方とも載せることにした。そのほかの重複した部分も、そこだけを削除すればその論文の全体としての構成が崩れるし、また、重複しているとは言っても、厳密に同じことを繰り返しているわけではなく、ほかでは言っていないようなことも加わっているので、そのままにした。

いろいろと雑文を並べてあるが、忙しくて時間がないか、めんどうくさいかで全部読む気になれない人は、「日本近代を精神分析する」、「国家論」、「性的唯幻論」、「セルフ・イメージの構造」、「時間と空間の起源」だけ読めばいいのではないかと思う。それでもまだ多過ぎるという人にも、「国家論」だけは読んでもらいたい。

なぜ「ものぐさ精神分析」かと言えば、それはわたしが猛烈なものぐさ屋だからである。気ままに手当たり次第にその辺にある本を乱読したり、ぼんやりあれこれ考え込んだりするのは好きなのだが、あるテーマについて文章を書かねばならないというとき、関連文献や資料を調べるのは死にたくなるほどめんどうくさいのだ。しかし、そうも言っておれないので、奮起一番、文献や資料を調べることもあるが、たいてい中途半端で投げ出してしまう。それから、書くということがおっくうなのだ。書くというのは、自由にのんびりと楽しくいろいろ考えていたことを窮屈な枠組のなかに整理することであって、書くのがおっくうなのは、わたしがどれほど部屋が散らかっていても平気で、整理整頓が大嫌いなのと軌を一にしている。

学生時代、巻末に厖大な参考文献やら引用文献やらが載っている本を見て、こんなにたくさんのことを調べなければならないのなら、そしてこんなにたくさんのことをまとめあげねばならないのなら、とてもこのおれには本は書けないと思ったものだった。将来いつの日にか自分の本が出ることがあろうとは思わなかった。それなのに、雑文集とは言え、ここに一冊の本を出すことができたのは、ひとえに青土社の三浦雅士さんの強要と脅迫、おだてとはげまし、アイディアや資料の提供のおかげである。彼が失望して怒る顔を見る恐怖がついにわたしのものぐさ根性に打ち克ったのだ。彼がいなければこの本はできなかった。感謝感激雨あられ。

昭和五十一年十一月

岸田　秀

解説

伊丹十三

『ものぐさ精神分析』は、私にとっては特別な本である。本屋の書棚で、全く偶然、何の予備知識もなく、岸田秀という未知の名前を冠したこの本に出会い、澁澤龍彦氏の帯の文句に惹かれて買い求め、半信半疑の面持ちで読み進むうち、いつしか私の存在の一番深いところで共鳴が始まり、遂に「わたしの原点」という文章の、母親を語った個所に行き当った時、私は自分の目の前の不透明な膜が弾けとんで、目の眩むような強い光が射しこむのを感じ始めたのである。世界が、俄かにくっきりと見えるのを私は感じた。私は、自分自身が確かに自分自身の中から手を伸ばして世界をつかみとっているのを実感し、驚きと喜びに打ち震えた。私はまた、自分がゼンマイ仕掛けの小さな玩具の自動車である、とも感じた。その自動車はゼンマイを巻かれたまま不透明なボウルのようなもので蓋をされていた。私の幼い日に母親がかぶせたのであろうところのそのボウルが、四十年も経ったある日、誰かの手によって突然取り除かれ、玩具の自動車は、生まれて初めて、自分の力でそろそろと走り始めたのであった。

この体験の意味はいまだに定かではないが、恐らく、私がそれまでかけられていた催眠術から解き放たれたのだ、という云い方が一番当っているのではないかと思う。人生が一種の催眠術であることを発見したのはフロイトであるが、確かにフロイトの説くとおり、われわれは人生の初期において親や社会からさまざまな催眠術をかけられる。物事には善悪があるとか、失敗したら大変なことになるとか、男は男らしくとか、女は女らしくとか、セックスは穢いものだとか、母親との関係こそが至上の関係であるとか、その他もろもろの暗示が有形無形のうちに吹きこまれ、それらは最早私の人格の土台に構造として組みこまれてしまい、以後私は自分の人生において、あたかも催眠術にかけられた人物の如く、失敗を恐れたり、誰かの賞讃を当てにしたり、いつしか人を道具にしたり、ともすればさまざまな防衛を張りめぐらして自分の中に閉じこもったり、常に自分を無価値なものと感じたりして生きるのだ。

　このような催眠術は大人になってからの適応の形式に必ずしも一致せぬため、往々にして人を苦しめるが、だからといってこの催眠術から自由になるのが簡単なことではないのは、第一に本人が自分が催眠術にかけられた存在であることを自覚しておらぬためであり、それもそのはず、催眠術から自由になるためには、それをかけた母親を否定せざるをえないが、母親を否定してはならぬということもまた催眠術に含みこまれているため、この催眠術は、催眠術から覚めてはならぬという催眠術であるに等しく、従って自分の力では催眠術から覚めることはおろか、自分が催眠術にかかっていることを自覚することすらままらなぬのだ。私の場合、催眠術と現実の齟齬に永い間苦しみ、その息苦しさゆえに、掛けられた催眠術と自分の分離がある程度自分の中に進行していたのであろう。そこに『ものぐさ精神分析』が最後の衝撃を与えてくれ、私は一気に催眠術をかけられたものとしての自分を外側から見る視点を得ることができた、というのが、あの、世にもすっきりとした体験の意味であったかと思われる。

以来数年。この、目の覚めるような体験も次第に私の中で風化しつつあるが、その原因は恐らく、人間は言葉でできており、従って私が自分を説明するためには言葉を説明するための言葉、すなわちメタ言語を持たねばならず、生まれて初めて自分に関する十全なメタ言語を持った体験が、あの体験であったとするなら、そのメタ言語体験が永続しようがないのは、今度はそのメタ言語を含みこんだところの自分を説明する更なるメタ言語が必要になってくるためであり、そのメタ言語は更に上位のメタ言語を求めて果てしがなく、これは人間が言葉の束として生きている以上、逃れる術のない業であるのだろう。

さて、『ものぐさ精神分析』の話に移らねばならぬ。このような明快な書物に解説は不要であろうと思うから、私なりの読後感を記して責を果たすことにしたいと思うが、『ものぐさ精神分析』は患者の書いた精神分析理論である。本書の中でも語られている如く、著者は幼くして貰われて行った貰いっ子であり、従って著者の母親は継母であった。継母は本当の母親でないため、ともすれば本当の母親より母親らしく良き母親を演じようとするが、それは結局不自然な愛情の押しつけでしかありえず、この愛情の押しつけによって、少年時代の著者はさまざまな神経症の症状に悩むことになる。ある時、著者が私に語ったところによれば、たとえば、突然、ある友人に金を借りているという観念にとりつかれ、どうしても金を返さずにいられなくなるが、返しに行くと友人は金を貸した覚えはないという、そういう体験が重なった時期があったということであった。少年であった著者は自分自身を分析して、これが母親に対する罪悪感の変形したものであると悟り、この発見は、では一体、何故に自分が母親に対する罪悪感を持っているのかという探求に著者をしておもむかせてゆくことになる。著者は「母親は私を愛している」「母親は私を愛していない」という二つの前提を立て、それぞれの前提を証明する証拠集めの作業にとりかかり、その結果はそれぞれ大学ノート数冊になったというが、この作業によって著者が辿りついた結論は、母親の愛情の欺瞞性であった。すなわち「わたしの母親像は、わたしの自発的、主体的判断にもとづいて形成されたものではなく、母がわたしを支配し、利用するためにわたしに植えつけたものである」ことの発見であり、「やさしく献身的、自己犠牲的で、どんな苦労もいとわず、何の報いも求めず、ただひたすらわたしを愛してくれていた母というイメージの背後から、ただひたすらおのれのために、わたしがどれほど苦しもうがいっさい気にせず、あらゆる情緒的圧迫と術策を使ってわたしを利用しやすい存在に仕立てあげようとしていた母の姿が浮かびあがってきた」という恐るべき真実の露呈であった。子供にとって母親が自分を愛していないという事実は耐え難いことであり、従って、彼は「自分を愛していない母親」そして「自分を愛していない母親に対する憎悪」を抑圧し、母親は自分を愛している、そして自分は母親を憎んでいないという自己欺瞞の上に自我を築かざるをえない。しかし抑圧したからといってそれらは決して消え去ったわけではなく、絶えず噴出しては彼の人格を揺るがそうとする。その症状が神経症であった（たとえば母親に対する憎悪は抑圧されて罪悪感となり、それが友人に金を借りているという妄想を生む）ということを自覚した時、著者の自我は大きく組み替ったのである。

この体験によって著者が学んだことは、一つには、人間にとって現実とは、誰かにそう思いこまされたところのもの、すなわち幻想であるということであり、一つには、人間の自我というものは親との「関係」によって作られ、これは無理をして作られているがゆえに不安定であり、不安定であるがゆえに人は必死になって維持しようとつとめ、維持しようとする努力は自己欺瞞をともない、自己欺瞞はそれを維持するために、自己欺瞞をおびやかすものの抑圧を必要とし、抑圧されたものは神経症として表現されるという認識であったろう。人間にとってすべては幻想であり、人間は本質的に神経症的であるという著者の認識は、すべてこの時期に、いわば体感的な形で胚胎していたと考えてよい。

このような体感をもとにして著者は、患者の立場からフロイトを逆に読んでゆく。「なぜ自分は社会に適応できぬのか、ああ、俺も人並みの安定した人格を持ちたい。正常な自我を持ちたい。しかし、正常な自我とは何か？　フロイトによれば自我とはエスと社会の合作であるという。人間はそもそもエスであり、エスとは、本能的な衝動の渦巻く、煮えたぎる釜の如きものであり、そのような無目的な衝動の塊りが寄り集って社会を構成することは不可能であるから、エスが集って社会生活をいとなむさいには、一種の社会的な仮面をつけようということになった、それが自我であり、従って自我の構築が進めば進むほどに、自我であってはならぬものはエスに押しこまれ、かくして人間は自分と、自分であってはならぬものとの二重構造を呈するに至るわけだが、しかし、それにしてもなんでエスのままではいけないのか、動物なんかは自我なしで、いわばエスのままでちゃんとうまくやっているではないか、一体自我とは何だろう、つらつらおもんみるに、自我とは、自分とはかくかくしかじかの者であるという定義であり、社会における役割であり、従って自分はかくかくしかじかの者であるがゆえに、かくかくしかじかの振る舞いをしてもよいという根拠であり、つまり、言葉を換えるなら行動規範であるわけだが、それでは人間は何ゆえに自我という人工的な行動規範を必要としたかというなら、それは本来自然に備わった行動規範すなわち本能が、壊れてしまっているからに相違なく、本能が壊れているから現実とのきっちりした対応が失われてしまい、いわば生命体としてどうしてよいかわからない、たとえていうならコンピュータがあって配線もなされ電気もきているのにプログラミングがされてないという状態といってもよかろう、動物は本能というプログラミングで動くが、人間の場合本能は壊れているから、自分で適当に、いわば出鱈目にプログラムを作ってそれに従って行動する他ない、このプログラムがすなわち文化である、とすると、ナアンダ、要するにじゃあ人間のやってることは全部出鱈目なのか、それで読めた、そういえば確かパスカルも、あらゆる人間は狂っている、もし狂っていないと思っている人間がいれば、彼は自分は狂っていないと思うというやり方で狂っているのだ、という意味のことをいっているが、今でこそ納得できる、とするなら、神経症は何も異常なことではない、正常な自我なぞというものはないのだ、人間はすべて神経症である、その証拠に人間には欲望というものがあるじゃないか、自分の身体に水が不足している時水が飲みたいと心で思うのは、身体的な不足の満足の挫折を心理的な欲望に置き換えて隠蔽しているからではないか、思えば言語などもそうだ、現実との生き生きとした密接な関係を持ちえないということを、すべてを意味に置き換えるということで誤魔化しているとするなら、要するに欲望といい言語といい、真実を隠蔽するための偽せの満足という症状であり、これはまさに神経症に他ならない、そうなのだ、人間は本質的に神経症なのだ、底の底まで嘘つき機械なのだ！」

　と、著者が考えたかどうかは知らぬが、常識的には人間の原理から外れた特殊な例外であるところの患者を、逆に、人間のあらゆる原理を極度に明らかな形でさし示している一典型として基礎に据えたため、岸田理論は全く世の常識と逆立ちした形をとることになったらしいのである。

試みに拾い出してみようか。常識なら「戦争はわれわれの暮しを滅茶滅茶にする」というところを岸田理論は「人間は日常生活を引っくりかえすために戦争をする。そのことによってわれわれがいかに日常生活を憎んでいるかがわかる」という。以下同様に「正常な性の獲得に失敗した者が倒錯者になる」は「そもそも人間は倒錯している。それを社会が無理矢理に、いわゆる正常者に仕立て上げるのである」に、「母子相姦は社会の秩序を乱すから親は幼児に近親相姦のタブーを押しつける」は「いや、あれは押しつけられたのではない。性的不能者である幼児が自らの不能という耐え難い現実に直面するのを避けるため、自らタブーを必要としたのだ」に、「社会から落ちこぼれた者が犯罪者になる」は「社会は自らが正常であるという幻想を保つために、正常でないものとしての犯罪者を必要とする」に、「狂人は全く出鱈目で何をするかわからないから恐ろしい」は「狂人は正常人も出鱈目であるという事実をつきつけてくるから恐ろしい」に、「国が大切だから国を守る」は「人間は常に何かを守りたい存在であるがゆえに、守りたい対象を見つけるのである。国家もその一つに過ぎない」に、「人間は文化があるから、本能だけで生きている動物より優れている」は「人間は本能が壊れたからやむをえず文化を作ったのであって、動物より劣った存在である」に、「人間は挫折すると自閉症という恐ろしい病気にかかる」は「人間はもともと自閉的なのであって、挫折した場合、もとの状態に退行するのは当り前のことだ」に、「人間は子供から青春時代を経て大人になってゆくものである」は「人間には大人にならねばならぬという内的必然性はなく、いわば社会によって無理矢理大人にされるのである。その過渡期が青春時代であり、従って、子供からいきなり大人になるのが理想であり、青春時代はないのが望ましい」に、「親子だから血がつながっている」は「血がつながっていることに価値を置いたから親子関係というものが特別な関係として成立しているだけであり、本来、育児が済めば赤の他人でよいはず」に、等々きりがないのでこの辺でやめるが、よくもここまで徹底的に裏返すことができたと思われるばかりに、岸田理論は原因のあるところに結果を、結果のあるところに原因を置き換え、逆立ちした世界としてその姿を現し、かくしてデカルト以来、因果関係の同一性の中に安住して認識の中心にあった、自我、理性、自由で独立した主体は共同幻想の中に解体され、関係の網目の中に雲散霧消してゆくのである。

これは見馴れぬ世界である。しかし、人間の自我を共同幻想として捉え、人間を共同幻想たる自我と、共同化に洩れた非自我たるエスのせめぎあいの場として見た時、初めて、人生とはエスを自己化する過程であり、つまり平たくいうなら自分が自分になってゆく過程であることが納得され、そして、そのような地平に立った時初めて、他者も、自分になろうとしてなりきれずに足掻いている、一種別の自己として見通せることになり、更に、詳細は省くが、かかる「共同幻想たる自我と、共同化に洩れた、私的幻想たるエス」の相似形としての「共同幻想たる集団とエスたる個人」という見事な展開によって、岸田理論は、自己と他者と世界を同一の原理で一貫して説明しきる説明原理たりえているのであって、まさに著者が「人間に関する問題ならどのような問題もすべてつながっており、ある問題を説明できて、別の問題を説明できないような理論は理論の名に値しない。理論の名に値する理論ならば、たとえば天皇制と性倒錯を、革命と精神病を、戦争と恋愛を、宗教と貨幣を同じ統一的体系によって説明できるのでなければならない」という大それたことを平気の平左でいってのけているのは伊達ではないと知れるのである。

最後にもう一つ付け加えるなら、岸田理論には中心がない。彼はフロイトが実体的な閉鎖系として人間を置いた場所に、共同幻想という、関係性に開かれた系としての人間を置いたのである。岸田理論において自己の発見とは自己の同一性の確立を意味せず、むしろ自己を共同幻想、及び共同幻想の余り物としての私的幻想に配当することによって自己を解体することであり、すべてが幻想であるという認識は、当然すべてが幻想であるという認識そのものが幻想であるというパラドックスによって中空の中心となる。このような、自己の解体と、学問の同一性の解体の重なり工合はまさに現代思想の最先端の問題意識と照応し、さればこそ、岸田理論は同様のパラダイムの中にある構造主義的言語学や経済人類学、あるいは動物行動学や文化人類学に自らを開いてゆくことが可能なのであろう。

それにしても、すべてが幻想であると知った上でのわれわれの行動規範は何なのだろうか。すべてが幻想であることを万人が納得した時、恐らくその地平において新たな共同幻想が生まれるのであろうか。われわれにできるのはそれを待つことでしかない。そして、そのためには、まず、すべてが幻想であるという事態を見つめること。著者のいうとおり、「見えないものはコントロールできない」のであるから。

（いたみ・じゅうぞう　映画監督、エッセイスト）

巻末対談

幻想と妄想

橋本治×岸田秀

すべては幻想である

――心理学者と作家というユニークな組み合せですが、自我をめぐって語り合っていただきたいと思います。

まず、岸田先生から、唯幻論、すべては幻想であるというのは、いつごろ発想されたのかお聞かせ願いたいのですが。

岸田 だいたい本というのは日ごろ思っていることを書いているだけですから、それについて説明しろというと、ワンレベル上に立たなければいけないので、すごくしんどいんです。

唯幻論に至るプロセスというのは、他人さまにしか見えないことで、自分ではわかりません。そういうことをよく聞かれ、普通は「そんなこと、知ったことか」と答えるんだけれど(笑)、この場はそうもいかないでしょう。

唯幻論というのはひとつの理論だけれど、ぼくがその理論をつくったということになっているわけですね。そういう質問をする人はたとえば職人が道具をつくるのと同じアナロジーで考えているんじゃないかなあ。職人がいて、道具や機械をつくったとき、その機械はどうやってつくったのかというレベルの質問じゃないかな。

橋本　電球を発明したエジソンに「いつから電球をつくりたいと思っていましたか」って聞くみたい。

岸田　唯幻論をどうやってつくったかという質問は、そんな感じです。まず設計図でもあってね。それに基づいてつくったとでも思っているみたい。そのような質問は、猫にどうやって猫になりましたかと聞くのと同じです。猫は「そんなこと、神様にでも聞いてくれ」と答えるほかないでしょう。あるいは、同性愛者にどうやって同性愛者になりましたかと聞くのと同じです。同性愛者は同性愛者になるのではなく、自分が同性愛者であることを発見するんですよね。それと同じです。三浦雅士さんという編集者に好きなことを書いていいから、何か書いてみないかと言われたわけです。『ユリイカ』の一年間の連載で、一回二十枚ぐらいで何を書いてもいいというので、好きなことを書いたら、そういうふうになっていたというだけの話です。つまり、あのような考え方は、思いついたとか、考え出したとかではなくて、連載の過程で、そういう考え方をしている自分を発見したということです。

――それは『ものぐさ精神分析』のことですね。

橋本　『ものぐさ精神分析』というのはすごく不思議な本でね。すごくおもしろいから読んでみなさいと言われて、一冊目の本の目次を見たんですけれど、普通、目次を見ると、こうこうこういうふうになってというのがわかるのに、あれに関しては、あの本以前に何か前篇のようなものがあって、その後があそこでいきなり始まっているんじゃないかという感じがした。

ここに至る前篇はどこかにあるような気がするというので、目次を見ていくと、あとのほうにあるのが、これが前篇なんじゃないかと思えるようなものなんです。そういうふうに一、二、三、四と進んでいく本ではないと思って、でも結局はそうじゃなくて順当に始まっているというところが、すごくおもしろくてね。

『幻想の未来』はそうじゃなくて、こういうふうに始まっていくという感じがあるんです。

岸田　あらかじめ一応こういうことを書こうと大体の見通しをつけて書きはじめるという書き方をしたのは初めてなんです。そういう書き方は苦手なんで、しんどかった。最初の『ものぐさ精神分析』のときは何も書くことを考えてなくて、一か月ごとに行き当たりばったりで書いた結果なんでね。

『ものぐさ精神分析』が出たあとでクラス会があったんです。ぼくは旧制中学に入って、それが新制高校になったので、六年間同じ連中なんですけれども、そのクラス会で二、三人に「おまえ、昔から言っていたことと同じことしか書いてないじゃないか、ひとつも変わり映えしないじゃないか。進歩しない奴だなあ」と言われたんです（笑）。

そんな覚えは全然ないんですよ。連載を頼まれたので、ぼくは一生懸命考えて書いたつもりなんですが、中学校や高校のときに友達に言っていたこととあまり変わっていないらしいんです。

橋本　実は、ぼくは文体的にすごく岸田さんに影響された人間なんです。中身ももちろんすごいというのはあったんだけれど、こういうふうな書き方でものを言えるんだなというのがあった。

一巻目があって、二巻目があって、というんじゃなくて、今回はこういうことをパッと書いてみましたというふうになっていて、小さな総論が一つずつ集まって、知らない間に全体の大きな総論をつくっていく。

　とりあえず初めの一行を思いついたから言ってみて、二行目を続けてみて、というようなことをやってもいいのかな、それで話していいんだったらすごく楽になるなと思って、それがあるから言文一致をつくってしまったのが、実は岸田さんなんです。

　それもいつからそうなったか、蓄積があったわけじゃなくて、昔からおれはこういうことを考えていたなというのがある。そういうふうにして煮詰まってきちゃったから、やってもいいなというふうになった。

　それで、向こう側がそれこそ自我を要求するから、いちおう自我らしきもので小説の形にするという感じなんです。

自我と看板

岸田　自我というのは世間に向けている看板です。世間さまはやはりこちらの看板とつきあってくれるわけですから、看板を立てておかなければだめでしょうね。

橋本　看板をつくったのは初めてだから、非常に苦労しました。看板を見て、いろいろ言う人がいるもので、どうやら自分はいちばんわけのわからない看板をつくっちゃったらしいなとか（笑）。

岸田　看板をつくると、ぼくの看板とぼくがつきあうということがまたありますね。この前立てた看板とあまり矛盾したことは言えないとか（笑）。

——橋本さんはたしか東大の駒場祭で「とめてくれるな、おっかさん、背中のイチョウが泣いている」というので鮮烈な記憶があるのですが。

岸田　『朝日ジャーナル』の表紙になりましたね。

——その後、ずっと消息がわからなかったんですけれども、突然『小説現代』の新人賞で小説家としてデビューされたわけですね。

岸田　それ以前、たしか連載小説のさし絵をかいていたんですよね。その頃会ったとき、橋本さんが、作家が勝手だといって、えらく怒っていた記憶があるんです。締め切りギリギリに原稿ができるわけで、そうすると編集者は作家のほうに重きを置いていて、さし絵画家なんて原稿を見せればその場でチャッチャッと描くぐらいにしか思っていないということです。そういうことで、それなら自分が作家になってやろうと思ったんじゃないですか（笑）。

橋本　それだけでなれるほどの技能はないけれど、それをやっていたお陰で、小説雑誌のいちばんのギリギリの締め切りは知ってしまいました（笑）。

　何で書いたかと言われると、よくわからないんです。その前に戯曲が書きたくなったからって突然書いて、戯曲じゃだめで、小説家になれば手っ取り早いんだろうなって、小説を書き始めたということはあるんです。

　しかし、そうすると、戯曲はなぜ突然書き始めたのかというと、それもまたよくわからない。昔からそういう芝居とかは好きだったけれど、別に書こうと思っていたわけでもないし、ともかく小学校のとき何より作文がきらいでして、絵をかいていれば字を書かなくて済むからというので、絵をかいていたというところもあるんです。

　この間、『桃尻娘』の四部を書き上げたばかりで、やっとなぜ小説家になったのかわかったような気がしたんです。それは小説を書いているのがいまいちばんおもしろいからです。

――詩集『大戦序曲』の話もしていただきたいんですけれども。

橋本　詩も実は『ものぐさ精神分析』なんです。「詩人のなりそこね」という……（笑）。

私にとっては詩は新体詩であるというところを読んで、ぼくもそう思うんだけれどって、ずっと思っていてね（笑）。

それで、なんで詩を突然書きたくなったのかと言われると、よくわからないんです。帯の裏にも書いてあるんですけれど、詩の雑誌を見ていて、こういうのが詩なのか、でも、これはテニヲハが違うとか、句点の位置が違うとかって、勝手にやっていたら、突然、やっぱり詩は新体詩でいいんじゃないかって、また思い出しちゃってね（笑）。

突然、ランボーなんか出てくるから、ランボーなんでしょっていうのもあるんだけれど、それは、ランボーを出しておけばとおりがいいからというずるい計算で、実は高村光太郎がやりたかったというだけなんです。あれは一種、つきものがしてというのが近いと思います。

岸田　詩集『大戦序曲』を読ませてもらったんだけれど、「堕ちろ」という言葉をつらねてある「B―29」という詩はよくわかりましたね。

橋本　詩集は恥ずかしいから、あまり触れてもらいたくなかった（笑）。

なんか知らないけれど、自我が看板だというのがあって、自分から掲げた看板だったら自分で下ろしようもあるけれども、自分が掲げる前に他人にそういう看板をかけてるんだと思われていて、フィルターをかけて見られているみたいな感じがある。それで、それをそのままにしておくと、掲げたつもりでもないけれども、いつの間にか自分の看板ができ上がっちゃっているみたいなところがある。

作家と読者

岸田　このテーマは何ですかと聞く読者は、世の中を因果関係で理解したいんじゃないですかね。テーマが原因で結果として小説が書かれたというふうにね。

橋本　自分の願望を肯定してもらいたいというところがあるみたいなんです。自分はこう読むとすごくうれしいんだけれど、作者はそう言っていないのかもしれない。作者がそう言っているというんだったら、自分がうれしいと思ったことは正当化される、みたいなところがある。だから、私の願望を正当化してくださいというかたちで、テーマは何ですかと聞きにくるところもある。

岸田　そういえばそうですね。ぼくの読者に関してもそうです。いろいろな読者の手紙がきますけれど、これはこういうつもりで書いた、これはこういう意味で規定したと、いろいろ解釈してくれて、そうでしょうなんていうのがありますから。

橋本　実に勝手な読まれ方をされているわけですけれど、それは読者の自由ですから、そういう読み方だっていいんです。どういう読み方をされてもかまわないんです。本を書いたりすると、いつでも強姦してくださいって裸になったというところもあると思いますけれどね。

うっかりすると、小説だと思って読んでくれない人もいるんで、困るんです（笑）。

岸田　何だと思うんですか。

橋本　若い子なんか、自分の生き方の小説だと思っている人もいるんです。うっかり読んで、これは小説なんだからって一生懸命言い聞かせている。

岸田　小説というのは、自分の生き方の指針、いかに生きるべきかという示唆を与えるものだという考えが、昔はあったんですけれど、まだそういう考えはずっと生きているんですかね。

自我も理論も幻想

――ものを書きたいと思うときは、精神的に不安定なときが多いんですか。躁と鬱とどちらですか。

橋本　やっぱり高揚しているときです。

岸田　作家のことは知らないですけれど、ぼくは高揚しているときじゃない。逆です。高揚しているときは酒飲んではしゃいでいますよ（笑）。

　ぼくは昔から強迫神経症で、ぼくの理論は神経症は治らないという理論です。読者にぼくのことを精神科医か何かに誤解している人がいます。精神分析というと、いちおう神経症の治療の理論ということになっていますから、精神分析に関する本を書いていると、自分はこういう症状があって、こういう悩みがあると訴えてきて、どうすればいいかと言ってくる人がいて、非常に困る。答えは一つしかないんです。治らない（笑）。

　ぼく自身、昔、強迫神経症であったわけですけれど、実は全然治っていないんです。ある強迫観念から解放されたということはありますが……。ときどき今でも強迫観念が起こってきて、そうすると書くんです。だから、書くときは躁状態じゃなくて、心理的によくない状態のときです。そして、書きおわると躁状態になって、じゃあ、今晩、新宿あたりに飲みにいこうということになる（笑）。

橋本　書くと、そこのところは、「これは幻想だった」という引き出しに入るわけですね。

岸田　そうそう。そうしていると、ひとつの強迫観念がそれで収まるんです。しばらくなくなってフラフラ遊んでいて、またそのうち強迫観念が起こってくるから、また書くというふうになっているんです。

橋本　ぼくは、これは幻想だったといって作品にして引き出しに入れちゃうと、ガクッと疲れるんです。希望がないからつまらないとかね。

岸田　ぼくの読者はいい迷惑だと思うんです。他人の症状を読まされているわけです。

橋本　でも、だれも気がつかないんじゃないんですか。そこまで愛情のある読者はいないと思う。だいたいみんな自分の病状しか考えないから、著者の病状なんか考えないですよ（笑）。

岸田　自我というのはいわば幻想で、もともとの起源は他人の自我です。だから、他人の自我に合わせるのは自我の本質的な傾向なんです。やっぱりバヵとつきあえば必然的にバヵになるので、それはしょうがないわけです（笑）。

小説家は妄想を売る

橋本　最近は自我とつきあわない方法は一つしかないなと思う。自分の妄想の中に生きようと思うんです。幸い、小説家というのは妄想をつくり出す商売で、普通、妄想は役立たずのものだからと退けられるけれど、小説家は奇しくも妄想を売り物にする商売だから、小説家になりさえすれば、自我につきあわなくて済むと思った。

でもそうすると、作中人物の自我とまたつきあわなくてはならなくなるけれど、作中人物は極力自分とつきあいやすい人物にしていくわけです。

――最初、小説家についてこう思ったんです。自分の中に自我がたくさんあってもいいのかなって。

橋本　そんなにないですよ。

――ないですかね。そういうのを何人か登場させて、結局、自分のことをやっているような気がする。

橋本　というより、小説を書いていて、何でそんなにいっぱいいろいろな人間を書けるんですかと聞かれると、人間ってそんなに種類はないものです、という答えしかない。結局、一通りで、いろいろなパーツがあるんです。

　ぼくは三十七の男だけれども、たとえば十八の女になるんだとしたら、その三十七の部分をまず取って、十八の部分にする。男である部分を取って、女である部分にするという細かい操作の繰り返しにすぎないわけで、基本的に人間は一つだと思いますよ。

岸田　たとえば、いろいろな貝がありますね。貝はどの貝でも部品は全部そろっているんですけれど、ある貝は柱が非常に大きくて、ひもは小さいとか、ある貝はどこが大きいとか、どこが小さいとか、ねじれているとかいないとか、そういうのは違うわけです。しかし全部そろっている。それと人間とそう変わらないんじゃないですか。

――昔から恋愛小説の立派なものがあり、詩でも立派なものがあるのに、どうしてまた書くのかなという感じがありますが。

岸田　それは小説だけじゃなくて、思想などほかのものも同じでしょう。

――フロイドがいったのに、また……

岸田　いってみれば、こんなことはフロイドが全部言っていることで、フロイドの理論の中では小さかった貝柱を、ぼくのところでは大きくする。

橋本　だから、日本人の口に合った中華料理というようなことじゃないんですか。

岸田　日本人の口と、時代ということがありますから、現在の雰囲気に合ったところを拡大鏡で見せる。フロイドだって、他人の言ったことをいろいろ言い換えているだけなんです。フロイドが言ったことはほとんどニーチェが言っているし、じゃあ、ニーチェが初めて言ったかというと、そうでもない。そんなことをたどっていけば、初めて言った人はどっかにいるのかなとなる。

それは生命の起源と同じで、生命は生命からしかできないので、生命はある生命から生まれたんだけれど、その生命もある生命から生まれたと、たどっていくと、大昔に無機物から生じた生命がいなければいけない。だけど、そんなのはよくわからないのと同じで、だれか言っているんです。

歴史が言葉を増殖させた

橋本　さっきの、中学、高校のときから唯幻論を言っていたと言われ、そんなことを言っていたかな、というのじゃないですか。

百年前、二百年前、三百年前の小説を読んだり、映画だって百年ぐらいしか歴史がないから、五十年前のでもいいですけれど、映画を見ていても、新鮮だと思えるものがあるんですね。

いま、これは立派に通用すると思うんだけれど、それはぼくがけっこう年を取っているから、そう思えるんで、若い子に見せたら、また別の見方をしちゃうだろうなというところがある。

それで、若い子向けにするには、ここのところをつまんで、ここをもうちょっとくどくしてという作業は必要だろうと思う。そういうことじゃないんですか。

岸田　ただ、テンポが違うわけです。たとえば、十九世紀のトルストイとかドストエフスキーの小説に現代の普通の子がついていけないというのは、テンポが違うんです。精神テンポというのがゆっくりしているんです。場面がなかなか展開しない。

橋本　戦争映画を何遍も何遍も見ている人だったら、戦争映画は三行で済んじゃう。でもそうじゃない人に戦争を描写してみせるとしたら、まず、雲があってというところから始まらなくちゃならないでしょう。

それともう一つ、昔の人ってボキャブラリーが少なかったと思う。一つのボキャブラリーでいろいろなことを代表させようと思っていたから、それでテンポがだるくなったりするんじゃないかな。

行間に意味を込めようとするから、一つの単語の持っている意味がすごく重いんです。「平和」「美」「愛」というのがあったりすると、それがビシッと稲妻のように読者の胸を打つ。それだけの強さがあったというのは、逆にボキャブラリーが少なかったからじゃないかと思う。

「愛」を似たような言葉で置き換えようとすれば、「たとえば好きみたいなことなんだけどさあ」と言っても、それで通ってしまう。それはいろんなものが言葉として通用してしまった結果の現在ですよね。人間の歴史というのはそういう意味で、言葉をいっぱい生み出していった歴史みたいなところがある。

岸田　人間が感動しうる全体の量は同じで、それをどう分けるか、どういう言葉で表すか、ということです。このへんはこの言葉とかいうのがズレてきて、いろいろあるから、やはり新しい小説は常に書かれなければならないし、新しい理論は常にある。

本当に新しいかどうかというのは疑問だけれどね。

――岸田先生の最新刊『希望の原理』はよく売れているそうですね。それについて……。

希望を捨てたところに希望

橋本　『希望の原理』の希望も幻想だと思っていいとぼくは思うんです。じゃなぜ幻想の原理じゃなくて、希望の原理となっているのかというと、幻想と希望は同じかもしれないけれど、どっか違うんだろうなと思う。これは信じたいような幻想だもん、というのが希望じゃないかな。

論理だってやっぱり幻想だろうと思うけれど、自分が安定することに対して、かなり確度が高い言葉、ものの考え方が論理なんだろうと思う。そういうことをいちいちキチンとつじつまを合わせていくと面倒臭くなるから、全部一緒くたにして妄想でいいやってところはあるんです。

だから、希望の原理という言葉がすごくうれしい。希望の原理も幻想でしょうと言うやつはいるだろうと思うけれど、それはそれで希望という言葉の重さをわからないから、つまらないだけだろうなと思う。

言葉は言葉だし、そこから上に乗っかっている何かはやっぱりあるんだと思うし、それがわからない限り、言葉も幻想だろうということはわからないんじゃないのか。

岸田　ぼくがこの本の題を『希望の原理』にしたのは、意外とマジなんですよ。女の立場でいえば、ある日、白馬の騎士が迎えにきてくれるという希望があるわけでしょう。そういう希望があれば、主観的には一時的な幸福感、安心感はあるかもしれないけど、その希望がある限り、その女の人生は一生惨めなんです。その希望を捨てたところに希望があると、ぼくは言いたいわけです。

橋本　そうだと思います。王子様が迎えにきてくれるわ、と思っていると、さもしくなるから、王子様も見て、いやになるだろうなというところがある。シンデレラだって、白雪姫だって、オーロラ姫だって、別に助けがくると思っていたわけじゃないというところがある。

岸田　そうなんですよ。しかし、あまりにもそういう安手というか、疑わしい希望が満ちているから、こういう可能性はだめ、これもだめ、とぼくが言うと、ペシミストだと思われる。そうじゃないんですよ。ぼくは決してペシミストじゃない。

心理学の話で自己実現というのがありますけれども、本当にインチキでね。本当の自分がこの奥にあって、いまは偽りの自分であり、本当の自分を実現すれば才能豊かになり、世界が開ける、というのをカウンセリングとかセラピイでやっている。

あんたはいま、本当の自分を見失って偽りの中に落ち込んでいる、その偽りの自分を取り払って、本当の自分を実現すれば、あんたの人生は開ける、なんて言うセラピストがいるんですよ。

そうすると、患者は、ああ、そうか、おれはいま偽りの中に落ち込んでいるんだ、本当の自分を発見すればすべてうまくいくんだ、と思う。

橋本　徳政令みたいですね。

岸田　それが宗教ならいいんですけれど、心理学的なカウンセリングは学問的な衣裳を着ている。

橋本　自己実現を説く人が自己実現していない人であることだけは確かです。

――　流通しやすい理論、言葉がものすごく氾濫していますね。

岸田　そういう幻想も、馬の鼻先にニンジンをつけて走らせるようなもので、墓場までそれに釣られて走っていければ、それはそれでいいかもしれないですが。

橋本　偽りの自分というのも好きなんですよね（笑）。
岸田　偽りの自分で生きていけるんならそれでいいんですよ。ただ、そうもゆかないこともある。しかし、だからと言って、どこかほかのところに本当の自分があるわけじゃありません。偽りの自分も本当の自分の一部です。
橋本　そうですね。だって、困ったことに自分がいやだなと思っている部分を他人が好いてくれたりするから、そうなると、いいのかもしれないとなる。
――ではこの辺で……。

（はしもと・おさむ　作家）
（「幻想と妄想」『新刊展望』'85年5月号）

初出一覧

本書は一九七七年一月青土社刊『ものぐさ精神分析』に一九八〇年十月青土社刊『出がらしものぐさ精神分析』の中の四編（＊印）を加えて構成した。

日本近代を精神分析する　「現代思想」'75年2月
吉田松陰と日本近代　「現代思想」'76年4月
国家論　「現代思想」'75年6月
日常性とスキャンダル　「現代思想」'76年6月
性の倒錯とタブー　「ユリイカ」臨時増刊号　'71年11月
エロスの発達　『現代人の病理4』（誠信書房）'74年3月
性欲論　「現代思想」'76年1月
性的唯幻論　「ユリイカ」'75年7月
恋愛論　「ユリイカ」'75年11月
何のために親は子を育てるか　「ベビー・エイジ」'74年3月
擬人論の復権　「ユリイカ」'75年1月
時間と空間の起源　「ユリイカ」'75年9月
言語の起源　「ユリイカ」'75年10月

現実と超現実　「ユリイカ」臨時増刊号　’76年6月
精神分裂病　「現代思想」臨時増刊号　’75年9月
一人称の心理学　「現代思想」’73年7月
心理学者の解説はなぜつまらないか　「ちくま」’73年11月
心理学無用論　「ユリイカ」’75年8月
ナルチシズム論　「ユリイカ」’74年11月
自己嫌悪の効用　「ユリイカ」’75年3・4月
セルフ・イメージの構造　「ユリイカ」’75年5月
＊自我構造の危機　「世界」’79年6月
詩人のなりそこね　「ユリイカ」’75年6月
＊我発見被殴打的根本原因　「ユリイカ」’78年12月
＊忙しい人とひまな人　「文芸」’80年5月
＊一期一会　「進ゼミ情報」’80年6月
わたしの原点　「ユリイカ」’75年12月

編集付記

一、本書は、中公文庫『ものぐさ精神分析』（一八刷、二〇一七年五月刊）を底本とし、『さらにまた幻想を語る』（青土社、一九八八年九月刊）より橋本治との対談「幻想と妄想」を増補しました。

一、明らかな誤植と考えられる箇所は訂正しました。

一、本文中に今日では不適切と思われる表現もありますが、刊行当時の時代背景と作品の文化的価値に鑑みて、底本のままとしました。

中公文庫

ものぐさ精神分析《せいしんぶんせき》
——増補新版《ぞうほしんぱん》

2024年 2 月25日　初版発行

著　者　岸《きし》 田《だ》 秀《しゅう》

発行者　安 部 順 一

発行所　中央公論新社
〒100-8152　東京都千代田区大手町 1-7-1
電話　販売 03-5299-1730　編集 03-5299-1890
URL https://www.chuko.co.jp/

ＤＴＰ　ハンズ・ミケ
印　刷　三晃印刷
製　本　小泉製本

Published by CHUOKORON-SHINSHA, INC.
Printed in Japan　ISBN978-4-12-207482-8 C1111

各書目の下段の数字はISBNコードです。978－4－12が省略してあります。

中公文庫既刊より

き-3-4　続　ものぐさ精神分析　岸田　秀

人間の精神の仕組を「性的唯幻論」という独自の視点からとらえ、具体的な生の諸相を鮮やかに論じる岸田心理学の実践的応用篇。〈解説〉日高敏隆

202519-6

や-8-3　本の神話学　増補新版　山口　昌男

自分だけの「知の見取り図」は、いつの時代も蔵書（アーカイヴ）から生まれる。著者の代表作に「図書館」に関する講演録・随筆を増補。〈解説〉山本貴光

207408-8

う-15-16　文明の生態史観　増補新版　梅棹　忠夫

東西の対立的座標軸で捉えられてきた世界史に生態学の視点を導入した比較文明論の名著。著者の到達点を示す「海と日本文明」を増補。〈解説〉谷　泰

207426-2

う-15-10　情報の文明学　梅棹　忠夫

今日の情報化社会を明確に予見した「情報産業論」を起点に、価値の生産と消費の意味を文明史的に考察し、現代を解読する。〈解説〉高田公理

203398-6

う-15-12　行為と妄想　わたしの履歴書　梅棹　忠夫

すべての探検と学究の糸口は妄想からはじまった。国立民族学博物館初代館長、碩学が初めて綴った、思索の道筋。日経新聞「私の履歴書」に大幅加筆。

204006-9

う-15-15　女と文明　梅棹　忠夫

半世紀以上前に発表するや賛否両論の大反響を巻き起こした「妻無用論」「母という名のきり札」。先見的な女性論、家庭論を収録。〈解説〉上野千鶴子

206895-7

や-9-3　社交する人間　ホモ・ソシアビリス　山崎　正和

グローバル化によって衰退する組織原理。国家や企業を離れ、茫漠とした「地球社会」のなかに曝される現代人に、心の居場所はあるのか。〈解説〉三浦雅士

204689-4

や-9-5
装飾とデザイン
山崎正和
秩序と逸脱、簡素と過剰、普遍への志向と個物への固執……。人間の根源的な営み、「造形」を支える対極的な二つの意志を読み解く文明論。〈解説〉三浦　篤
206199-6

や-9-8
柔らかい個人主義の誕生 増補新版
山崎正和
不確実性の時代から顔の見える大衆社会へ。消費文化を美学的見地から捉えた第16回吉野作造賞受賞作。「日本文化の世界性」他一篇を増補。〈解説〉福嶋亮大
207460-6

は-19-4
日本史のしくみ 変革と情報の史観
林屋辰三郎
梅棹忠夫 編
山崎正和
編者に上田正昭、司馬遼太郎、原田伴彦、村井康彦を加えた多彩な執筆陣が「変革」を縦軸、「情報」を横軸に日本史を捉え直した記念碑的著作の待望の新装版。
206700-4

あ-1-7
日本史の黒幕
会田雄次
小松左京
山崎正和
歴史にあらわれた人間の表と裏を探ろうという座談会。黒幕・閨閥・浪人・悪党・スパイなどをめぐり、碩学三人が、独自の視点からせまる。〈解説〉井上章一
206786-8

し-6-57
日本人の内と外〈対談〉
司馬遼太郎
山崎正和
欧米はもちろん、アジアの他の国々とも異なる日本文化の独自性を歴史のなかに探り、「日本人」が国際社会で真に果たすべき役割について語り合う。
203806-6

ま-17-11
二十世紀を読む
丸谷才一
山崎正和
昭和史と日蓮主義から『ライフ』の女性写真家まで、皇女から匪賊まで、人類史上全く例外的な百年を、大知識人二人が語り合う。〈解説〉鹿島　茂
203552-2

ま-17-12
日本史を読む
丸谷才一
山崎正和
37冊の本を起点に、古代から近代までの流れを語り合う。想像力を駆使して大胆な仮説をたてる、談論風発、実に面白い刺戟的な日本および日本人論。
203771-7

い-22-2
問いつめられたパパとママの本
伊丹十三
どちらかといえば文学的なあなたのために。空ハナゼ青イノ？　赤チャンハドコカラクルノ？　科学的な物の考え方を身につけ、好奇心を伸ばすことのできる本。
205527-8

各書目の下段の数字はISBNコードです。978－4－12が省略してあります。

は-31-4
窯変 源氏物語1　橋本治
千年の時の窯で色を変え、光源氏が一人称で語り始めた——原作の行間に秘められた心理的葛藤を読み込み壮大な人間ドラマを構築した画期的現代語訳の誕生。
202474-8

は-31-5
窯変 源氏物語2　橋本治
平和な時代に人はどれだけ残酷な涙を流すことが出来るのか。最も古い近代恋愛小説の古典をこの時代に再現してみたい。〈著者・以下同〉（若紫／末摘花／紅葉賀）
202475-5

は-31-6
窯変 源氏物語3　橋本治
光源氏という危険な男の美しくも残酷な、孤独な遍歴ドラマを今の時代に流行らないようなものばかり集めて華麗にやってみようと思った。（花宴／葵／賢木）
202498-4

は-31-7
窯変 源氏物語4　橋本治
源氏はJ・フィリップ、葵の上はR・シュナイダー……フランスの心理小説と似通った部分があるから、配役はフランス人で構想。（花散里／須磨／明石／澪標）
202499-1

は-31-8
窯変 源氏物語5　橋本治
横文字由来の片仮名言葉を使わず心理ドラマを書くのは辛い作業だ。でもこれが今一番新鮮な日本語ではないかと自負している。（蓬生／関屋／絵合／松風／薄雲）
202521-9

は-31-9
窯変 源氏物語6　橋本治
源氏物語の心理描写は全部和歌にあり、それを外すと何もわからなくなる。だから和歌も訳したし当時の歌謡も別な形で訳している。（朝顔／乙女／玉鬘／初音）
202522-6

は-31-10
窯変 源氏物語7　橋本治
源氏物語をただの王朝美学の話ではなく、人間の物語にしたかった。『赤と黒』のスタンダールでやろうと思った。（胡蝶／螢／常夏／篝火／野分／行幸／藤袴）
202566-0

は-31-11
窯変 源氏物語8　橋本治
口絵はモノクロ写真。50年代ヴォーグの雰囲気でいきたかった。エロチックで、透明度がありイメージ通りの出来上がりだ。（真木柱／梅枝／藤裏葉／若菜上）
202588-2

は-31-12
窯変 源氏物語 9
橋本治
執筆中は光源氏が僕の右手の所にいて、それをコントロールする僕がいるという感じ。だから源氏物語を書いている万年筆で他のものは書けない。（若菜下／柏木）
202609-4

は-31-13
窯変 源氏物語 10
橋本治
日本語の美文はどうしても七五調になるが、平安朝のものはどこか破調が必要。七五調になる前の際どい美しさ。（横笛／鈴虫／夕霧／御法／幻）
202630-8

は-31-14
窯変 源氏物語 11
橋本治
女の作った物語に閉じ込められた男と、男の作った時代に閉じ込められた女——光源氏と紫式部。虚は実となり実は虚を紡ぐ。（雲隠／匂宮／紅梅／竹河／橋姫）
202652-0

は-31-15
窯変 源氏物語 12
橋本治
平安朝の美人の条件は、身分が高いこと。後ろ楯がしっかりしていること。教養が高いこと。だから顔の造形は美人の第一要素にはならない。（椎本／総角／早蕨）
202674-2

は-31-16
窯変 源氏物語 13
橋本治
僕には古典をわかり易くという発想はない。原典が要求するものしか書かない。古典に対する変な扱いを取り除きたい、それだけのこと。（寄生／東屋／浮舟一）
202700-8

は-31-17
窯変 源氏物語 14
橋本治
美しく豊かなことばで紡ぎ出される、源氏のひとり語り。現代語訳だけで終わらない奥行きと深さをもって構築された「橋本源氏」遂に完結。（浮舟二／蜻蛉／手習／夢浮橋）
202721-3

は-31-40
源氏供養（上） 新版
橋本治
「源氏物語」は紫式部の〝復讐心〟から始まった？『窯変源氏物語』の著者が天才女性作家・紫式部の思考に迫る。座談会「物語の論理・〈性〉の論理」前篇収録。
207473-6

は-31-41
源氏供養（下） 新版
橋本治
なぜ紫の上は、自分の足で駆ける少女として登場したのか。紫式部が物語に託した革新的なアンチテーゼとは？ 座談会「物語の論理・〈性〉の論理」後篇収録。
207474-3

各書目の下段の数字はISBNコードです。978－4－12が省略してあります。

は-31-38
お　春
橋本　治

夢のような愚かさを書いてみたい――橋本治が谷崎潤一郎『刺青』をオマージュして紡いだ、愚かしく妖しい少女の物語。〈巻末付録〉橋本治「愚かと悪魔の間」

206768-4

は-31-39
黄金夜界
橋本　治

許婚者に裏切られ、一夜にして全てを失った東大生・貫一。孤独な心を満たすものは、愛か、金か、それとも――。橋本治、衝撃の遺作。〈解説〉橋爪大三郎

207249-7

こ-43-2
夏目漱石を江戸から読む　付・正宗白鳥「夏目漱石論」
小谷野　敦

夏目漱石の作品を江戸と欧米との交点に生まれたものと捉え、比較文学の手法を用いてひもとく。コラムや正宗白鳥の「夏目漱石論」を付録として収載。

206579-6

こ-43-3
谷崎潤一郎伝　堂々たる人生
小谷野　敦

数々の傑作を書き続けた文豪の生涯は、スキャンダルと逸話にみちた生涯でもあった。本書は伝説や通説に惑わされることなく実像に肉迫する本格的評伝である。

207095-0

よ-33-6
養老孟司の幸福論　まち、ときどき森
養老　孟司

まちに集中する人ともの。このままで本当に良いのだろうか……？　現代人に警鐘をならし、ユニークな視点でほんとうの豊かさを考え直す、養老流の幸福論。

206140-8

さ-48-1
プチ哲学
佐藤　雅彦

ちょっとだけ深く考えてみる――それがプチ哲学。書き下ろし「プチ哲学的日々」を加えた決定版。考えることは楽しいと思える、題名も形も小さな小さな一冊。

204344-2

さ-48-2
毎月新聞
佐藤　雅彦

毎日新聞紙上で月に一度掲載された日本一小さな全国紙、その名も「毎月新聞」。その月々に感じたことを独特のまなざしと分析で記した、佐藤雅彦的世の中考察。

205196-6

の-12-3
心と他者
野矢　茂樹

他者がいなければ心はない。哲学の最難関「心」にどのように挑むか。文庫化にあたり大森荘蔵が遺した書き込みとメモを収録した。挑戦的で挑発的な書。

205725-8

の-12-4
ここにないもの　新哲学対話
野矢茂樹 文
植田　真 絵
いろんなことを考えてはお喋りしあっているエプシロンとミュー。二人の会話に哲学の原風景が見える。川上弘美「『ここにないもの』に寄せて」を冠した決定版。
205943-6

い-83-1
考える人　口伝《オラクル》西洋哲学史
池田晶子
学術用語によらない日本語で、永遠に発生状態にある哲学の姿をそこなうことなく語ろうとする、〈哲学の巫女〉による大胆な試み。〈解説〉斎藤慶典
203164-7

お-31-4
モラトリアム人間の時代
小此木啓吾
青年期に固有の「モラトリアム人間」の心理構造が今や社会的性格となった。現代の特質を解くカギを提示する精神科医の社会診断。〈解説〉山本七平
205311-3

え-3-2
戦後と私・神話の克服
江藤　淳
癒えることのない敗戦による喪失感を綴った表題作ほか「小林秀雄と私」など一連の「私」随想と代表的な文学論を収めるオリジナル作品集。〈解説〉平山周吉
206732-5

え-3-3
石原慎太郎・大江健三郎
江藤　淳
盟友・石原慎太郎と好敵手・大江健三郎をめぐる全評論とエッセイを一冊にした文庫オリジナル論集。稀代の批評家による戦後作家論の白眉。〈解説〉平山周吉
207063-9

こ-14-2
小林秀雄　江藤淳　全対話
小林秀雄
江藤　淳
一九六一年の「美について」から七七年の大作『本居宣長』をめぐる対論まで全五回の対話と関連作品を網羅する。文庫オリジナル。〈解説〉平山周吉
206753-0

よ-15-9
吉本隆明　江藤淳　全対話
吉本隆明
江藤　淳
二大批評家による四半世紀にわたる全対話を収める。『文学と非文学の倫理』に吉本のインタビューを増補し改題した決定版。〈解説対談〉内田樹・高橋源一郎
206367-9

こ-14-3
人生について
小林秀雄
名講演「私の人生観」「信ずることと知ること」を中心に、ベルグソン論「感想」（第一回）ほか、著者の思索の軌跡を伝える随想集。〈解説〉水上　勉
206766-0

各書目の下段の数字はISBNコードです。978－4－12が省略してあります。

こ-14-4
戦争について
小林 秀雄

小林秀雄はいかに戦争に処したのか。昭和十二年七月から二十年八月までの間に発表された社会時評を中心に年代順に収録。文庫オリジナル。〈解説〉平山周吉

207271-8

み-39-1
哲学ノート
三木 清

伝統とは？　知性とは？　天才とは何者か？　指導者はどうあるべきか？　戦時下、ヒューマニズムを追求した孤高の哲学者の叫びが甦る。〈解説〉長山靖生

205309-0

み-39-2
三木清 戦間期時事論集 希望と相克
三木 清
長山靖生 編

不況にあえぐ国民が軍部の暴走に同調する中、現実に寄り添いながらも理想を捨てなかった三木清の時事随想を収録。気骨のある精神と生き方に学ぶ。

207184-1

な-68-1
新編 現代と戦略
永井陽之助

戦後日本の経済重視・軽武装路線を「吉田ドクトリン」と定義づけた国家戦略論の名著。岡崎久彦との対論を併録。文藝春秋読者賞受賞。〈解説〉中本義彦

206337-2

な-68-2
歴史と戦略
永井陽之助

クラウゼヴィッツを中心にした戦略論入門に始まり、愚行の葬列である戦史に「失敗の教訓」を探る。『現代と戦略』第二部にインタビューを加えた再編集版。

206338-9

あ-17-2
やちまた（上）
足立 巻《けん》一《いち》

宣長の長男で、日本語の動詞活用を研究、『詞《ことば》の八衢《やちまた》』を著し国語学史上に不滅の業績を残した本居春庭《もとおりはるにわ》。その生涯を辿る傑作評伝。芸術選奨文部大臣賞受賞作。

206097-5

あ-17-3
やちまた（下）
足立 巻一

四十年の半生をかけた、本居春庭とその著作の探究。時の移ろいのなかで、春庭の生涯と著者の魂が融け合う、類い希な評伝文学。〈巻末エッセイ〉呉　智英

206098-2

か-4-3
養生訓
貝原 益軒
松田道雄 訳

益軒の身体的自叙伝ともいうべき「養生訓」は自然治癒の思想を基本とした自主的健康管理法で、現在でもなお実践的価値が高い。〈巻末エッセイ〉玄侑宗久

206818-6

お-41-5
古事記の研究
折口信夫
昭和九年と十年に行った講義「古事記の研究」（一・二）と「万葉人の生活」を収録。「古事記研究の初歩」と自身が呼ぶ講義の初文庫化。〈解説〉三浦佑之
206778-3

お-41-2
死者の書・身毒丸《しんとくまる》
折口信夫
古墳の闇から復活した大津皇子の魂と藤原郎女との交感を描く名作と「山越しの阿弥陀像の画因」。高安長者伝説から起草した「身毒丸」。〈解説〉川村二郎
203442-6

わ-11-4
和辻哲郎座談
和辻哲郎
学友・谷崎潤一郎のほか、志賀直哉、柳田國男、高坂正顕、幸田露伴ら多彩な顔ぶれと自在に語る。オリジナル編集による初座談集、全十篇。〈解説〉苅部　直
207010-3

わ-11-3
桂離宮　様式の背後を探る
和辻哲郎
古今集の風景観をイメージして造られた桂離宮。創始者八条宮と周囲の人々、美意識、制作過程など様式の背後を克明に描く。美の極致を捉えた注目の美術論。
205447-9

た-89-1
雪あかり日記／せせらぎ日記
谷口吉郎
一九三八年、ベルリンに赴任した若き日の建築家。建設総監シュペールとの面会、開戦前夜の市民生活などが透徹な筆致で語られる。〈解説〉堀江敏幸
206210-8

ほ-19-1
正統と異端　ヨーロッパ精神の底流
堀米庸三
キリスト教会をめぐる様々な異端抗争を解明し、ヨーロッパ人の精神的形成に大きな影響を与えた、宗教と政治の緊張関係を劇的に再現する。〈解説〉樺山紘一
205784-5

ウ-10-1
精神の政治学
ポール・ヴァレリー
吉田健一訳
表題作ほか「知性に就て」「地中海の感興」「レオナルドと哲学者達」の全四篇を収める。巻末に吉田健一の単行本未収録エッセイを併録。〈解説〉四方田犬彦
206505-5

エ-6-1
荒地／文化の定義のための覚書
T・S・エリオット
深瀬基寛訳
第一次大戦後のヨーロッパの精神的混迷を背景とした長篇詩「荒地」と鋭利な文化論を合わせた決定版。巻末に深瀬基寛による概説を併録。〈解説〉阿部公彦
206578-9

各書目の下段の数字はISBNコードです。978－4－12が省略してあります。

マ-15-1
五つの証言
トーマス・マン
渡辺一夫

第二次大戦前夜、戦闘的ユマニスムの必要を説いたマンへの共感から生まれた渡辺による渾身の訳業。寛容論ほか渡辺の代表エッセイを併録。〈解説〉山城むつみ

206445-4

ニ-2-3
ツァラトゥストラ
ニーチェ
手塚富雄 訳

近代の思想と文学に強烈な衝撃を与え、今日なお予言と謎に満ちたニーチェの主著を格調高い訳文と懇切な訳注で贈る。〈巻末対談〉三島由紀夫・手塚富雄

206593-2

ケ-1-4
ファウスト 悲劇第一部
ゲーテ
手塚富雄 訳

あらゆる知的探究も内心の欲求を満たさないと絶望したファウストは、悪魔メフィストフェレスと魂をかけた契約を結ぶ。〈巻末エッセイ〉河盛好蔵・福田宏年

206741-7

ケ-1-5
ファウスト 悲劇第二部
ゲーテ
手塚富雄 訳

巨匠ゲーテが言葉の深長な象徴力を駆使しつつ自然と人生の深奥に迫った大作を、翻訳史上画期的な名訳で贈る。読売文学賞受賞作。〈巻末エッセイ〉中村光夫

206742-4

タ-9-1
帝政論
ダンテ
小林 公 訳

人間に平和、正義、自由をもたらす政体とは何か。教皇派、皇帝派入り乱れ抗争する状況の中、哲学、論理学を駆使して、霊的統治と世俗的統治の分離を行う。

206528-4

ス-4-4
国富論 Ⅰ
アダム・スミス
大河内一男 監訳

古典経済学と近代自由主義の原典を、独自の要約的小見出しや精細な訳注を配し、平明的確な訳文で甦らせた邦訳の決定版。Ⅰ巻には第一篇、第二篇を収録。

206942-8

ス-4-5
国富論 Ⅱ
アダム・スミス
大河内一男 監訳

古典経済学と近代自由主義の原典。Ⅱ巻には第三篇、第四篇を収録。国家による経済活動への政策的介入の歴史を究明し、重商主義を批判する。

206983-1

ス-4-6
国富論 Ⅲ
アダム・スミス
大河内一男 監訳

古典経済学と近代自由主義の原典。Ⅲ巻には国家の義務や租税・公債の在り方を述べた第五篇のほか年譜・索引等を収録。〈巻末対談〉大竹文雄・出口治明

206995-4

各書目の下段の数字はＩＳＢＮコードです。978－4－12が省略してあります。

フ-4-2
精神分析学入門
フロイト
懸田克躬訳
近代の人間観に一大変革をもたらした精神分析学の全体系とその真髄を、フロイトみずからがわかりやすく詳述した代表的著作。〈巻末エッセイ〉柄谷行人
206720-2

テ-4-2
自殺論
デュルケーム
宮島喬訳
自殺の諸相を考察し、アノミー、生の意味喪失、疎外など、現代社会における個人の存在の危機をいち早く指摘した、社会学の古典的名著。内田樹氏推薦。
206642-7

ウ-6-3
アウトサイダー（上）
コリン・ウィルソン
中村保男訳
ヘミングウェイ、サルトル、ニーチェら「アウトサイダー」を通して、現代人特有の病とその脱出法を探求し、全世界で話題を呼んだ著者25歳の処女作。
205738-8

ウ-6-4
アウトサイダー（下）
コリン・ウィルソン
中村保男訳
「アウトサイダー」たちを通して、現代人特有の病とその脱出法を探求した名著。下巻ではドストエフスキーの登場人物、アラビアのロレンスらを分析。
205739-5

キ-5-3
死、それは成長の最終段階 続 死ぬ瞬間
キューブラー・ロス
鈴木晶訳
無為な人生を送ってしまう原因の一つは死の否認である。明日があると思ってやるべきことを先延ばしにする人間は成長しない。好評「死ぬ瞬間」続編。
203933-9

キ-5-4
「死ぬ瞬間」をめぐる質疑応答
キューブラー・ロス
鈴木晶訳
死を告知された患者と、介護する家族の心構えを、簡潔な質疑応答のかたちでまとめた必読の書。「どうして私が」という当惑と悲しみをいかに克服するのか。
204594-1

キ-5-6
死ぬ瞬間 死とその過程について
キューブラー・ロス
鈴木晶訳
死とは、長い過程であって特定の瞬間ではない。二百人におよぶ末期患者への直接面接取材で、〝死に至る〟人間の心の動きを研究した画期的ロングセラー。
206828-5

キ-5-7
「死ぬ瞬間」と死後の生
キューブラー・ロス
鈴木晶訳
大ベストセラーとなった『死ぬ瞬間』の著者が語る、少女時代、医学生時代。どうして著者が死を迎える患者たちの話を聞くに至ったか等、白熱の講演を再現。
206864-3